AF499191

BIBLIOTHÈQUE
DE PHILOSOPHIE CONTEMPORAINE

HUMANITAIRES ET LIBERTAIRES

AU POINT DE VUE

SOCIOLOGIQUE ET MORAL

ÉTUDES CRITIQUES

PAR

ALFRED FOUILLÉE
de l'Institut

PARIS
LIBRAIRIE FÉLIX ALCAN
108, BOULEVARD SAINT-GERMAIN, 108

ŒUVRES D'ALFRED FOUILLÉE

I. — HISTOIRE DE LA PHILOSOPHIE

La Philosophie de Platon, 2e édition. [illegible] vol. in-18 (Hachette). Chaque volume........ 3 50

Ouvrage couronné par l'Académie des sciences morales et par l'Académie française.

La Philosophie de Socrate. 2 vol. in-8° (F. Alcan). 15 »

Ouvrage couronné par l'Académie des sciences morales et politiques.

Histoire générale de la Philosophie. 12e édition. 1 vol. in-8° (Delagrave), avec des chapitres nouveaux sur la Philosophie contemporaine........ 6 »

Extraits des grands Philosophes, faisant suite à *l'Histoire de la Philosophie. Ibid*........ 5 »

Descartes. 2e édition. 1 vol. in-12 (Hachette)........ 2 »

II. — PHILOSOPHIE GÉNÉRALE

La Liberté et le Déterminisme. 6e édition. 1 vol. in-8° (F. Alcan)........ 7 50

L'Evolutionnisme des idées-forces. 5e édition. 1 vol. in-8° (F. Alcan)........ 7 50

L'Avenir de la métaphysique fondée sur l'expérience. 2e édition. 1 vol. in-8° (F. Alcan)........ 5 »

Le Mouvement idéaliste et la Réaction contre la science positive. 3e édition. 1 vol. in-8° (F. Alcan). 7 50

Le Mouvement positiviste et la conception sociologique du monde. 2e édition. 1 vol. in-8° (F. Alcan)........ 7 50

La Pensée et les nouvelles écoles anti-intellectualistes. 2e édition. 1 vol. in-8° (F. Alcan)........ 7 50

Esquisse d'une interprétation du monde, d'après les manuscrits de l'auteur, revus et mis en ordre par Émile Boirac. 1 vol. in-8° (F. Alcan)........ 7 50

III. — PSYCHOLOGIE INDIVIDUELLE ET COLLECTIVE

La Psychologie des Idées-Forces. 3e édition. 2 vol. in-8° (F. Alcan)........ 15 »

Tempérament et Caractère selon les individus, les sexes et les races. 4e édition. 1 vol. in-8° (F. Alcan)........ 7 50

La Psychologie du peuple français. 5e édition. 1 vol. in-8° (F. Alcan)........ 7 50

Esquisse psychologique des peuples européens. 5e édition. 1 vol. in-8° (F. Alcan)........ 10 »

IV. — MORALE

Critique des systèmes de morale contemporains. 6e édition. 1 vol. in-8° (F. Alcan)........... 7 50
La Morale des Idées-Forces. 2e édition. 1 vol. in-8° (F. Alcan).. 7 50
Les éléments sociologiques de la morale. 1 vol. in-8°. 2e édition (F. Alcan)........................ 7 50
Le Moralisme de Kant et l'Amoralisme contemporain. 2e édition. 1 vol. in-8° (F. Alcan)..... 7 50
Nietzsche et l'Immoralisme. 3e édition. 1 vol. in-8° (F. Alcan).. 5 »
La Morale, l'Art et la Religion selon Guyau. 8e édition, très augmentée. 1 vol. in-8° (F. Alcan), avec biographie, portrait et autographes de Guyau... 3 75
Pages choisies des grands écrivains : J.-M. Guyau. 1 vol. in-8° (Colin). 6e édition.............. 3 »
L'Idée moderne du droit. 7e édition. 1 vol. in-18 (Hachette).. 3 50
La France au point de vue moral. 5e édition. 1 vol. in-8° (F. Alcan).............................. 7 50
Humanitaires et libertaires au point de vue sociologique et moral. 1 vol. in-18 (F. Alcan)... 2 50

V. — SOCIOLOGIE

La Science sociale contemporaine. 5e édition. 1 vol. in-18 (Hachette)............................ 3 50
La Propriété sociale et la Démocratie. Nouvelle édition. 1 vol. in-18 (F. Alcan).................. 2 50
Le Socialisme et la Sociologie réformiste. 2e édition. 1 vol. in-8° (F. Alcan)...................... 7 50
La Démocratie politique et sociale en France. 1 vol. in-8° (F. Alcan).............................. 3 75

VI. — SCIENCE DE L'ÉDUCATION

L'Enseignement au point de vue national. 3e édition. 1 vol. in-18 (Hachette).................... 3 50
Les Etudes classiques et la Démocratie. In-18 (A. Colin).. 3 »
La Réforme de l'enseignement par la philosophie. 1 vol. in-18 (A. Colin)............................ 3 »
La Conception morale et civique de l'enseignement. In-18 (Éditions de la *Revue bleue*)........... 2 50

La philosophie et la sociologie d'Alfred Fouillée, par Augustin Guyau, avec biographie, portrait et extraits inédits. 1 vol. in-8° (F. Alcan)........... 3 75

HUMANITAIRES ET LIBERTAIRES

AU POINT DE VUE

SOCIOLOGIQUE ET MORAL

HUMANITAIRES ET LIBERTAIRES

AU POINT DE VUE

SOCIOLOGIQUE ET MORAL

ÉTUDES CRITIQUES

PAR

ALFRED FOUILLÉE

DE L'INSTITUT

PARIS

LIBRAIRIE FÉLIX ALCAN

108, BOULEVARD SAINT-GERMAIN, 108

—

1914

PRÉFACE

A sa mort, Alfred Fouillée laissait les manuscrits de deux, peut-être de trois importants travaux en préparation sur la cosmologie et le problème religieux. L'un d'entre eux était en voie d'achèvement : *Esquisse d'une interprétation du monde.* M. Boirac, avec un soin pieux, mit l'ensemble de ces papiers en ordre et les a publiés en un volume récemment paru (1). Sous une enveloppe spéciale, portant la mention *Humanitaires et libertaires* et l'indication « Livre à publier après ma mort », se trouvaient, entièrement terminés, les manuscrits d'une série d'études critiques qui ont été réunies par Mme Fouillée et que nous publions aujourd'hui.

Le problème moral — d'une actualité peut-être plus aiguë que jamais — a préoccupé, sans doute avant tout autre, la pensée d'Alfred Fouillée (2). Il en poursuivit la solution à travers ses nombreux ouvrages, se plaçant, selon sa méthode, au double point de

---

(1) *Esquisse d'une interprétation du monde*, par Alfred Fouillée, d'après les manuscrits de l'auteur revus et mis en ordre par Emile Boirac, correspondant de l'Institut, recteur de l'académie de Dijon (Paris, F. Alcan).

(2) Voir le livre que nous avons consacré à *La Philosophie et la sociologie d'Alfred Fouillée* (Paris, F. Alcan).

vue analytique et synthétique. La morale des idées-forces est, d'une part, profondément philosophique et désintéressée par la « primauté conférée à la volonté de conscience » et par la force conférée à l'idée ; elle est aussi, d'autre part, une morale scientifique : le maître, ainsi qu'il le dit lui-même en concluant, vise à « satisfaire le besoin le plus urgent de notre époque : la synthèse de la philosophie et de la science au point de vue de la pratique comme de la théorie. Pour cela, la morale doit faire appel à l'ensemble des sciences (biologie, psychologie, sociologie), à la critique de la science, enfin à la philosophie première. Profondément subjective par un de ses côtés, elle doit être, par l'autre, largement objective, puisqu'elle ouvre toute grande la perspective sur le véritable univers, l'univers des consciences. Par là aussi, elle est l'équivalent des morales religieuses, ou plutôt les morales religieuses en sont les équivalents plus ou moins incomplets (1). »

Dans *Humanitaires et libertaires*, Alfred Fouillée, montrant l'insuffisance des morales individualistes ou sociales, aujourd'hui en honneur, s'est attaché à en effectuer la synthèse : « C'est au fond de nos consciences *personnelles* que la vraie *société* existe, celle qui est, parce qu'elle est conçue et voulue (2). »

Le philosophe poursuivait ainsi inlassablement le développement de sa doctrine avec une vigueur que la maladie ne parvenait pas à atteindre, avec une

(1) *Humanitaires et libertaires*, p. 197.
(2) *Humanitaires et libertaires*, p. 77.

ardeur d'autant plus grande qu'il croyait que la pensée philosophique, même la plus élevée, ne reste pas confinée dans le cercle de ceux qu'elle touche directement : « Les pensées d'un Descartes, d'un Voltaire, d'un Rousseau, flottent pour ainsi dire dans l'air ambiant. Une foule d'humbles qui n'ont jamais entendu prononcer ces noms subissent inconsciemment les influences philosophiques qui ont contribué à la civilisation contemporaine. Il y a, grâce aux penseurs, quelque chose de changé sous le ciel et dans la conscience humaine. Rien ne se perd, tout se propage (1)... »

Une introduction sur la *Sociologie, science théorique et pratique de l'humanité*, et un éloquent appendice sur le *Rapprochement des races au point de vue sociologique*, mémoire présenté au congrès des races tenu à Londres en juillet 1911, complètent cet ouvrage posthume — le dernier — en tête duquel nous aimerions inscrire ces quelques lignes si profondes et qui caractérisent si bien la largeur de son esprit : « Toute pensée est de la moralité qui commence, car elle brise la prison du moi pour y faire entrer un peu de ciel et une perspective sur le grand univers (2). »

Paris, le 5 février 1914.

Augustin Guyau.

(1) *Humanitaires et libertaires*, p. 203.
(2) *Humanitaires et libertaires*, p. 83.

INTRODUCTION

La sociologie, science théorique et pratique de l'humanité.

Deux grandes sortes d'objections ont été dirigées contre l'idée d'une sociologie pratique et réformiste, que nous avons proposée dans un ouvrage récent. Les uns pensent que la sociologie doit rester purement théorique ; les autres admettent qu'elle doit devenir pratique, mais qu'alors elle ne se distingue plus du socialisme. Les premiers représentent la sociologie comme une science purement spéculative et objective, étrangère à toute idée de fin et d'application pratique. Il suivrait de là, entre autres conséquences, que la notion d'une « sociologie réformiste » serait inexacte en elle-même. N'est-on pas allé jusqu'à dire que cette notion était difficile à concilier avec la philosophie des idées-forces, simple étude de ce qui est ou a été, dit-on ; la sociologie peut tout au plus, en ce qui regarde l'avenir, poser les limites du possible ou de l'impossible ; il ne lui appartient pas de déterminer le *désirable*, de fixer de but à nos efforts sociaux. Pour que la sociologie, ajoute-t-on, pût accomplir une pareille tâche, pour qu'elle pût s'appliquer à la discussion des problèmes sociaux de toute sorte, pour qu'elle pût, par exemple, servir à trancher le débat entre socialisme et solidarisme, « il faudrait admettre que l'avenir est, dès maintenant, intégralement préformé dans le présent, qu'il » s'agit seulement de le prévoir et non de le faire; et » ce serait, nous semble-t-il, la négation de toute la » philosophie des idées-forces, de l'œuvre entière de » M. Fouillée (1) ». Beaucoup de sociologues, par exemple M. René Worms, rejettent, pour des raisons plus ou moins analogues, l'idée d'une sociologie appliquée et réformatrice. D'autres, au contraire, admettent que la science sociale aboutit naturellement à un « art social »; tels sont, si nous ne nous trompons, MM. Durkheim, Lévy-Bruhl, Belot, Bouglé.

Devant ces divergences extrêmes, il nous a semblé qu'il y aurait intérêt à rechercher si la sociologie peut devenir pratique et au besoin « réformiste ». L'examen qui a été fait dans la *Revue de métaphysique et de morale* par M. Van Biéma de notre livre sur *le Socialisme et la Sociologie réformiste*, celui qui en avait été fait antérieurement par M. Parodi dans la *Revue philosophique*, enfin d'autres articles sur le même sujet dans diverses revues, par exemple celui de M. Yves Guyot dans le *Journal des Economistes*, et celui de M. Chauffard dans la *Revue de sociologie*, nous fournissent l'oc-

(1) Voir la remarquable étude de M. Parodi sur notre livre : *Le Socialisme et la Sociologie réformiste*, dans la *Revue philosophique* de novembre 1909, p. 525.

casion de préciser nos idées sur un sujet que nous ne croyons pas sans importance : la possibilité d'une sociologie vraiment pratique et sa nécessaire autonomie par rapport aux systèmes socialistes ou économistes.

I

La sociologie est, selon nous, l'étude de la nature, de l'origine et du développement des sociétés, sous l'action des causes physiques, biologiques, psychologiques et surtout sociales d'où procèdent leur constitution et leur évolution. Or, parmi ces causes, dans les sociétés humaines, il nous paraît essentiel de placer l'idée même qu'elles ont de leur constitution actuelle et de leur évolution future. Il n'y a, à proprement parler, de « fait social » que lorsqu'il y a réaction d'une conscience sur une autre, de la vôtre sur la mienne ou sur celle de mon voisin, puis réaction de l'*ensemble* des consciences sur soi. Dès lors, le caractère le plus essentiel de l'ordre social, à nos yeux, c'est de se modifier en se concevant, d'être un déterminisme collectif d'idées-forces et de sentiments-forces, si bien que toute société se trouve, pourrait-on dire, en état de continuelle création de soi par soi. Cette application de la loi des idées-forces nous semble avoir été trop méconnue par les sociologues ; elle est pourtant le complément indispensable de tous les autres points de vue auxquels ils se sont placés.

Dès l'année 1888, dans les divers articles dont l'ensemble devait former l'*Évolutionnisme des idées-forces*, nous avions distingué l'évolution « en train de s'effectuer » et l'évolution « effectuée », afin de montrer que la véritable évolution est d'ordre psychique, immanente à la conscience. Seule, la conscience saisit en soi le changement ou devenir « sous forme dynamique », disions-nous, et en son principe, non sous forme statique et en des résultats immobilisés.

M. Durkheim lui-même, après nous avoir donné les faits sociaux pour des « choses stables », finit par en placer l'essence dans des représentations collectives et dans des impulsions collectives. Or, représentations et impulsions, qu'elles soient collectives ou individuelles, sont essentiellement des actes psychiques et intérieurs. Sans doute il faut étudier les représentations collectives dans les institutions et mœurs où elles se fixent et se manifestent ; mais il faut les étudier aussi, avant tout, dans les consciences individuelles où elles ont leur origine et qui seules peuvent leur donner un sens. La sociologie, assurément, n'est pas purement et simplement de la psychologie, mais, sans la psychologie, comment comprendre et interpréter les documents matériels, les institutions, les mœurs, les faits historiques eux-mêmes ?

Transportée dans le domaine social, la loi des idées-forces a pour conséquence une certaine *liberté* de la société en ses fonctions les plus hautes, sans qu'il faille par là entendre un libre arbitre indéterminé, ni une volonté anarchique. La société est, non une chose toute faite, mais une vivante organisation qui, dans ses parties supérieures, se fait elle-même. Il en résulte une croissante flexibilité de fonctionnement et même une croissante malléabilité de structure, qui entraîne une perpétuelle variation malgré la constance des éléments essentiels.

S'il en est ainsi, on ne peut transporter tels quels dans la science de l'humanité les procédés et méthodes des sciences de la nature, comme l'ont fait Comte, Spencer et leurs disciples contemporains. La première différence est précisément, nous venons de le voir, que la sociologie a moins pour objet des choses immuables et comme mortes qu'un perpétuel devenir ou tourbillon vital. Le même événement, en effet, ne se produit pas deux fois d'une manière concrète dans les sociétés humaines, pas plus, d'ailleurs, que dans la vie individuelle. Cependant, il ne faut pas exagérer cette thèse, qui pourrait s'appliquer aussi à la physique vue de haut et de loin, puisque jamais un *même* phénomène ne se reproduit *identiquement* dans l'ordre matériel. La sociologie a beau offrir une complication bien plus grande que la physique et que la biologie même, cette complication n'exclut nullement les lois profondes et élémentaires que pourrait dégager une science supérieure à la nôtre. De ce qu'une chose n'apparaît qu'une fois, il n'en résulte pas le moins du monde qu'elle se produise sans lois, d'une façon contingente, par une « évolution créatrice ». Au contraire, c'est précisément parce qu'elle est soumise à un nombre infini de conditions et de lois que son apparition est unique, *sui generis* et originale.

Le second point et le plus important qui différencie la sociologie des sciences physiques, c'est qu'il existe, comme nous l'avons dit plus haut, une réaction des phénomènes humains sur eux-mêmes par le moyen de la conscience. Mais, ici encore, la complexité de ce déterminisme qui se réfléchit sur soi ne l'empêche pas d'être toujours un déterminisme ; infiniment plus fluide et plus flexible que les autres, il reste néanmoins soumis à la loi de causation et, par conséquent, il manifeste en sa variété un certain nombre de lois fondamentales.

Ces lois se rattachent, d'un côté, aux lois biologiques, de l'autre, aux lois psychologiques ; mais elles n'en ont pas moins leur originalité propre et constituent des lois vraiment sociales, puisque leur explication doit être cherchée non plus dans les consciences individuelles, mais dans l'action réciproque des consciences et dans la réaction de la conscience collective sur soi.

Concluons que le déterminisme social et surtout l'auto-déterminisme social sont le véritable objet de la sociologie théorique. Celle-ci ne doit pas étudier *tout* ce qui arrive dans l'humanité, fût-ce sous l'action des *individus*, d'un Napoléon ou d'un Bismarck (tâche qui incombe à l'histoire) ; elle doit formuler ce qui arrive dans la société *par la société* et *par la conscience que la société a d'elle-même* ainsi que de ses *idées* directrices. En d'autres termes, la science sociale ne considère pas l'humanité comme simple *milieu*, mais comme *agent* et agent *conscient qui se dirige lui-même.*

II

La sociologie, ainsi entendue, se distingue de la psychologie individuelle, car, pour découvrir les causes et les effets d'une institution sociale (le régime des castes par exemple), il faut sortir de l'observation de nous-mêmes, de l'étude du moi. La sociologie est plus aussi qu'une simple « inter-psychologie », comme la concevait Gabriel Tarde ; car les rapports réciproques de plusieurs consciences et même de toutes les consciences individuelles ne sont pas l'action spécifique et originale de la société entière, sa vie subconsciente, encore moins la réaction consciente de l'humanité sur soi par le moyen des idées qu'elle a d'elle-même et des sentiments ou désirs sous-jacents à ces idées. La sociologie, en un mot, est plus qu'une psychologie même collective.

Gabriel Tarde a eu le grand mérite de mettre en lumière, avant M. Baldwin, le rôle universel de l'*imitation;* de plus, il a eu raison d'insister sur le rôle non moins universel de l'*innovation* et de l'initiative. Il a montré ainsi, en face de l'humanité, l'importance de l'*individu*, qu'on tend aujourd'hui à annihiler au profit du grand tout matériel ou du grand tout social. Mais l'imitation ne nous paraît pas aussi fondamentale que le supposait Tarde. L'imitation n'est qu'un processus d'*expansion* pour les faits sociaux : instincts, sentiments, idées; elle ne les *constitue* pas. Il y a, répétons-le, un élément volontaire et rationnel dans la participation d'un être intelligent à la vie sociale sous l'une quelconque de ses formes et dans un de ses lieux d'action ; or, cet élément *rationnel* ou *volontaire* est beaucoup plus vraiment social que l'élément imitatif, qui est machinal et voisin du mécanisme.

Pareillement, le phénomène de l'invention, qui est plus proprement psychologique, n'est cependant pas encore caractéristique de l'ordre social. L'invention est surtout individuelle, le génie est surtout le propre d'une personne. Ce qui ne veut pas dire que l'humanité n'ait point dans les inventions sa part, qui doit être mise en évidence par le sociologue. Si en effet le génie est personnel en sa source, s'il résulte d'un « heureux accident » de conformation cérébrale et intellectuelle, joint au travail, à l'étude et à la « patience », il est impersonnel dans son objet, qui est toujours un degré supérieur de vérité, de beauté, de bonté. Science, art, morale ne sont pas seulement des créations individuelles ; ce sont aussi des créations sociales, où la part de tous et la réaction de l'humanité entière rendent possible l'action initiatrice de chacun.

Ce qui reste vrai dans la conception psychologique de la sociologie, c'est que cette science présuppose, comme conditions antécédentes, des facteurs élémentaires et des lois primordiales empruntés à la psychologie et, dans une moindre mesure, à la biologie. N'est-ce pas l'être *vivant* et *conscient* qui est l'unité sociale? L'action même d'une conscience sur d'autres consciences est, en définitive, physiologique et psychologique. Si les individus sympathisent, il y a action psycho-physiologique; s'ils imitent, de même; s'ils ont les uns pour les autres de l'aversion ou de l'amour, voilà encore des sentiments psychologiques. L'égoïste qui n'aime que soi est, par cela même, indifférent à *autrui;* l'homme désintéressé songe aux *autres;* dans les deux cas, il existe un rapport avec autrui, qui se résout en un rapport psychologique de sensibilités et de volontés. La sociologie, il est vrai, étudie des états d'esprit *collectifs* et humains, mais ce sont encore des états d'*esprit*. D'autre part, la psychologie étudie des états d'esprit individuels, mais ces états n'excluent pas et présupposent, au contraire, l'action de tous les autres esprits. Il faut donc, en sociologie, déterminer d'abord l'effet des lois psychologiques au sein de l'ensemble, puis montrer que la sociologie n'en a pas moins ses lois propres, qui ne sont plus simplement celles de la psychologie individuelle.

Nous rencontrons ici l'école qui, poussant à l'extrême l'indépendance de la sociologie, veut expliquer le social uniquement par le social, en faisant abstraction de ce qui se passe psychologiquement ou moralement dans les individus, de leur initiative, de leurs sentiments et de leurs idées. Dans ce système exclusif, d'antécédents purement *sociaux* en antécédents *sociaux*, l'explication recule à l'infini, sans atteindre jamais les éléments et les causes. Si l'explication donnée par le sociologue doit être spécifiquement sociologique, du moins n'est-elle pas, à elle seule, l'explication complète et adéquate ; nous venons de voir qu'elle présuppose l'explication psychologique et même (n'en déplaise aux contempteurs des idées) « idéologique », — je veux dire l'appel à des raisons intellectuelles, scientifiques, philosophiques, esthétiques, religieuses et morales. L'explication psychologique, par un privilège unique et heureux, atteint enfin des *causes*, et le sociologue s'en priverait ! Toute autre explication n'atteint que les lois et les rapports formels, et le sociologue s'en contenterait ! La vraie *causation* réside dans les volontés élémentaires et dans leurs rapports intimes d'action et de réaction. Tout le reste pourra bien s'appeler *évolution*, c'est-à-dire description des formes sociales et des diverses étapes de la marche collective ; mais ce ne sera pas la vraie et dernière *explication*; ce sera plutôt la chose à expliquer. Ainsi la cosmographie peut bien nous raconter ce qui s'est passé et se passe dans le ciel, l'évolution du système solaire et des systèmes stellaires, mais l'astronomie mécanique et mathématique nous fournit seule les vraies raisons de ces formes visibles qui constituent le firmament.

On a dit que, pour expliquer objectivement et matériellement les faits sociaux, il faut invoquer la population et la quantité de subsistances, puis le volume et la densité des unités sociales, puis leur complexité et leur unification. C'est ainsi que M. Bouglé, par exemple, a expliqué avec beaucoup d'ingéniosité le développement des idées égalitaires. — Soit; mais, la causation elle-même, encore une fois, implique des forces plus profondes; or, les forces élémentaires où réside cette causation sont bio-psychologiques, non plus sociologiques. Si telle société est plus peuplée, plus volumineuse, plus dense, plus complexe, plus unifiée, il est vrai que tels ou tels résultats sociologiques en sortiront, par exemple cette tendance à l'*égalité* que M. Bouglé a si bien mise en lumière; mais pourquoi la société est-elle plus peuplée, produit-elle plus d'enfants, est-elle capable de se nourrir elle-même dans tel milieu, plus unie, etc.? Il faudra en venir, et c'est ce que fait à la fin M. Durkheim, à considérer les hommes qui la composent, leurs besoins, leurs désirs, leurs idées et croyances, leurs « représentations collectives », bref, tous les ressorts de l'être mental.

Comment d'ailleurs le physique, comment le physiologique exercent-ils une action sur le social? En provoquant des phénomènes psychiques : désirs et idées. Une influence géographique n'agit elle-même qu'en éveillant le besoin et la pensée d'utiliser telle ou telle conformation du sol, de lutter contre tel obstacle matériel, de mettre à profit telle aide matérielle pour l'accomplissement des fins humaines. Les facteurs sociologiques, à leur tour, comment agissent-ils sur les individus, sinon par l'intermédiaire des *idées* qu'ils provoquent, des *sentiments* et des *impulsions* qui s'attachent à ces idées? Les faits économiques eux-mêmes sont, comme M. Bouglé l'a fort bien remarqué, « tissus » de faits psychiques; à plus forte raison en est-il ainsi des faits juridiques, politiques et moraux. Donc, ce que la mécanique est aux sciences de la nature, la psychologie doit l'être à toutes les sciences de l'esprit, notamment à la sociologie. Il y a seulement cette différence que la mécanique n'est encore, elle aussi, qu'une science de pures *lois* (mais plus fondamentales et plus primitives que les lois physiques ou chimiques), tandis que la psychologie est une science non seulement de lois fondamentales et primitives, mais encore de *causes* opérantes, d'actions et de passions élémentaires, si bien qu'elle descend aussi profondément que nous pouvons aller, c'est-à-dire au fond de nous-mêmes.

Concluons que la sociologie dépend de la psychologie et la présuppose, bien que ses lois propres demeurent spécifiques et originales; les forces ultimes qui agissent dans l'humanité et qui, par leur réaction réciproque, engendrent les lois sociales, sont, en dernière analyse, les esprits individuels et même les cerveaux individuels, en influence constante les uns sur les autres.

III

D'après ce qui précède, les sociétés humaines ne doivent pas être étudiées seulement sous la catégorie de la quantité, qui, comme on sait, présente les trois aspects de l'unité, de la pluralité et de la totalité, symbolisée par le nombre. Il y faut ajouter d'abord la considération de la *qualité*, qui implique une *réalité positive* délimitée par des *négations* et aboutissant ainsi à une *détermination* précise. Dans les sciences de la nature, la cinématique n'étudie le mouvement que sous le rapport de la quantité, la dynamique l'étudie sous le rapport de la qualité qui le détermine et le délimite, c'est-à-dire de la *force*. Il en est de même en sociologie : il faut toujours en venir aux forces qui produisent et, en même temps, délimitent ou *déterminent* le mouvement social. Ce n'est pas tout. Dans les sciences de la nature, la cinématique et la dynamique aboutissent à la mécanique, qui étudie le mouvement sous la catégorie de la *relation :* relation de permanence, relation de changement selon une loi connue, enfin relation synthétique de réciprocité causale, de même la sociologie doit étudier tous les mouvements sociaux sous la catégorie de la relation. Elle doit, à ce point de vue, étudier d'abord la part de la *permanence* dans les faits sociaux et montrer ce qui, dans la société, correspond à la permanence physique du mouvement et de l'énergie dans la nature. Elle doit étudier ensuite le *changement* et la causalité réglée, qui fait que, pas plus dans l'ordre humain que dans l'ordre physique, il n'existe de faits sans raison suffisante et adéquate. Enfin et surtout elle doit étudier la *réciprocité d'action* ou causalité mutuelle qui soumet les faits sociaux, comme les faits naturels, à un déterminisme universel et réciproque, mais à un déterminisme capable de se modifier et de se diriger lui-même par les idées et les sentiments dont il prend conscience. Reste une quatrième catégorie, une quatrième fonction commune de l'esprit et des choses : celle de la *modalité*. A ce point de vue, il y a une phénoménologie sociale qui étudie toutes les modalités de la vie en commun, de même qu'il y a une phénoménologie physique qui étudie les modalités de l'existence matérielle dans le temps et dans l'espace. En dehors de ces catégories, aucune sociologie n'est possible ou légitime, et, par catégorie, nous n'entendons pas de simples cadres abstraits, mais des fonctions unifiantes de la pensée répondant à des fonctions parallèles de la réalité. Les catégories sont la vie même de la nature et de l'esprit ramenée à ses organes essentiels et à ses fonctions essentielles. Elles dominent la société comme elles dominent la nature. Sans elles, il n'y a pas plus d'élan social qu'il n'y a d'élan vital ou d'élan intellectuel. Elles ne sont pas de simples points de vue artificiels sur les choses, elles sont les choses elles-mêmes prises sur le fait dans leur action et interaction, c'est-à-dire dans leur fonctionnement et leur vie intime au sein du tout.

La tâche de la sociologie, ainsi considérée, est triple. Elle doit d'abord donner une description raisonnée des sociétés actuelles, de cette corrélation mutuelle des sciences et des arts que nous appelons la civilisation humaine. En second lieu, elle doit reconstruire les phases antérieures qui ont contribué à produire la phase présente. Enfin, elle doit prolonger en avant les lignes de l'état actuel ; elle doit marquer, avec toutes sortes de précautions et de restrictions, les limites du possible et de l'impossible, en réservant la part de la liberté et de la nouveauté dans l'ordre humain, — j'entends une nouveauté qui est *pour nous* imprévisible, mais qui n'en a pas moins ses raisons intrinsèques.

Les procédés de la sociologie sont inductifs et déductifs. Les faits de l'histoire et ceux dont notre société présente nous rend témoins constituent pour le sociologue des objets d'*observation* et même d'*expérimentation* plus ou moins rudimentaire; la statistique introduit dans la science sociale des éléments de *calcul;* la comparaison et la déduction abstraite, vérifiée par l'expérience, permettent de formuler des *prévisions*, au moins partielles et conditionnelles ; elles permettent de déterminer, comme l'a dit excellemment M. Darlu, sinon des résultats effectifs et certains, « au moins des *tendances* », — nous dirions plutôt des *couloirs*. C'est grâce à ces diverses méthodes que la sociologie théorique peut *décrire* le présent, l'*expliquer* en partie par le passé, *prévoir* en partie l'avenir, tout au moins l'avenir prochain, jusqu'à ce point où l'horizon se brouille et échappe à notre vue.

La triple tâche de la sociologie en amène aussitôt une quatrième, qui constitue la sociologie pratique. Dans la société, en effet, la prévision de l'avenir n'est pas une simple vision anticipée de faits qui existeront sans notre concours personnel et sans le concours de tous, comme lorsque nous prédisons une éclipse de soleil. La prévision, ici, modifie et détermine son objet même ; elle n'est pas seulement vision passive, mais action, parce qu'elle est pensée et que la pensée d'un état futur possible est elle-même une force capable de coopérer à la réalisation de cet état. Le sociologue doit donc se garder, sous couleur de science positive, de cristalliser ce qui est essentiellement fluide et mouvant, de considérer comme *fait* ce qui *se fait* sans cesse soi-même en se concevant et en se désirant.

Après avoir considéré des phénomènes et des causes, la sociologie a donc le droit, théoriquement et pratiquement, de considérer des *fins*. Seulement, il faut bien entendre de quelles fins elle s'occupe. Il ne s'agit que des fins proprement et spécifiquement sociales, distinctes des fins individuelles, quoique en intime relation avec ces dernières. Une société a, comme telle, des intérêts propres ; elle a pour fin naturelle et immanente de se conserver, de se développer en intelligence, en moralité, en puissance, en richesse, en bien-être, en bonheur. Le progrès de la science, le progrès de l'art, le progrès du droit, le progrès de la division du travail, le progrès de la coopération, le progrès de l'union entre les citoyens d une même société, le progrès de l'union avec les sociétés voisines, le progrès consécutif de la paix internationale, voilà des fins essentiellement collectives. Ces fins sont *désirées* en fait par les sociétés ; à ce titre, elles intéressent déjà la sociologie et sont des *faits* sociaux. Mais le sociologue peut très bien ajouter que ces fins socialement désirées sont aussi socialement désirables, parce qu'elles expriment l'essence même des sociétés, la forme la plus haute de leur vouloir-vivre, qui est, selon nous, « la volonté de conscience sociale » sous toutes ses formes. Il appartient donc à la sociologie, tout comme elle opère la synthèse des diverses sciences sociales, droit, politique, économie politique, éthologie collective, etc., de poursuivre celles des diverses fins sociales auxquelles chacune de ces sciences est suspendue. En d'autres termes, la sociologie aboutit à une science de *valeurs*, mais de valeurs spécifiquement collectives : elle détermine des *idéaux*, mais des idéaux de la vie en commun « la plus intense et la plus expansive », comme dirait Guyau. Dès lors, par cela même qu'elle est science, elle est aussi *art* : en montrant des séries de causes et d'effets qui aboutissent à la production de résultats désirés et désirables au sein des sociétés, elle dévoile du même coup des séries de moyens aboutissant à des fins. Malgré ce que certains sociologues ont prétendu, l'*appréciation* n'a rien de contraire aux méthodes scientifiques. La science physiologique, par exemple, en étudiant l'appendice vermiculaire, peut fort bien ajouter à sa description une appréciation de l'utilité de cet appendice pour l'accomplissement des fonctions vitales ; elle peut montrer que, loin d'être aujourd'hui utile à ces fonctions, l'organe devient parfois nuisible par les maladies dont il est l'origine. C'est ici qu'il est légitime de dire : l'être vivant veut vivre : pour vivre, tels organes sont nécessaires, tels autres pourraient être aujourd'hui supprimés avec avantage ; tels autres, comme l'œil, sont des « appareils médiocrement adaptés à leur fonction ». Pareillement, il est légitime de dire : — Toute société veut vivre; or, pour vivre, telle organisation, telles mœurs, telles lois, lui sont utiles et nécessaires ; telles autres vont à sa ruine. La physiologie, en étudiant le fonctionnement des organes qui aboutit à l'entretien et au progrès de la vie, enveloppe d'avance l'hygiène et la médecine, qui n'en sont que des applications et expansions. Pareillement, la psychologie et la physiologie des sociétés enveloppent une hygiène et une médecine des sociétés. L'étude des conditions statiques de la vie sociale est pratiquement *conservatrice ;* l'étude des conditions dynamiques de la vie sociale est pratiquement *progressiste* et *réformiste*.

De toutes ces considérations dérive une conséquence importante, c'est que, dans la sociologie, la pratique est *inséparable* de la théorie. En effet, la théorie met en relief des idées-forces communes, des croyances relatives aux fins sociales et aux moyens sociaux, aux idéaux de l'évolution et à sa direction possible. Or, une telle théorie est efficace et pratique *par elle-même*, grâce à la tendance qu'ont les idées à *s'objectiver en actes*. D'autre part, la pratique réagit nécessairement sur la théorie. N'avons-nous pas vu que la sociologie théorique doit s'appliquer à un objet qui, dans la pratique, se transforme incessamment ? Une société humaine ne peut donc jamais se contempler elle-même comme du dehors, ainsi qu'on regarde un objet dans un miroir ; en se contemplant, elle se change. Aussi nous paraît-il inadmissible de considérer les faits sociaux, avec MM. Durkheim et Lévy-Bruhl, comme des « choses » indépendantes des volontés individuelles et ayant une existence à part. Puisque la société a pour caractère essentiel d'agir en vue de certaines fins et sous certaines idées-forces, peut-on faire complètement abstraction de ces fins et de ces idées? Peut-on étudier les actions et relations humaines comme si elles étaient des objets tout donnés, entièrement extériorisés et fixes? Tout n'est pas expliqué dans les sociétés humaines par « le volume, la densité, la complexité et l'unité », caractères objectifs et formels; plus intimes et plus reculées sont les vraies explications : elles consistent, comme M. Durkheim finit lui-même par l'admettre, dans les *représentations*, inséparables de *sentiments* et d'*impulsions*, c'est-à-dire de forces efficaces; et ces représentations, en devenant collectives, produisent des effets collectifs.

D'ailleurs, n'ayant aucun moi collectif où se produire, elles demeurent nécessairement une *collection* de représentations individuelles ayant des points communs. La représentation collective de la France est la collection des idées communes que se font les Français sur leur patrie et par lesquelles ils coïncident partiellement entre eux. Toute représentation, quelque sociale qu'elle soit, est donc nécessairement psychologique.

Dans la science de l'humanité comme dans les sciences de la nature, nous avons vu que la comparaison est le grand moyen de déterminer les lois naturelles; mais, dans la sociologie, cette méthode acquiert une vertu pratique. En effet, chaque société établit une comparaison non pas seulement entre elle-même et les autres, mais encore entre son état présent et l'idéal qu'elle conçoit désirable. La méthode comparative ne considère donc plus seulement des données passives, mais une donnée active, ou plutôt un *donnant*. De même pour la *classification*, grâce à laquelle Spencer a étudié la « différenciation des types sociaux » et ouvert la voie aux études *taxonomiques*, si nécessaires, dit M. Durkheim, pour la connaissance des sociétés humaines. Mais il ne faut pas, ici encore, oublier que les sociétés ne sont point *toutes classées* par leur structure acquise : elles se classent elles-mêmes par leur fonctionnement intelligent, par l'idée qu'elles ont d'une classe dont elles veulent faire partie, d'une valeur supérieure qu'elles veulent ainsi se conférer. La réaction des idées sur les caractères innés ou acquis d'une race et d'une nation est ici manifeste : elle vient compliquer la classification naturelle en y ajoutant, pour ainsi dire, une classification volontaire.

« Par cela seul, dit M. Parodi dans son beau livre *Traditionalisme et Démocratie*, par cela seul que l'homme critique les faits, déjà il les juge, il leur oppose un idéal. Et concevoir que ce qui est pourrait être autre, plus cohérent, plus harmonieux, plus rationnel, c'est concevoir qu'il devrait l'être : c'est, en discernant un idéal, en sentir déjà l'attrait. » S'il en est ainsi, comment la conception d'une sociologie réformiste serait-elle en opposition avec la philosophie des idées-forces? Elle en est, au contraire, comme l'a bien vu M. Van Biéma, l'inévitable conséquence. Le précepte « connais-toi » s'applique aux sociétés comme aux individus, il s'applique à l'humanité entière, et la connaissance de soi est déjà, pratiquement, une réformation de soi. Nulle société intelligente ne peut se voir inférieure à son propre idéal sans que cette vision soit déjà une modification en mieux, une virtualité de progrès, une réalité de progrès.

IV

Aux diverses branches de la science sociale correspondent, comme nous l'avons vu, des arts sociaux, essentiellement pratiques, ayant tous pour but la conservation et le progrès de l'humanité. La jurisprudence est, en partie, une sociologie appliquée. Elle considère d'abord la société, avec ses coutumes et ses lois, comme un organisme qui se conserve et évolue d'une manière progressive, par des impulsions souvent inconscientes. Ce point de vue est celui où se placèrent l'école de Savigny et celle de Spencer. La jurisprudence considère en même temps la société comme une conscience qui poursuit des fins par elle conçues et désirées ; et ces fins se résument dans la plénitude de la justice pour tous. C'est le point de vue de Rousseau, de Kant et de Thibaut.

La politique se place sucessivement aux deux mêmes points de vue. Elle recherche quelle structure gouvernementale et quelles fonctions gouvernementales sont capables d'assurer tout ensemble l'équilibre et le progrès de la nation. Là encore, les idéaux de l'humanité ne doivent pas moins être pris en considération que les « réalités sociales », — d'autant plus que ces idéaux, comme la liberté, l'égalité, la fraternité, étant conçus de fait et désirés de fait, deviennent du même coup des réalités sociales. On sait que les anciens avaient donné le nom général de politique à la sociologie, la société étant surtout pour eux la cité, πόλις, ou l'Etat. De la politique, eux aussi, ils faisaient une science et un art, relevant de la psychologie, de l'observation du présent et de l'histoire du passé ; ils y employaient tout ensemble l'induction et la déduction. Quand Platon faisait le tableau de sa cité idéale, c'est qu'il considérait l'Idée comme n'existant pas seulement dans le monde intelligible, mais comme pouvant créer dans le monde sensible son image, son « imitation », sa « participation ». Si Aristote, au lieu de construire, observait, s'il décrivait les états de son temps, opposait la cité démocratique à l'aristocratique et à la monarchique, montrait les qualités et les défauts des unes et des autres, c'est qu'il pensait que la connaissance, quelque valeur et quelque beauté qu'elle ait en elle-même, est également utile pour l'action ; l'homme d'Etat savant, c'est l'homme d'Etat prudent. Pour Auguste Comte, la politique était aussi une application de la sociologie. Prévoir afin de *pourvoir*, n'était-ce pas la devise de Comte, tout comme celle de Platon, qui, dans le *Protagoras*, l'opposait victorieusement (quoi qu'en pensent nos Schillers anglo-saxons) au « pragmatisme » anticipé des sophistes grecs ?

Pour montrer le caractère pratique de la sociologie, notamment son utilité juridique ou politique, prenons divers exemples d'actualité et insistons-y. D'abord le problème de la population, qui est le plus important pour l'homme d'Etat. La sociologie, en déterminant les causes qui tendent à dépeupler une nation, fera ressortir du même coup les remèdes. Elle devra démêler les causes psychologiques et morales d'une part, les causes proprement sociales, économiques et politiques d'autre part. Elle montrera d'abord l'affaiblissement, dans la masse, des croyances qui, vraies ou fausses, renfermaient, sous une forme symbolique, des idées morales de dévouement à la famille et aux générations futures, d'heureuse destinée réservée aux familles nombreuses et durables, de caractère sacré attribué à l'union des époux et à la procréation des enfants. Le sociologue constatera que ces croyances n'ont pas encore été remplacées, comme elles le seront un jour, par des principes philosophiques, scientifiques, moraux et sociaux, à la portée de tous. De plus il montrera qu'on a eu le tort de suspendre les idées morales aux croyances religieuses, si bien que l'affaiblissement de celles-ci a entraîné l'affaiblissement de celles-là.

Les exemples d'égoïsme, de débauche, de démoralisation et de stérilité systématique, ont été d'abord donnés par les classes qui s'intitulent supérieures ; puis, en vertu des lois à la fois psychologiques et sociologiques de l'imitation, les bourgeois ont entraîné le peuple. On avait vu les familles riches se limiter à un ou deux enfants avec la préoccupation unique de s'épargner tout tracas et tout souci, de ménager leurs aises et leur tranquillité à venir ; comment les pauvres n'auraient-ils pas imité les riches ? En même temps, on a laissé se répandre à flots, non seulement dans les villes, mais jusque dans les campagnes, les publications licencieuses et pornographiques, les excitations à la débauche, les journaux prétendus malthusiens enseignant les pratiques de la volupté stérile et même de l'avortement. Le pouvoir central a fermé les yeux sur tout ce qui pouvait corrompre ou tarir les sources vives de la natalité.

Aux causes psychologiques et morales le sociologue ajoutera les causes proprement sociales. Il reconnaîtra que la plus importante, souvent mise en relief, est le progrès de la démocratie égalitaire. Nécessaire et heureux, ce progrès n'en a pas moins entraîné, sur plus d'un point, des résultats malheureux. L'amour de l'égalité a produit, d'abord chez les classes aisées, puis chez les pauvres, le désir de vivre et de jouir à l'égal des plus fortunés, de ne pas rester au-dessous de ses voisins pour les ressources, le bien-être, et les apparences, de monter aux bonnes places et d'y faire monter les siens, pour s'y endormir. De là ce phénomène d'ambition universelle et de « capillarité sociale » si bien décrit par Dumont et qui, substituant aux idées de labeur patient ou d'entreprise hardie les idées de repos, de bien-être, de fortune, d'avenir assuré d'avance et sans peine aux enfants, aboutit à faire de la stérilité voulue un moyen d'égalité.

Les causes économiques, liées aux précédentes, sont la difficulté croissante d'élever des enfants avec les charges croissantes qu'ils entraînent dans une société où chacun veut tenir un rang aussi élevé que possible et où, de plus, les conditions du travail sont souvent pénibles. Mais il est à remarquer que les causes économiques et politiques ne suffisent pas à expliquer le phénomène de la stérilité croissante, car dans des pays démocratiques et d'une civilisation avancée, comme les États-Unis, la Suisse, etc., la population continue de s'accroître. D'une manière générale, les récentes statistiques font voir qu'elle s'accroît rapidement chez tous les pays civilisés, sauf la France. Cette fâcheuse exception montre que, chez les Français, les causes psychologiques et morales sont ici dominantes.

Dans cette crise, qui nous apprend une fois de plus la puissance des idées quand il s'agit de fonder ou de détruire, il n'est resté debout que les pensées d'intérêt personnel, le souci exclusif de l'argent, l'amour du bien-être, la peur de se dépenser, de se donner, de se répandre, d'être productif sous quelque rapport que ce soit.

Si les Français continuent de restreindre volontairement leur natalité au-dessous d'un certain taux, les sociologues n'auront pas de peine à montrer, que, dans un siècle, la France n'aura plus que 20 millions d'habitants d'origine française; que, dans quatre ou cinq siècles, la race française se sera à peu près exterminée elle-même de la surface du globe. Il n'y aura pas besoin pour cela de l'ange du Seigneur, ni du glaive des représentants du Seigneur, je veux dire des *Hohenzollern*.

Nous avons beaucoup moins d'enfants et cependant notre population reste stationnaire; les sociologues en concluront que, si ce mouvement continue, nous aurons de moins en moins d'adolescents, plus d'adultes et beaucoup plus de vieillards. La majorité des Français, a-t-on dit, est composée d'hommes et de femmes de quarante ans; nous sommes un peuple de quadragénaires, « nous manquons de jeunesse, d'élasticité, d'élan généreux vers la vie ». Or, une nation en qui s'affaiblirait le vouloir-vivre, une nation qui s'accommoderait et se consolerait de disparaître et de mourir accomplirait volontairement sur soi un lent suicide. Si enfin la sociologie, à l'aide de la statistique, établit ce fait qu'un homme rapporte en moyenne à la société ce qu'il coûte, souvent plus ; si elle constate que la densité de la population, dans les pays où elle est formée de travailleurs actifs, contribue à la prospérité générale ; si elle démontre encore que l'accroissement régulier de la population excite l'émulation active des producteurs ; si, d'autre part, les statistiques établissent que la France, avec sa densité moyenne de 73 habitants par kilomètre carré, est loin d'être « saturée de population », que son industrie et son agriculture pourraient faire vivre un bien plus grand nombre d'hommes, enfin que les capitaux sont loin de lui manquer ; de toutes ces prémisses ne verra-t-on pas ressortir spontanément des conséquences pratiques, des prévisions pour l'avenir, des règles de conduite pour le présent, qui s'imposeront à quiconque a souci de sa patrie et de l'humanité.

Autre exemple plus directement emprunté à la politique. Si, en même temps qu'un organisme, une nation est, aux yeux du sociologue, un contrat ou quasi-contrat entre les citoyens, si, pour tout dire en deux mots, elle est un organisme contractuel, où la *loi* est l'expression du concours des volontés, il s'ensuivra (comme on l'a montré ailleurs) que les volontés doivent être représentées au Parlement par une assemblée spéciale, la Chambre des députés. Il s'ensuivra également que toutes les volontés, autant qu'il est possible, devront être représentées *proportionnellement* dans la volonté nationale, au moment de la délibération. Il s'ensuivra également que, dans l'action, qui est *une*, la volonté nationale ne pouvant prendre qu'*une* seule direction, c'est à la majorité d'*agir* et de gouverner au nom de tous. D'autre part, puisqu'une nation est, pour le sociologue, un organisme vivant, il faudra que ses grands organes et ses grandes fonctions soient aussi représentées au Parlement. Ce rôle est, nous l'avons fait voir ailleurs, celui des « Chambres hautes », qui devraient être, dans tous les pays, élues par les universités et les corps savants, par la magistrature, par les grands conseils de l'armée, de l'industrie et du commerce, par les associations ouvrières, etc. Les Chambres hautes devraient représenter la vie nationale en ses organes stables, non pas les grands « intérêts », comme on dit d'habitude, mais les grandes « fonctions sociologiques ».

Considérons un des plus importants parmi les arts sociaux : l'Économie appliquée. Dans ce domaine, la sociologie pratique doit se demander si le socialisme est sûr, comme il le croit, d'être le régime le plus *désirable* pour l'humanité, le seul possible dans l'avenir, le seul appelé à être réalisé dans les démocraties futures. Le sociologue n'a pas besoin, pour faire ces prévisions, de supposer que l'avenir est entièrement « préformé dans le présent », déjà produit et non à produire. Ce ne sont pas les sociologues, ce sont les auteurs de systèmes qui supposent ici l'avenir préformé selon leurs idées. La sociologie réformiste, elle, laisse toutes les portes ouvertes ; elle affirme seulement que l'humanité se transformera elle-même dans le sens de la plus grande *liberté* des *individus* et des groupes, comme dans le sens de la plus grande *puissance* de l'action centrale et *collective*. Pour le reste, il faut se borner à dire : *Fata viam invenient*, ou plutôt : *Homines viam invenient*. On peut seulement poser en principe que, d'ici à de nombreux siècles, les hommes ne changeront pas le fond de la nature humaine, pas plus qu'ils ne changeront les conditions les plus essentielles de leur milieu terrestre. Tout système qui suppose ce qu'Effertz appelle l'*angélisation* de l'humanité, est donc suspect d'utopie.

Le sociologue peut aussi discuter sur la valeur presque exclusive que le collectivisme, surtout celui de Marx, attribue dans la philosophie sociale aux besoins matériels de l'humanité, sur le rôle de simples « épiphénomènes » auquel il réduit les faits de l'ordre mental et moral, notamment les *idées*, qui ne sont pour Marx que les « masques des appétits». Car le marxisme est, en sociologie, le pendant de l'épiphénoménisme en psychologie, qui considère tous les faits de conscience comme superficiels, surajoutés, surérogatoires. C'est ici qu'il importe de ne pas faire erreur sur la valeur pratique des idées comme telles.

La sociologie réformiste ne confond nullement « l'*explication* de l'état de choses actuel au point de vue psychologique et historique, avec sa *justification* au point de vue de la moralité et de la justice ». Comment une sociologie qui se dit *réformiste* se contenterait-elle d'expliquer et croirait-elle qu'elle a ainsi justifié, sans avoir rien de plus à faire? Non. Ce qu'elle croit, c'est que l'explication permet la réformation, mais non au gré de nos fantaisies et de nos désirs : une réalité comprise et expliquée ne peut être modifiée que conformément à des lois qui résultent de la nature actuelle des hommes en société et qui conditionnent leur *évolution* future. Par exemple, sur la question qui est capitale en économique, celle de la valeur, on nous a demandé si c'est réfuter le collectivisme que de montrer qu'*en fait* la valeur d'un objet dépend de beaucoup d'autres facteurs encore que le travail. « Comme ces autres facteurs, ajoute-t-on, sont tous plus ou moins fortuits, indépendants du mérite et de l'effort personnel, le socialisme n'est-il pas justifié de vouloir qu'on en fasse abstraction *dans la mesure du possible*, et qu'au point de vue de la justice on s'efforce de ne considérer que le facteur travail (1) ». Nous répéterons que la sociologie réformiste n'identifie nullement *le fait* avec le droit, mais qu'elle tient compte à la fois de l'idéal et des faits réels. Sur l'idéal de justice qui voudrait que la valeur fût le prix du travail, on est unanime, les collectivistes, ici, s'accordent avec les économistes. Ce qui leur est propre, c'est d'abord une théorie de la valeur qui porte qu'*en fait* la valeur est du « travail congelé ». C'est ensuite une conception discutable des moyens de rendre la valeur proportionnelle au travail; car ils comptent sur l'État, sur le groupe, sur la communauté, sur une action extérieure et autoritaire qui distribuerait les valeurs selon les mérites et qui commencerait par supprimer ou par mutiler le droit de propriété, le droit de travailler à sa guise, le droit de choisir son travail, le droit même de disposer de sa personne. La question qui se pose alors devant la sociolo-

(1) *Revue de Métaphysique et de Morale*, nov. 1909.

gie pratique est de savoir si, 1° dans l'*organisation du travail*, 2° dans la *répartition des produits*, 3° dans la *jouissance des produits*, la substitution de l'autorité collective aux volontés librement associées est le meilleur moyen de réaliser la justice, de rendre à chacun ce qui lui est dû. Il s'agit de savoir si la suppression de la liberté de travail et de production, de la propriété individuelle et de la liberté de consommation individuelle de distribution et de circulation, ne paralyserait pas les ressorts mêmes du mouvement de l'humanité. L'attribution progressive des valeurs au mérite peut parfaitement se concevoir par le progrès des *libertés isolées ou unies*, par l'établissement du *contrat collectif de travail*, par la puissance croissante des *syndicats* et *coopératives* pour contrebalancer sur le marché la puissance des capitalistes, par le passage progressif des capitaux aux mains mêmes des travailleurs ou des associations de travailleurs, etc. (1). Dans leur désir de justice, les collectivistes et les communistes risquent d'installer l'injustice au cœur des sociétés par l'absorption de l'individu dans le groupe.

De plus, ils se bercent d'un rêve lointain qui, au lieu d'être d'accord avec la tendance actuelle des sociétés, la contredit. Il appartient au sociologue de montrer que la grande crise finale, la grande *catastrophe* qui, selon Marx, doit absorber toutes les classes dans la classe ouvrière et tous les capitaux entre ses mains, loin de s'annoncer aujourd'hui, recule dans l'avenir le plus problématique. Les capitalistes, en effet, grâce aux

(1) Voir notre livre : *Le Socialisme et la Sociologie réformiste*.

récents progrès de leurs institutions, réussissent à surmonter les crises par leurs groupements. De plus, grâce aux inventions des techniciens, la main-d'œuvre ouvrière se trouve de plus en plus subalternisée, de moins en moins importante. Le *capital* et l'*intelligence* détiennent les principales fonctions sociales. De là, selon un socialiste aussi sincère qu'éclairé, le « recul » et même « l'évanouissement des doctrines collectivistes ». Ce qui n'empêche pas le mouvement ouvrier de rester juste dans sa fin essentielle : la *protection des valeurs humaines* que l'industrialisme ignore ou menace (1).

La sociologie peut donc être réformiste, ultra-réformiste, insatiablement réformiste, sans être pour cela confinée dans le cercle *collectiviste* ou *communiste*, c'est-à-dire dans la sphère du pouvoir central écrasant de tout son poids les individus. Si, d'ailleurs, on veut appeler socialistes (comme il est habituel) tous ceux qui demandent des réformes profondes et continues, on est libre : mais il est fâcheux de changer la *science sociale* et l'*art social* en *parti socialiste*, *collectiviste*, *communiste*, tout comme il est faux de les changer en parti *conservateur* ou *rétrograde*. Les étiquettes ne doivent pas masquer les réalités ; or, la science appliquée aux réalités demeure purement et simplement *science*, tout en devenant aussi pratique qu'il est possible. En pliant la géométrie à nos besoins, l'arpentage reste essentiellement géométrique : niveler un terrain pour y construire une maison, c'est *réformer*,

(1) Voir M. Daniel Halévy dans l'*Union pour la vérité*, 15 décembre 1909.

mais réformer scientifiquement, en obéissant d'abord à la nature pour pouvoir ensuite lui commander.

On dira : — Il ne faut pas donner du socialisme une définition trop « restrictive ». — Sans doute, définir, c'est pourtant déterminer et restreindre. Un socialisme indéterminé est insaisissable. Si on ne délimite pas les notions, tout sera dans tout, l'individualisme sera dans le socialisme, le socialisme sera dans l'individualisme. Nous ne nions pas cette continuité des choses, et leur inextricable mélange ; mais, pour discuter scientifiquement et pour agir utilement, il faut bien faire des distinctions et des séparations. Le vrai socialisme, au sens propre, c'est la socialisation de la production, ou de la distribution, ou de la consommation, ou des trois à la fois. En dehors de ce triple caractère, le socialisme se perd dans le vague des bonnes intentions, communes à tous les sociologues. Or, *socialisation* implique autorité du groupe sur l'individu, coercition de l'individu par le groupe, non pas seulement quand l'individu viole le droit d'autrui, mais au nom de l'*intérêt* économique du groupe, qui devient la loi suprême des individus. A notre classification hiérarchique des systèmes socialistes selon la production, la distribution et la consommation, — socialisme simple, collectivisme et communisme, — on a objecté (1) que, dans les systèmes sociaux comme dans la société même, production, distribution et consommation sont inséparables. — Sans doute ; mais il n'en reste pas moins vrai, comme nous l'avons montré, qu'on peut entreprendre

(1) M. Van Biéma, *Revue de Métaphysique et de Morale*, mars 1911.

de socialiser le travail et la production sans vouloir pour cela socialiser la distribution et la consommation. N'est-ce pas un *fait* qu'il existe des socialistes qui veulent organiser le travail en commun, tout en laissant au jeu des libertés individuelles la distribution et surtout la consommation. N'est-ce pas un autre fait qu'il y a des systèmes qui veulent socialiser à la fois la production et la répartition des produits, mais en laissant aux individus toute liberté de les consommer à leur manière ? Ce sont les collectivistes qui refusent d'aller jusqu'au communisme. Enfin n'est-ce pas un autre fait que les communistes proprement dits, eux, veulent tout socialiser, non seulement la production et la répartition, mais la consommation elle-même? Notre classification est donc parfaitement naturelle. Tout système social s'occupe à la fois de la production, de la distribution et de la consommation, mais il n'en résulte pas qu'il applique à ces trois grandes fonctions les mêmes règles. La socialisation peut offrir des degrés et des limites, tout comme l'individualisation. Le socialisme se mesure à l'étendue de la contrainte sociale exercée dans le domaine économique, — non pas dans le domaine du droit pur et simple, mais dans le domaine des intérêts et des droits liés à ces intérêts.

On peut, sans doute, grâce à des définitions moins précises, établir des transitions insensibles entre les systèmes sociaux jusqu'à ce qu'ils deviennent des systèmes socialistes. C'est l'argument du *chauve*. Quand commence-t-on à être chauve? Quand commence-t-on à être socialiste? On est toujours socialiste par rapport à quelqu'un; on est toujours individualiste par rapport à un autre. Cela prouve précisément le danger des dénominations systématiques. Et c'est pour cela même que nous préférons dire : « sociologie réformiste », puisque tous les sociologues sont d'accord sur ce point : la société est à réformer et elle doit être réformée conformément aux lois de la science sociale, non contrairement à ces lois. Au reste, comme la science sociale poursuit la synthèse de toutes les vérités, elle devra absorber en elle de nombreuses vérités que les socialistes ont mises en lumière, comme aussi beaucoup de vérités qu'ils ont laissées de côté; elle ne sera pour cela ni socialiste ni individualiste à la façon de l'école de Manchester. Elle aboutira à cette conclusion que la réalité est faussée par tous les systèmes; elle fera voir que l'idéal humain est encore plus faussé, enfin que la relation de l'idéal au réel, d'où il doit surgir, est conçue d'une façon qui n'est pas assez scientifique.

La dernière conclusion de la sociologie théorique et pratique est, à nos yeux, la suivante, sur laquelle nous avons tant de fois insisté. Un *organisme* conscient de soi, comme l'humanité qui s'aperçoit que certains de ses membres souffrent du jeu même de ses fonctions les plus nécessaires, ne peut concevoir ce fâcheux résultat sans vouloir le corriger et le *réparer*. D'autre part, si une société *contractuelle* s'aperçoit que certains de ses membres ne participent pas d'une manière effective au contrat social et se trouvent privés de liberté effective, comment le devoir de justice réparative ne surgirait-il pas de nouveau? Ce devoir, selon nous, domine tous les systèmes particuliers que l'on peut concevoir sur la question sociale. Seulement, il ne faut pas se figurer la justice réparative comme un droit revendicable sur l'Etat par les individus; elle ne constitue pas un droit légal des individus, mais un devoir moral des États.

Alors même que les réformes proposées par la sociologie, au nom de la justice réparative, seraient voisines des réformes socialistes, la sociologie ne saurait pour cela se laisser inféoder aux partis qui se disputent l'influence et le pouvoir. Elle prend son bien partout où elle le trouve, chez les économistes les plus individualistes comme chez les socialistes. L'essentiel, nous l'avons vu, c'est qu'elle conserve son entière autonomie de science appliquée à la pratique, de science sociale. Cette autonomie implique à la fois l'indépendance absolue, l'absolue impartialité, la sympathie pour tous ceux qui recherchent pacifiquement et consciencieusement le bien social, la défiance à l'égard de tous les révolutionnaires, de tous les violents, de tous les hommes à cocarde qui suivent un mot d'ordre en vue d'un système préconçu, exclusif et intolérant. Si chaque système doit être vrai par quelques côtés, il ne peut manquer, par d'autres, d'être faux; or, toute fausseté théorique se traduit dans la pratique par des injustices. L'homme systématique et exclusif est donc déjà injuste en pensée et en discours, comme dirait Socrate, avant de l'être en actes. La science sociale ne saurait être trop large et trop ouverte pour recevoir en son sein la lumière, de quelque côté qu'elle lui vienne, et pour la faire rayonner ensuite au dehors.

LIVRE PREMIER

La morale libertaire. Ses conclusions humanitaires.

Un éminent écrivain a publié récemment un livre sur *La Démission de la Morale*, — où il propose lui-même sa morale, celle de l'honneur. Nous ne croyons pas plus que lui à une démission qui serait celle de la conscience humaine. En tout cas, les moralistes, eux, n'ont pas démissionné : jamais ils ne furent plus nombreux que de nos jours. C'est surtout en France que les études de morale se sont multipliées, comme d'ailleurs toutes les études de philosophie, la France ayant pris depuis quarante ans la tête du mouvement philosophique. La plupart des nouveaux écrits sur la conduite des individus et des sociétés ont en commun une inspiration tantôt humanitaire, tantôt libertaire. Ils se rattachent à l'effort du socialisme et de l'anarchisme pour se constituer une morale et même une religion qui soient en rapport, d'une part, avec les exigences de la science, d'autre part, avec la réorganisation ou avec la désorganisation systématique des sociétés. Est-il besoin d'insister sur le haut intérêt qu'offrent de telles entreprises?

Ne nous plaignons pas de l'abondance des doctrines morales que nous voyons surgir autour de nous. Comme la nature, la société humaine avance par rythme de contraires, par action et réaction; par dissonances et consonances, dirait le vieil Héraclite. Il faut des individualistes pour contre-balancer et faire progresser les socialistes, il faut des socialistes pour faire progresser les individualistes. La loi du rythme s'applique à la morale comme à tout le reste : libertaires et humanitaires se complètent et, en se combattant, se rendent service.

Commençons par examiner les doctrines libertaires et individualistes, où le culte bien entendu du *moi* est érigé en principe moral et social. Nous verrons comment, de nos jours, ces doctrines ont cherché un appui dans la morale de la « vie intense et expansive », soutenue d'abord si éloquemment par Guyau, puis par Nietzsche et par les disciples contemporains de ces deux grands penseurs. En terminant, nous nous demanderons si le moraliste ne doit pas dépasser l'idée même de la *vie* pour chercher dans celle de la *pensée* la réconciliation de l'individualisme moral et de l'humanitarisme.

I

Les tendances individualistes ont pénétré jusque dans le domaine du droit civil et pénal. C'est ainsi que de savants jurisconsultes ont proposé d'appliquer une pénalité particulière à chaque individu particulier, une sorte de code pénal personnel pour chacun, toute faute ayant un caractère distinctif et propre. On a nommé cette théorie, d'un nom barbare, l'individualisation des peines. Elle peut servir à nous faire comprendre la doctrine libertaire. En morale, selon les individualistes, autant de personnes, autant de codes différents : chacun se fait ou ne se fait pas ses « tables de la loi ». A vrai dire, il n'y a pas de loi. Tel est le principe de la doctrine libertaire, qui prêche l'affranchissement et l'expansion de l'individu.

Les libertaires se réclament de Diderot, d'Hébert, d'Anacharsis Cloots, même de La Boétie. Ils invoquent la « morale indépendante » de Massol, entendant par là une morale d'indépendance absolue, ce qui n'était guère le sens de l'ancienne morale indépendante. Ils invoquent Godwin, Max Stirner, Fourier, Proudhon, Tolstoï, Ibsen, Bakounine, Kropotkine, Elisée Reclus. Selon Fourier, — nul ne l'ignore, — tous les maux de la société actuelle naissent des passions contrariées, tous les biens de la société à venir naîtront des passions émancipées et de la liberté absolue. Jusqu'ici on a violenté la nature au nom d'une loi que l'homme s'est faite à lui-même et qu'il a nommée le devoir. « Le devoir vient des hommes, l'attraction vient de Dieu. » Laissez les puissances de l'homme s'épandre en liberté, vous les verrez s'attirer entre elles et s'harmoniser peu à peu. L'individualité même, par son libre jeu, engendrera la sociabilité. « Céder à ses attractions, voilà la vraie sagesse, car les passions sont une boussole permanente. » On sait que, selon Proudhon, la perfection serait l'absence du pouvoir politique, qui serait remplacé par les règles toutes civiles de l'échange et du contrat : et cette sorte d'anarchie serait le meilleur gouvernement.

L'anarchisme a son origine et son type dans les guildes, communautés et « fraternités » du moyen âge, dans le petit travail en commun, tandis que le socialisme procède de la cité manufacturière et du grand travail organisé dans les usines, sous l'empire de règlements stricts, analogues aux lois de l'État. Selon les libertaires et anarchistes, toutes les lois, comme telles, sont mauvaises, par cela seul qu'elles sont des lois, c'est-à-dire des volontés collectives imposées à la volonté individuelle. L'*Autorité*, sous quelque forme qu'elle s'exerce, est tyrannique. Sur les ruines de tout ce qui enveloppe une contrainte et une règle, — morale, religion, État, société même, — un seul précepte doit triompher : « Fais ce que tu veux », sans même qu'il soit nécessaire de dire préalablement, comme saint Augustin : *Aime, et fais ensuite ce que tu veux.*

Élisée Reclus répétait aux anarchistes : « Instruisez le peuple ». On sait comment l'infortuné Ferrer, en Espagne, mit à exécution le conseil du maître et fonda l'« école moderne ». Le but de son enseignement, comme de tout enseignement anarchiste, était, selon ses expressions, de détruire « le mensonge religieux, patriotique, politique, juridique et militaire ». En d'autres termes, tout ce qui retient et contient l'individu est mensonger aux yeux de l'anarchiste. La religion est un mensonge, parce qu'elle prétend imposer une loi d'en-haut ; la patrie est un mensonge, parce qu'elle suppose que l'individu naît avec des liens qui le rattachent indissolublement à ses concitoyens par une communauté de langue, d'histoire, d'institutions, de traditions, d'aspirations, de coopération et d'aide ;

l'État est un mensonge, parce qu'il prétend incarner la patrie et représente la volonté de tous imposant une limite à la liberté de chacun; le droit et la loi sont des mensonges, parce que la loi et ses sanctions sont encore des limitations factices de la toute-puissance individuelle; enfin, la force publique, l'armée est le mensonge par excellence, car elle se dresse devant l'individu pour assurer le dernier mot au groupe; elle se dresse aussi devant les groupes voisins appelés nations, pour maintenir les patries au-dessus des individus et empêcher l'émancipation universelle.

Le principe de la doctrine libertaire, telle que l'entend aujourd'hui son principal théoricien, Kropotkine, c'est que l'unique mobile de l'homme est « la recherche des plaisirs » (1). L'homme qui « enlève le dernier morceau de pain à un enfant » ou « l'homme qui partage son dernier morceau de pain avec celui qui a faim » agissent également pour leur plaisir et pour « satisfaire un besoin de leur nature ». Seulement, c'est aussi un besoin de la nature que de haïr certaines actions : « J'obéis à un besoin de ma nature en haïssant la plante qui pue, la bête qui tue par son venin et l'homme qui est encore plus venimeux que la bête. » Les actions ne sont donc pas pour nous indifférentes. Est réputé bon « ce qui est *utile* pour la préservation de la race, mauvais ce qui lui est nuisible. Il est utile à la race de faire aux autres ce qu'on voudrait qu'ils vous fissent dans les mêmes circonstances. C'est le principe de la « solidarité ». — « En jetant par-dessus bord la Loi, la Reli-

(1) *La Morale anarchiste*, p. 5.

gion et l'Autorité, l'humanité reprend possession du principe moral qu'elle s'était laissé enlever. » Point d'autres liens que ceux que les libertés forment ou rompent à leur gré; la solidarité volontaire ou *l'entr'aide* remplaçant partout la *lutte pour la vie*, l'harmonie naissant du libre jeu des inclinations humaines, sans le secours des institutions de justice ou de gouvernement, voilà l'idéal anarchiste et libertaire (1). L'atomisme social, l'amorphisme social, je ne sais quoi de toujours mouvant, de malléable et de fluide, aux formes changeantes comme les nuages; plus d'organisme où les parties se commandent et se nécessitent, des corps animés qui se conduiraient comme de purs esprits, une sorte de cité céleste où l'amour de soi remplacerait l'amour de Dieu et accomplirait sur terre les mêmes prodiges spirituels, tel est le rêve libertaire. Supprimons les lois, y compris la loi morale, l'homme deviendra pour l'homme non pas « un loup », comme le croyait Hobbes, mais un agneau dans la nature changée en Eden.

Un optimisme d'enfant est dans l'âme de ces pessimistes exaspérés qui ne voient que mal dans les institutions humaines et que bien dans les inclinations humaines, comme si les institutions elles-mêmes n'avaient pas une première base dans les inclinations. Ils s'imaginent, avec Rousseau, que l'homme est naturellement bon, fraternel, ami de l'homme : toutes nos misères viennent, selon eux comme selon Rousseau et Fourier, de la contrainte sociale; supprimez-la, la paix

(1) Voyez *L'Entr'aide* du prince Kropotkine. (Hachette, 1906.)

s'établira d'elle-même entre les hommes. « Ne craignez pas, dit Kropotkine, les passions des hommes, dans une société *libre*, elles n'offrent aucun danger. » Par exemple, laissez des enfants absolument libres et, par ce seul fait, leurs disputes ou querelles, leurs coups ou blessures, leur imprévoyance, leurs imprudences et leurs accidents, leur désordre, leur paresse, leur ignorance n'offriront plus aucun danger. Pourtant l'expérience d'éducation libertaire instituée par Tolstoï à son école n'a pas été favorable (1). — Ce sont des enfants, répliquerez-vous, et nous parlons des hommes. — Vous croyez donc qu'il ne reste pas l'enfant chez l'homme, et pis que l'enfant, le sauvage? Vous croyez qu'il suffira de décréter la liberté sans lois, c'est-à-dire la licence, pour décréter la sagesse? Bakounine a dit lui-même avec Auguste Comte : « Tout le développement de l'homme procède de sa nature animale, mais aboutit à la renier. Le point de départ est l'animalité, le point d'arrivée est l'humanité. » On ne saurait mieux dire; mais cette parole est la condamnation du système. Puisque l'animalité subsiste toujours sous l'humanité, l'homme doit en lui-même refréner l'animal; or il n'y réussit pas toujours; quand il blesse l'humanité en autrui, il faut donc que la société intervienne pour refréner en lui l'animalité. Jusque dans le sein du liber-

(1) Un parent de Tolstoï, qui vint nous rendre visite à Menton de la part de l'illustre moraliste, nous avoua que l'école libre et quasi libertaire fondée par Tolstoï à Iasnaïa avait lamentablement échoué : elle était devenue tantôt école buissonnière, tantôt école d'indiscipline; elle avait donné lieu à tant de scènes de désordre que les parents avaient fini par se plaindre très haut, la nature humaine abandonnée à elle-même n'avait nullement réalisé les espérances du généreux rêveur.

taire qui pose son indépendance absolue, il y a nécessairement *contrainte*, — contrainte d'une partie du corps sur l'autre, du cerveau sur l'estomac et de l'estomac sur le cerveau, — contrainte d'une passion sur une autre, de l'ambition sur la paresse, de la crainte sur le désir, — contrainte de la raison sur les passions, — contrainte de la volonté sur l'ensemble des tendances ; et vous voulez supprimer toute contrainte extérieure, alors que vous êtes vous-même intérieurement un système de contraintes sans lesquelles vous ne pourriez pas vivre !

Les libertaires sont ordinairement, du même coup, des égalitaires ; ils croient que les individus laissés libres en face les uns des autres se feront immédiatement équilibre, que la suppression des inégalités d'origine sociale ou politique laissera en évidence les égalités naturelles. Et certes, ils ont raison de vouloir supprimer les inégalités factices ; mais ils oublient que, si l'inégalité règne, c'est surtout entre les capacités naturelles des hommes et entre les circonstances du milieu. L'un est plus intelligent que l'autre, ou plus fort, ou de santé meilleure, ou plus actif et de meilleure volonté. Dans les rapports de l'homme avec la nature, il y a des chances heureuses, des situations privilégiées. Ici on rencontre une source d'eau vive qui manque ailleurs ; la terre sur laquelle celui-ci est né est fertile, tandis que cet autre est né sur un sol ingrat. Tel individu ou telle libre association d'individus a découvert un minerai utile, les autres s'en trouvent dépourvus. Que sais-je ? S'imaginer que l'inégalité vient uniquement des lois civiles et politiques, surtout des lois morales, qui ont précisément pour but de rétablir l'égalité de droit et de cœur entre les hommes, c'est, dirait Spinoza, « rêver les yeux ouverts ».

Les anarchistes s'accordent avec les socialistes pour faire la critique des *origines* de nos législations, de notre droit, de nos gouvernements, de notre politique. Ils n'ont pas de peine à montrer que ces origines sont trop souvent le droit du plus fort, la conquête, le privilège, l'exploitation, soit sous forme violente, soit sous forme légale. Mais ils oublient deux vérités essentielles de la sociologie. La première est que, jusque dans la violence et le triomphe des forts, qui remplit l'histoire, il y avait le germe de certains services sociaux rendus aux vaincus par les vainqueurs, qui leur assuraient une certaine sécurité. La seconde est que l'origine d'une chose est le plus souvent différente de son usage final. Dans les organismes vivants, l'origine des organes n'est pas la même que leur fonction actuelle : telles cellules qui n'avaient d'abord d'autre but qu'elles-mêmes ont été utilisées plus tard pour un but tout différent. Quand l'anarchie est victorieuse dans un organisme, elle a un résultat, la mort. L'anarchisme accepte d'ailleurs l'idée de destruction et de mort, comme une condition de la vie ultérieure et de la grande résurrection sociale. « Tout discours sur l'avenir est criminel, dit Bakounine, car il entrave la *destruction* pure et arrête le cours de la révolution. » L'illuminisme anarchiste s'imagine qu'il suffira de tout mettre bas pour que tout se relève sur les fondements de l'égalité et de la fraternité universelles. Il se confie aveuglément à la spontanéité de la nature. Comment donc expliquera-t-il, depuis tant de siècles que l'humanité souffre et peine, que cette sublime spontanéité ne se soit pas encore fait jour?

Un autre argument des libertaires est tiré des inconvénients qu'entraîne par lui-même l'état social. Tout homme, dit Tolstoï, par cela seul qu'il accepte et remplit une place dans l'organisation sociale, dans la magistrature et en particulier dans l'armée, en arrive nécessairement à faire le mal. Il est victime morale de la solidarité sociale. Cette doctrine est l'exagération d'une grande vérité : il est certain que le mal fait par les uns entraîne les autres à faire le mal eux-mêmes, fût-ce malgré eux. Nous sommes solidaires dans le mal comme dans le bien. Notre péché originel consiste non seulement à naître hommes, mais à naître parmi d'autres hommes, imparfaits comme nous, avec lesquels nous sommes partiellement en rivalité et en guerre. De là ce qu'un philosophe français, Renouvier, appelait le « droit de guerre » subsistant au sein même de la paix. Mais ce n'est là qu'un côté des choses : la solidarité dans le mal est compensée, et au delà, par la solidarité dans le bien. Tolstoï, nouveau prophète, nous répète sans cesse sa grande parole : « Votre salut est en vous. » Renoncez à tout gouvernement, pour renoncer du même coup à toute violence ; refusez le service militaire ; refusez toute application de la pénalité ; soyez non *résistant* au mal. Le poète de l'anarchie sentimentale, le grand moraliste qui a prêché la religion de la souffrance humaine, ne se demande pas, lui non plus, s'il suffit de supprimer toute loi sociale, sous prétexte qu'elle a des inconvénients, pour réaliser la bonté des âmes. D'un trait de plume il efface l'expérience séculaire de l'humanité. Lentement accumulée par une série d'efforts à travers les âges, cette expérience n'a-t-elle pas organisé, quoique bien imparfaitement, les conditions extérieures de la moralité intérieure? Tolstoï raisonne comme si les hommes étaient des esprits angéliques, qui n'auraient besoin que d'être placés l'un devant l'autre pour se fondre en mutuel amour. Non, notre salut n'est pas seulement *en nous*, il est aussi *en tous* (1).

---

(1) A l'utopie morale de l'amour universel finissent toujours par succéder pratiquement, chez les anarchistes, la haine et les voies de fait. Nous lisons dans une revue libertaire : « Ceux-là sont inconscients ou coupables qui prétendent qu'on excite les hommes à se haïr mutuellement, tandis qu'on ne leur prêche en réalité que l'amour et l'estime réciproques. » Rien de mieux. Mais, immédiatement après, viennent ces lignes : « Il y aurait cependant de la nigauderie à s'illusionner au point de croire possible la mise en pratique de l'anarchisme sans changer les assises de la société telle qu'elle est édifiée. En France, nous avons eu quatre révolutions *politiques :* 1789, 1830, 1848, 1871. La dernière contenait déjà en germe la révolution *sociale :* on sait pourquoi elle n'aboutit point. Ces révolutions n'ont pu se faire sans effusion de sang, quoi qu'en aient pensé de rares sociologues timorés. Il est donc absolument certain que la prochaine révolution *sociale* exigera plus d'hécatombes encore que ses aînées. Les bourgeois sensibles auraient tort de jeter les hauts cris : ils seraient tout à fait illogiques, puisque, si meurtrière, *fratricide* (?) que soit la cinquième révolution, elle le sera infiniment moins qu'une guerre, et l'idée d'une guerre, déclarée dans le but unique de sauver leurs caisses, leur sourit agréablement, non seulement parce qu'ils la considèrent comme un puissant dérivatif (dont se sont servis, du reste, tous les gouvernements), mais surtout parce que l'élite d'une nation, les hommes d'action et de pensée s'y annihilent, physiquement ou moralement. On peut ajouter, en outre, qu'une guerre sème la mort plus aveuglément que la plus inconséquente des révolutions. » On voit de quelle manière le même écrivain, dans la même page, prêche la fraternité et la mort. — « Si on veut bien lire : *De la Tyrannie*, d'Alfieri, ajoute-t-il, on y verra préconisée l'action révolutionnaire *individuelle*, la seule qui ait de durables et appréciables conséquences. » Nous savons où aboutit l'action révolutionnaire individuelle et les moyens qu'elle emploie. Ces moyens n'ont pas les durables conséquences qu'on en espère, car comment, dans nos sociétés de plus en plus « socialisées », l'individu aurait-il la toute-puissance qu'on rêve pour lui.

L'attitude de l'individu s'érigeant en un tout qui se suffit à lui-même peut donner, au premier abord, l'illusion de l'indépendance et de la liberté ; par malheur, s'il rompt les liens *sociaux*, il tombe dans les chaînes des *individus* plus forts que lui. On ne voit pas ce qu'il y gagne. Supposez qu'on puisse mettre pour quelque temps tous les anarchistes ensemble en pleine liberté, sans Etat, sans Justice, sans Loi (nous employons comme eux des majuscules pour désigner les « idoles » oppressives de l'individu). Au bout de quelques jours de *bellum omnium contra omnes*, ils auraient assez de leur système, et on verrait sans doute les survivants revenir, tête basse, sous le « joug social ».

Les libertaires répondent : — Nous supprimons toute « autorité », mais non pas toute « organisation ». — Soit, mais comment peut-il y avoir une organisation quelconque, une association quelconque sans des règles et sans une autorité quelconque qui les applique au besoin, fût-ce l'autorité de tous s'élevant contre l'individu qui manque aux conventions par lui signées ? Même chez un troupeau de buffles qui s'organise pour la défense commune, n'y a-t-il pas des gardiens et des chefs ? Dans une ruche, y a-t-il organisation sans qu'il y ait une certaine autorité ? Pour le sociologue, l'autorité sociale n'est assurément pas un principe mystique ; elle est ou doit être la liberté même, la liberté de tous mettant un frein à la licence d'un ou de plusieurs, à l'égoïsme des individus qui, en sortant de « l'organisation », tendent à « désorganiser » la société entière. Appelez l'autorité d'un autre nom que gouvernement, peu importe ; la loi sera toujours la loi, c'est-à-dire la liberté de *tous* devenant, par convention mutuelle, autorité pour chacun. « Un gouvernement, répondent les anarchistes, par cela seul qu'il est gouvernement, est toujours tyrannique. » Et l'on rappelle à ce sujet le *Contre un* de La Boétie. Mais aujourd'hui, le gouvernement n'est pas *Un*, il est *Tous ;* se révolter contre lui, ce n'est pas Tous contre Un, c'est Un contre Tous ; bien plus, c'est Un contre lui-même, puisqu'il a accepté l'organisme contractuel dont il fait partie et les conditions générales qui assurent l'exécution des engagements.

Les libertaires, comme beaucoup de socialistes, ont le plus souverain mépris pour le suffrage universel et pour le droit de voter. « Le bulletin de vote, nous dit M. Jean Grave, n'est pour les travailleurs qu'un attrape-nigaud » ; il est « l'acceptation de l'oppression politique et de l'exploitation économique par la grande masse, pour le plus grand profit de ceux qui exercent le pouvoir et qui détiennent la richesse sociale ». L'émancipation « ne dépend pas du choix des maîtres, mais de savoir s'en passer (1) ». Belle maxime, assurément, et que nous acceptons. Mais il reste à savoir, si l'on supprime le vote, comment s'organisera la société anarchiste, et si elle n'aboutira pas plus sûrement encore au triomphe des plus forts, des « maîtres ». L'anarchisme égalitaire est travaillé par une contradiction interne. La « liberté » et l'« égalité » qui lui servent de principes, — avec la justice qui en dérive, avec la fraternité qui est une justice plus haute, — constituent elles-mêmes une loi imposée à l'individu, imposée

(1) *L'Eclair*, 30 septembre 1909.

d'abord par raison et par persuasion, puis, s'il se rebelle, par contrainte, au nom de tous. La loi est donc le seul moyen d'empêcher le triomphe de la force.

La contradiction interne qui travaille l'anarchisme éclate d'ailleurs dans la pratique, par le communisme absolu auquel aboutissent ses sectateurs, depuis Kropotkine jusqu'à Ferrer. Plus de lois ni de réglementation gouvernementale; donc, dans le domaine de la consommation des subsistances, on *prendra au tas*. Mais c'est ce qui suppose un tas commun; or, comme ce tas ne sera jamais assez infini en quantité et en qualité pour que chaque individu puisse prendre plus que sa part, il faudra que la communauté anarchiste soit régie par des règles. L'histoire montre que toutes les communautés, même les plus religieuses et les plus pénétrées d'un esprit d'amour, ne subsistent que par une forte hiérarchie et une discipline très sévère. La *loi* reparaît avec toute sa force, dans l'« anomie » libertaire, qui finit par se nier elle-même.

En somme, de même que les socialistes, les anarchistes rêvent une société reconstruite sur des bases nouvelles, absolument différentes du régime actuel de la propriété. Si individualistes qu'ils soient, les anarchistes aboutissent à l'idée d'organisation sociale, d'éducation uniquement sociale, de religion humanitaire, tout comme les socialistes. Dans la pratique, l'anarchisme se change nécessairement en une forme de socialisme. D'autre part, les socialistes ont eux-mêmes pour idéal un certain anarchisme, grâce auquel les individus, tous libres et tous égaux, tous frères, se grouperaient à leur gré. Ce n'est donc pas sans quelque raison que l'instinct populaire a toujours mis ensemble les révolutionnaires socialistes et les révolutionnaires anarchistes.

II

Dans les récentes morales de la « vie », on a tenté une première réconciliation du point de vue individuel et du point de vue social. C'est à Guyau, puis à Nietzsche, que ces morales de la vie se rattachent, c'est donc surtout chez ces deux philosophes qu'on doit en étudier les principes. Mais il importe de ne pas se méprendre sur leur véritable pensée, qui a été trop souvent interprétée à contresens.

Kropotkine, dans son livre sur la morale, a cru pouvoir se réclamer de Guyau, dont se réclament aussi beaucoup de socialistes. C'est le propre des grands esprits comme Guyau de s'ouvrir à tout et à tous, au lieu de s'enfermer dans une doctrine sans horizons. Aussi Guyau a-t-il parlé d'« anomie » et d'« anarchie » ; mais c'est en un sens tout philosophique et moral. Selon lui, les idées d'obligation et de sanction ont une place nécessaire dans les *sociétés* humaines ; mais elles n'expriment pas la plus haute conception de la moralité *intérieure* et *personnelle*, qui est au-dessus des lois et des impératifs, au-dessus des sanctions et expiations de toutes sortes. C'est donc seulement dans l'ordre moral que Guyau va *au delà de la loi.* Nietzsche, lui, prétendra aller « au delà même du *bien* et du *mal* » ; il supprimera la moralité en laissant subsister les lois sociales.

Selon M. Emile Faguet, « l'effort de Guyau, —

souvent dissimulé par son génie, — apparent quelquefois, cependant, et sensible, a été de montrer que, parmi les innombrables raisons de vivre, celle *surtout* que l'instinct de la vie conseille, c'est celle qu'a toujours conseillée la morale traditionnelle (1) ». Guyau, au contraire, n'est pas d'accord, sur beaucoup de points, avec la morale traditionnelle, ni sur ses principes ni sur ses applications. Ce qui est vrai, c'est qu'il trouvait dans la vie même, dans la vie la plus énergique à la fois et la plus débordante, la vraie raison de vivre. L' « honneur » auquel M. Faguet, pour son propre compte, voudrait ramener la vie intense et extensive, eût semblé à Guyau n'être qu'une expression sociale du sentiment même de notre vie personnelle, la conscience d'une puissance interne qui dépasse tout ce qui lui est inadéquat et qui dit : Je peux, donc je dois, je peux faire plus, donc je dois faire plus ; je peux me dépasser moi-même, donc mon honneur est de me dépasser.

On a maintes fois rapproché Guyau de Nietzsche. Dans un récent article de la *Revue des Deux-Mondes*,

(1) La renommée de Guyau ne fait que grandir. De tous côtés lui arrivent de nouveaux hommages, et non pas seulement de la part des philosophes de profession. « *La Morale sans obligation ni sanction*, dit M. Emile Faguet, est une des plus grandes œuvres philosophiques qu'ait produites l'humanité et qui fait date. » M. Faguet consacre en entier à ce livre le quatrième chapitre de son ouvrage sur la *Démission de la morale*. M. Brieux, qui dédia jadis à Guyau, sans le connaître personnellement, sa pièce de théâtre *les Bienfaiteurs*, lui rendit un éclatant hommage dans son Discours de réception à l'Académie française, en citant cette parole « du grand philosophe poète » : « Tout aimer pour tout comprendre, tout comprendre pour tout pardonner. » M. Brieux a résumé ailleurs l'œuvre et l'influence de Guyau en ces paroles brèves et pleines : « Parce qu'il a vécu il y a dans l'humanité un peu plus de pitié et d'amour. »

M. Emile Faguet, après avoir fait le récit de la vie de Nietzsche, après nous avoir représenté cette existence solitaire et triste, ce génie méconnu, ajoutait : « Qu'aurait dit Nietzsche, quelle eût été sa joie s'il avait su qu'à ce moment même un jeune Français, qui n'avait jamais lu une ligne de lui, se rencontrait avec lui dans le mépris des barbares et dans le culte du moi ? » A vrai dire, Nietzsche connaissait l'existence de ce jeune Français, qui se trouvait en même temps que lui à Nice et à Menton. Il avait acheté les deux chefs-d'œuvre de Guyau : l'*Esquisse d'une Morale sans obligation ni sanction* et plus tard l'*Irréligion de l'avenir ;* il les avait même couverts d'annotations marginales, tantôt approuvant avec enthousiasme, tantôt contredisant ce qui ne s'accordait pas avec ses propres idées, car, il faut bien le dire, Nietzsche se considérait comme la *mensura omnium* (1). Toujours est-il que Nietzsche connaissait à fond les ouvrages de Guyau, qui, lui, ne soupçonnait même pas ceux de Nietzsche. Et Guyau avait sans doute, comme Nietzsche, le dédain des barbares, mais il entendait d'une façon tout opposée le vrai culte du moi, qu'il plaçait précisément dans le culte d'autrui et de l'humanité entière. La vraie force de la vie impliquait à ses yeux le déploiement de la

(1) On sait que nous avons publié les intéressantes annotations de Nietzsche, qui ont été aussi reproduites dans la traduction allemande de l'*Esquisse d'une Morale sans obligation ni sanction*. Par malheur, nous n'avons pu également publier les annotations de Nietzsche sur *l'Irréligion de l'avenir*, pas plus que celles qu'il avait faites sur notre *Science sociale contemporaine :* un relieur allemand, aussi zélé que peu perspicace, n'a trouvé rien de mieux que d'effacer ces notes autant qu'il le pouvait et de rogner les pages. La restitution du texte des notes n'a pu encore être menée à bonne fin.

vie en autrui et pour autrui. Il eût dit volontiers, comme le chevalier généreux que Watts représente couché dans la mort :

Ce que j'ai conquis sur les autres, je l'ai perdu ;
Ce que j'ai acquis pour moi, je ne l'ai plus ;
Ce que j'ai donné à autrui, je l'ai.

Nietzsche s'accordera avec Guyau pour ce qui concerne l'intensité de la vie ou de la puissance ; il s'accordera aussi avec Guyau pour ce qui concerne l'expansion de la puissance vitale, d'abord en nous-mêmes, puis au dehors, dans le monde matériel. Mais la divergence entre les deux philosophes viendra de ce que Nietzsche place sur le même rang deux sortes d'êtres que Guyau sépare : les choses matérielles et les hommes. Par rapport aux choses matérielles, Guyau accorde d'avance à Nietzsche que nous tendons à les dominer, à les approprier aux fins de notre vie humaine. Par rapport aux hommes, nos semblables, Guyau accorde aussi que notre première tendance instinctive et individualiste est de les dominer, de les plier à nos fins propres. Mais, selon Guyau, ce n'est là que le premier moment où le moi se pose devant autrui, le moment de l'égoïsme. Le caractère essentiel de la morale de Guyau, nous l'avons vu, c'est d'admettre que l'expansion véritable de la vie est altruiste ; qu'elle est, non la domination sur autrui, mais la coopération avec autrui, l'union avec tous, bien plus, l'amour de tous. La vie la plus intensive est la plus expansive ; la vie la plus expansive est la plus généreuse, la plus affectueuse. Il a fait voir, dans son *Esquisse d'une morale*, — comme s'il pressentait Nietzsche, — que la violence et la lutte entraînent une perte de force vive, une diminution de puissance; que le tyran qui se croit fort est, dans le fond, un faible, par la division intérieure de ses passions déchaînées et par les résistances extérieures qui le menacent de toutes parts. Il a réfuté d'avance les admirations maladives de Nietzsche pour les Bonaparte et les Borgia. Si donc on peut dire que sa morale, au premier abord, a un aspect individualiste et libertaire, elle a aussi, elle a surtout, dans son dernier développement, l'aspect humanitaire. La vie en soi la plus intense et la plus extensive est précisément ce qu'Auguste Comte appelait la vie *en autrui* et pour autrui.

M. Faguet objecte à Guyau, comme aurait fait Nietzsche lui-même, « que le grand bandit ne supprime pas la partie intellectuelle de son être ». Si fait, dans une certaine mesure, répondrait Guyau. Il supprime en lui-même le plus haut exercice de la pensée, celui qui consiste à penser des lois universelles et sociales, s'étendant à tous les hommes, celui qui consiste à se faire autrui, à se faire tous par la pensée. C'est précisément ce qu'on est convenu d'appeler la raison et ce dont Kant faisait l'apanage de l'homme. Le grand bandit, reprend M. Faguet, ne supprime pas la partie sympathique de son être, « car il peut avoir toutes les sympathies du monde pour ses amis ». — Si le bandit est généreux à l'égard de ses amis, il n'est qu'à moitié bandit; mais il faut se défier de l'amitié des Sforzas ou des Borgias. De plus, le bandit eût-il de vrais amis et vraiment aimés, il demeure certain que sa sphère d'affection et d'expansion altruiste est fort restreinte, que le cercle de ses sympathies se confond presque avec celui de son moi ; il n'a pas le « grand amour ». M. Faguet termine en disant que le bandit n'est pas plus tenu en échec par l'extérieur et pas plus divisé contre lui-même à l'intérieur que le saint. Et Nietzsche aurait même, sous ce rapport, mis le saint au-dessous du bandit. Mais il y a saint et saint. Guyau ne nous donnait pas pour idéal l'ascète se tourmentant lui-même à loisir et gratuitement, le saint Antoine toujours préoccupé des démons, le saint Siméon stylite se martyrisant sur la terre en vue du ciel. Au lieu du saint, parlons simplement de l'homme juste et bon, de celui que Platon même a décrit comme réalisant dans son âme une harmonie plus belle que celle des sphères. Platon n'avait-il pas raison de croire, comme Guyau, que l'âme la meilleure est aussi la plus puissante et la mieux ordonnée ? Même les résistances intérieures que le sage rencontre en ses passions le relèvent, le rehaussent, lui donnent le sentiment sublime de sa puissance victorieuse. Sans prétendre que le critérium de la vie intense et expansive soit de tous points suffisant, nous pouvons donc conclure que l'expansion de puissance destructive et haineuse, l'expansion satanique qui a séduit Nietzsche, ne vaut pas l'expansion vraiment humaine et divine.

Guyau a dit dans un vers admirable :

> La pensée est en moi large comme l'amour.

Il aurait pu dire aussi que l'amour, le grand amour est large comme la pensée, qu'il s'étend à l'humanité entière, qu'il s'étend à l'univers. Il devient alors l'amour *moral*.

III

Si l'on veut voir les vraies et logiques conséquences de l'individualisme, c'est dans la doctrine à la fois libertaire et aristocratique de Nietzsche qu'il faut les chercher. Ce dernier a eu le mérite de poser le principe anarchiste avec autant d'énergie que Stirner et d'aboutir, dans la pratique, au renversement de l'anarchisme égalitaire par l'oligarchie des forts, des « maîtres ». Nietzsche, qui avait lu non seulement les auteurs d'Allemagne hostiles à la Révolution française, mais encore et surtout Taine et Renan, se plaint de ce que, à notre époque, personne ne sait plus commander ni obéir, surtout commander. Quels sont ceux qui sont devenus les arbitres de la destinée des peuples et des Etats ? Ce sont les « petits », les ignorants, les « inaptes », les inférieurs. Ils sont le grand nombre (ou du moins, le grand nombre d'aujourd'hui), et, grâce à eux, l'intérêt du plus grand nombre actuel est préféré aux intérêts plus élevés du plus grand nombre à venir, aux intérêts de la nation, à ceux de la race, à ceux de l'humanité. Pour égaliser les hommes, on les a nivelés ; qui ne s'est pas plaint de ce résultat ? On espérait que les citoyens se classeraient spontanément selon les rapports effectifs de leur valeur sociale ; mais cette subordination, cette classification s'est montrée fort incertaine ; ce sont généralement les médiocres, parfois les pires qui ont triomphé ; Renan et Taine nous l'ont dit sur tous les tons, et Nietzsche le répète. La liberté politique s'est tournée en anarchie sociale ; elle est le prétexte grâce auquel les intérêts particuliers réussissent trop souvent à vaincre les intérêts collectifs. La Révolution française avait montré un optimisme démocratique qui passait les bornes. Son idéal de fraternité et d'égalité, conçu à une époque d'enthousiasme et de foi, cachait en réalité, selon la remarque d'un historien de Nietzsche, M. Orestano, l' « extension à de plus vastes sphères sociales du pouvoir d'entrer en lutte avec les classes plus élevées, dans le combat pour l'existence ». Ce combat, depuis la Révolution, n'en est devenu que plus vaste et plus terrible. Avant Nietzsche, Auguste Comte avait résumé ce qui manque à notre époque de dissolution et d'analyse, en disant que ce dont la société moderne a besoin, c'est : « Organisation, organisation, organisation. » Nietzsche a reproduit les mêmes critiques, mais il est demeuré incertain entre une forme sociale *absolument individualiste*, dont la constitution devrait, à chaque moment, résulter de la *graduation* spontanée de *puissances individuelles*, et une forme sociale à *castes fixes*, où la puissance serait héréditaire. Les différentes vues sociales de Nietzsche, aux diverses époques de sa vie, se rattachent tantôt à l'une, tantôt à l'autre de ces deux conceptions, dont l'une tend vers l'anarchie, et l'autre, vers la hiérarchie aristocratique des vieilles sociétés.

Nietzsche se plaint de ce que, aux époques démocratiques, on déteste la volonté de puissance. Si elle éclate quelque part, chez un Napoléon par exemple, on veut la rabaisser à une *ambition* vulgaire, comme si les

Napoléons n'étaient pas de ceux qui « méprisent le plus les honneurs ». Et les Spencer viennent, qui expliquent la volonté des puissances par la volonté des jouissances que la puissance apporte avec elle (1). Les Napoléons deviennent des hédonistes ! Notre sociologie tout entière ne connaît pas d'autre instinct que celui du troupeau, c'est-à-dire de tous les *zéros totalisés*, où chaque zéro a des « droits égaux », où c'est vertueux d'être zéro. M. Herbert Spencer, en temps que biologiste, est un *décadent*, il l'est aussi en tant que moraliste (il voit dans la *victoire* de l'altruisme quelque chose de désirable !!!). « *Le maintien de l'état militaire*, conclut Nietzsche, est le dernier moyen, soit pour conserver les grandes traditions, soit pour développer le type supérieur de l'homme, le *type fort.* » Et toutes les *conceptions* qui éternisent l'inimitié et les distances sociales des Etats peuvent trouver là leur sanction, par exemple, le nationalisme, le protectionnisme douanier, toute la politique de Bismarck.

Au demeurant, Nietzsche lui-même n'en reste pas à son point de vue primitif de la puissance égoïste. Il retrouve la transition que Guyau avait déjà trouvée entre l'égoïsme et l'altruisme, à savoir la « surabondance de la vie ou de la puissance », qui demande à déborder, à se dépenser, et, pour cela, dans les occasions les plus décisives, à se *donner*. Les sentiments de bonté, dit Nietzsche, de charité, de bienveillance, n'ont nullement été mis en honneur à cause de l'utilité qui en découle, mais « parce qu'ils font partie de l'état d'âme des *âmes*

(1) *Volonté de puissance*, 319, 357, 266.

abondantes, qui peuvent abandonner de leur trop-plein et dont la valeur est la plénitude de vie. Qu'on observe des yeux les bienfaiteurs! On y verra tout autre chose que l'abnégation, la haine du *moi*, le pascalisme (1) ». Nietzsche pose ainsi le même principe que Guyau : plénitude de vie. Mais, si Guyau rejetait le « pascalisme et la haine outrée du moi, il ne rejetait pas, comme Nietzsche, l'abnégation et l'oubli du moi en vue d'autrui ». Nietzsche, d'ailleurs, parle tour à tour le langage de la violence et celui de la douceur, tonne contre les « bons » et finit par plaider, sous d'autres noms, la cause de la bonté. Après avoir dressé son moi orgueilleux contre le « troupeau humain, contre toutes les bêtes de troupeau » qui forment la société humaine, il devient à son tour un apôtre ardent de l'humanité et même de la surhumanité. Il veut que la vie se dépasse sans cesse elle-même, que l'humanité entière se dépasse, qu'elle se fonde en quelque chose de supérieur à l'humain. Son *surhomme* n'est pas, comme le croient trop souvent tant de littérateurs nietzschéens, un individu, c'est un genre ; c'est le genre surhumain opposé au genre humain qui en est gros et doit l'enfanter. Le messie de la religion prêchée par Zarathoustra n'est pas un homme supérieur, mais une humanité supérieure. Zarathoustra, le libertaire en morale, finit par être un surhumanitaire.

(1) *Id.*, *Ibid.*, 347.

IV

Une grande idée qu'on peut savoir gré à Guyau et à Nietzsche d'avoir mise en pleine lumière, c'est la « création de valeurs nouvelles » ; en d'autres termes, la création morale, l'invention morale. On a trop insisté, dans les siècles antérieurs, sur le caractère *achevé* et *immuable* des idées morales ou sociales, des lois et « tables de valeurs ». Cette insistance était naturelle et logique, puisque la morale était considérée, tantôt comme l'expression de l'immuable volonté d'un législateur suprême, tantôt comme l'expression des conditions immuables de la cité, ou des besoins immuables de l'humanité.

En individualisant la morale dans une large mesure, notre époque en a fait une création de la conscience personnelle, qui, d'ailleurs, enveloppe en soi un trésor d'humanité. Les génies moraux trouvent des valeurs nouvelles, comme la bonté, la charité, la pitié, le pardon. Les simples caractères moraux, fussent-ils les plus humbles, s'ils ne créent pas pour l'humanité entière des valeurs absolument nouvelles, créent en eux-mêmes la réalisation originale de valeurs déjà connues ; par la vie propre qu'ils leur donnent dans le cœur, ils les individualisent, ils les transforment à l'image de leur personnalité. Le plus modeste des hommes de bien est un artiste, qui agit non plus sur une matière morte, mais sur une matière vivante, et cette matière qu'il façonne, c'est lui-même, c'est sa propre vie intérieure, à laquelle il donne une intensité nouvelle et une nouvelle extension. De plus, comme tout artiste, il agit sous une idée, il se crée un idéal, analogue sans doute à celui de l'humanité entière, mais pourtant dissemblable sur quelques points. En effet, toute action morale est la solution d'un problème particulier et concret qui se pose dans des circonstances particulières et qui ne se posera plus jamais dans des circonstances absolument identiques. Il n'y a pas deux cas de conscience indiscernables. Celui de Régulus au moment de revenir à Carthage, celui de César au moment de franchir le Rubicon, sont deux situations diverses et susceptibles de dénouements divers. Résoudre un problème *singulier* de la conscience, dans un cas qui est toujours *singulier* et personnel, le résoudre par une direction nouvelle et originale de la vie intérieure, par la réalisation d'un idéal universel sous une forme personnelle, c'est faire une œuvre d'art en même temps que de connaissance intuitive, c'est inventer, innover, créer au sens humain du mot, faire jaillir en soi une valeur nouvelle de la vie. Toute idée qui se réalise en actes est de la pensée vécue, de la vie qui se développe et s'épand sous des formes qu'elle n'avait jamais prises identiquement. C'est au monde de la pensée et de l'action qu'il faut appliquer le mot du poète : *novitas florida mundi.*

V

Dans l'ordre social, nous voyons aujourd'hui des syndicalistes, anarchistes et révolutionnaires, se réclamer non seulement de Nietzsche, mais même de M. Bergson, qui n'y peut mais. On a étendu la doctrine de

« l'élan vital » à l'élan social et essayé de justifier ainsi le mot fameux : « Ce qui importe, ce n'est pas le but, mais le mouvement. » Ce qui doit être, remarque-t-on, nul ne le sait, non plus que « l'évolution créatrice » ne sait ce qu'elle va créer. La vie est un élan, non une course vers un but préexistant, vers un de ces *buts* que Nietzsche avait en horreur. Le vrai « devoir » n'est pas d'endiguer l'élan vital, ni en l'immutabilité stérile des formes antérieures, ni en l'inerte rigidité de plans vainement concertés ; c'est de le favoriser en se laissant conduire à lui. « Otez les obstacles, comme disait Pascal, et la grâce fera son effet. » C'est ainsi que M. Boutroux a résumé la doctrine nouvelle, qui reste passablement obscure. Elle devient plus claire par son application sociale. Guyau, lui aussi, disait : « Il faut aller de l'avant : vivre, c'est avancer. » Toutefois, il ne s'imaginait pas qu'il suffit de marcher au hasard pour arriver à l'Eden. Surtout, il ne croyait pas, avec les syndicalistes anarchistes et révolutionnaires, qu'il suffit de tout détruire et de tout massacrer pour que la vie reconstruisît sur un plan meilleur. Ne nous fions pas trop à la « grâce », surtout quand elle prend la forme de la « violence ». S'il ne faut pas s'enfermer dans des systèmes préconçus, cela ne veut pas dire qu'il faille marcher sans règle et sans but. La Grâce, ici, ressemble un peu trop au Hasard. Si un chef d'orchestre disait à ses exécutants : « Que chacun de vous joue tout ce qu'il voudra, et de cette spontanéité surgira une divine harmonie », les auditeurs fuiraient bientôt en se bouchant les oreilles.

Même dans l'ordre métaphysique, se figurer le monde

entier comme un élan de la vie où l'intelligence n'aurait qu'un rôle subalterne, serait faire du monde, semble-t-il, un vaste champ du hasard, très semblable au conflit démocritien des atomes ou à la lutte darwinienne des forces vivantes. En tout cas, dans l'ordre social comme dans l'ordre moral, si nous nous abandonnons à l'élan vital les yeux bandés, nous risquons de tomber par terre au lieu d'avancer. Il n'est même pas mauvais, pour avancer, de se proposer un *but*, sans prendre ce but pour le dernier des derniers et sans prétendre qu'on n'en trouvera jamais un meilleur. Point de progrès sans un idéal, point d'idéal sans des idées!

Les idées de Guyau et celles de Nietzsche se mêlent chez les partisans les plus récents de la morale de la vie, mais sans qu'on voie comment elles sont ramenées à l'unité.

Un philosophe américain, disciple de Guyau, M. Mac Connell, vient de publier un livre sur le *Devoir de l'altruisme* (1), où il donne pour but à la morale « la volonté de vivre la vie la plus large possible ». La doctrine de Guyau ne nous semble pas gagner à la substitution d'une formule vague à une formule claire. La vie la plus large ne peut être que « la vie la plus intense et la plus expansive » dont parle Guyau.

En France, c'est la morale de Guyau, plus ou moins altérée, que M. Delvolvé a soutenue, bien qu'il ne le nomme pas. Mais, dire, avec M. Delvolvé, que la vie est « une fin qui se réalise », ce n'est pas nous dire quelle

---

(1) *The Duty of altruisme.* New-York, Macmillan, 1910.

est cette fin qui se réalise dans et par la vie. — « C'est, répond M. Delvolvé, une tâche décevante, » « de chercher hors de la vie même un but, une fin de la vie » ; renonçons à la question : à quoi bon vivre « dont nous trouble l'obsession héréditaire de la finalité religieuse... — Il est vrai de chercher à la vie une fin, puisqu'elle est elle-même une *fin qui se réalise :* nous savons qu'un vivant est une chose qui veut se conserver et s'accroître, une forme qui se régit elle-même et prétend à *régir l'univers.* Notre finalité, c'est d'*être nous-mêmes* et d'*unir à nous tout ce qui est.* Cette finalité, je ne la détermine pas, je ne la choisis pas : j'en prends conscience, je l'accepte et je l'aime, à moins de renoncer à la vie, de me renier moi-même et de m'abandonner à la mort (1) ». C'est la vie même, dit encore M. Delvolvé, avec Nietzsche comme avec Guyau, qui veut « se conserver et s'accroître ». — Mais, demanderons-nous, qu'est-ce qu'accroître la vie? Là est la question. Il y a bien des manières d'interpréter cet accroissement. Est-ce en quantité, est-ce en qualité et en relations? Le bien est-il de prétendre à « régir l'univers »? Voilà l'instinct de puissance de Nietzsche. Le bien est-il « *d'unir* à nous tout ce qui est »? Voilà le principe de générosité expansive et aimante, proposé par Guyau. Il faut choisir. « Notre finalité, c'est d'être nous-mêmes », formule indécise : nous sommes toujours nous-mêmes. Et si l'on veut dire qu'il faut opposer le vrai moi, le moi idéal, au moi réel, en quoi consiste ce moi idéal? Toutes ces questions sont essentielles pour établir ce

(1) Delvolvé, l'*Organisation de la conscience morale*, p. 71 (Alcan).

que cherche M. Delvolvé, ce que nous cherchons tous : « une doctrine morale vraiment éducative. »

M. Pradines, dans les deux volumes qu'il vient de publier sur la critique des conditions de l'action (1), pousse jusqu'aux extrêmes limites la pensée de Guyau. Il le loue d'avoir si bien vu que le caractère inconditionnel de l'action, son désintéressement, « loin d'exprimer la dépendance de l'activité à l'égard d'une loi qui la contraigne, exprime l'entraînement de l'activité vers l'idéal indéterminé que lui crée son mouvement même (2). » L'action est inconditionnelle « parce qu'elle se crée son bien, loin d'en dépendre ». Cette idée seule permet de donner un sens à cette formule : l'intérêt de l'individu. L'intérêt de l'individu, sans doute, n'est rien autre chose que son bien ; mais « son bien n'est rien autre chose que l'exercice de ses activités, puisque l'individu n'est lui-même que l'ensemble de ces activités ». « Le bien, dit M. Pradines, reste toujours la préférence de la nature.... Le bien le plus haut est la préférence de la nature la plus éclairée. Cette préférence est toujours un mystère... Elle est ainsi toujours personnelle. L'action étant *bonne dès qu'elle est voulue avec réflexion*, toute action peut être dans ce cas selon le caractère du sujet, et il n'y a point de bien que l'on puisse définir universellement en sa matière et imposer à toute volonté. Rien ne peut donc être commandé à tous ni pour toujours. Chaque homme se dirigera donc par des maximes particulières, s'il est sensé, s'il veut *vivre sa vie*, comme il est naturel

---

(1) *L'Erreur morale*, par Maurice Pradines, 1909 ; *Principes de toute philosophie de l'action*, par le même, 1909, Paris, Alcan.

(2) *Principes de toute philosophie de l'action*, p. 279-280.

et raisonnable (1). » Il n'y a pas plus de « vérité morale » pour M. Pradines, qu'il n'y a de vérité scientifique. Les lois de la science n'ont qu'une valeur de commodité pratique ou, comme on dit de nos jours, pragmatique ; les lois morales sont des moyens d'agir, dont la commodité et l'utilité ont été éprouvées à travers les siècles. Il existe ainsi une « morale publique », une morale humaine à laquelle il est utile de se conformer. — Reste à savoir si l'individu s'y conformera quand son utilité propre sera en contradiction flagrante avec l'utilité sociale.

C'est aussi une morale individualiste de la vie que celle qui nous est présentée par M. Jules de Gaultier ; vie de lutte et de conquête dans un milieu qui devient de plus en plus hostile et exige des efforts de plus en plus intenses, variés, subtils. La moralité est une forme de cette volonté de puissance et de domination que Nietzsche place au cœur des êtres. La moralité n'est pas supérieure à la vie, elle lui est inférieure, comme n'étant qu'un de ses moyens d'adaptation à un milieu toujours résistant et ennemi. Héraclite avait raison de dire que la guerre est la mère et la reine de toutes choses. Si l'on supprimait l' « opposition universelle », si bien décrite par Gabriel Tarde, si on parvenait à l'harmonie et à l'équilibre, ce serait la mort. Ce n'est pas sans motif que les stoïciens plaçaient la vertu dans une tension perpétuelle de la volonté contre les obstacles, et Nietzsche lui-même est un disciple de Zénon, autant que d'Héraclite. Comme Nietzsche, M. Jules de Gaultier

(1) *Principes de toute philosophie de l'action*, p. 274.

croit que l'individu est un centre de puissance qui aspire à tout dominer, à tout ramener à soi dans l'universel conflit. La moralité n'est, selon lui, qu'une forme supérieure de l'égoïsme, et la société n'est qu'une expansion de la vie individualiste.

Pour M. Jules de Gaultier comme pour Nietzsche, les mœurs sont indépendantes de la morale, qui elle-même dépend des mœurs. Elles sont indépendantes, parce qu'elles se forment et s'établissent par le jeu des sensibilités individuelles, en contact au sein de la société. Elles résument des instincts en conflit qui ont abouti à un certain équilibre comme à une certaine direction. Ces instincts seuls posent des fins à la conduite humaine, toute fin n'étant que la preuve d'un instinct, d'une tendance, d'un désir. Comme disait Spinoza, les choses sont bonnes parce que nous les désirons, nous ne les désirons pas parce qu'elles sont bonnes. La morale ne fait qu'ériger en théorie abstraite l'état des mœurs à une époque donnée ; elle *dépend* des mœurs.

— Mais, demanderons-nous, pourquoi la morale, une fois formée sur le type des mœurs régnantes, ne réagirait-elle pas à son tour sur les mœurs ? L'action et la réaction ne sont-elles pas la loi de ce monde ? Les idées morales, comme toutes les autres, en se rendant compte d'elles-mêmes à elles-mêmes, se précisent et se modifient ; bien plus, elles tendent à modifier leurs objets, toute idée pratique enveloppant divers *possibles* qui sont en même temps *désirables* à divers degrés. Bien plus, dans les mœurs elles-mêmes, ces résultantes visibles du conflit ou de l'accord des sentiments, il y a déjà des idées. Les mœurs ne sont pas aveugles, les sentiments ne sont pas aveugles ; sinon, ils ne seraient plus que des sensations brutes. Tout sentiment véritable est une condensation d'idées, de perceptions et même de raisonnements rapides, presque intuitifs. Le sentiment d'affection filiale peut être impuissant à s'analyser lui-même, à se déployer en raisons abstraites ; il n'en a pas moins conscience de sa rationalité et, si vous interrogez un enfant, si vous le poussez à bout, il finira par trouver les raisons pour lesquelles, sans avoir besoin de les réduire en syllogismes, il aime sa mère. Les mœurs familiales, les mœurs sociales sont des nébuleuses résolubles en idées quand on y applique le télescope de l'analyse réfléchie. L'opposition absolue des mœurs et des idées, des instincts et de l'intelligence, si à la mode aujourd'hui, est artificielle. Nous ne saurions donc accorder que la morale ne s'enseigne pas, sinon comme simple constat des mœurs et des faits :

> Jean Lapin invoqua la coutume et l'usage,
> Ce sont, dit-il, leurs lois.....

Aucun enfant ne se contentera de ce mode d'enseignement moral ; l'homme est un animal qui, dès l'enfance, raisonne, critique et, comme dit Kant, *maximise*, c'est-à-dire érige ses actions en maximes pour les justifier à ses propres yeux. A plus forte raison, quand il s'agit des actions d'autrui, le sens critique et analytique, comme le sens du *général*, est éveillé. Si on lui dit : « Tout le monde fait comme cela », il répondra : Pourquoi ? Le *pourquoi* n'est-il pas toujours voltigeant sur les lèvres de l'enfant, jusqu'à importuner père et mère ? Et n'est-ce pas à force de *pourquoi* que l'éducation se fait? Et n'est-ce pas l'éducation qui façonne les mœurs? Et n'est-ce pas les mœurs qui font la coutume? Et n'est-ce pas la coutume qui finit par être loi? Et si *loi* qu'elle puisse être, l'esprit critique et généralisateur n'est-il pas toujours là pour la réformer, pour la transformer? Les mœurs sont des idées cristallisées, mais toutes prêtes à redevenir fluides et changeantes.

M. Jules de Gaultier reproche aux moralistes de prétendre nous *enseigner à vouloir*, alors que *velle non discitur*, de ramener ainsi sous les catégories de la logique ce qui relève de la grande catégorie du conflit universel, dont nos volontés sont une manifestation particulière. — On peut répondre que les moralistes enseignent avant tout ce *qu'il faut vouloir;* et on conviendra que toute l'énergie du monde, si elle ne sait pas à quoi s'employer et déborde au hasard, ne sert à rien. De plus, comment ne pas reconnaître que l'idée du but, quand ce but est élevé, noble, grand, est propre à susciter le vouloir lui-même? Dévoilez à l'ascensionniste une cime vierge, plus haute que les autres; il voudra la gravir. — S'il aime les ascensions. — Sans doute; mais, dans toute conscience humaine il y a des cimes que tout homme normal, tout homme qui pense et sent, ne peut pas ne pas trouver belles, attirantes, sublimes. De plus, l'homme reconnaît bientôt que, si on ne gravit pas de telles cimes, la société entière est menacée dans son progrès, dans son existence même. Nietzsche a beau nous dire : « la *vertu*, c'est de rester dans le marécage »; l'humanité entière a toujours cru et croira toujours que la vertu, c'est de monter aux sommets.

« L'homme *moral*, dit lui-même M. Jules de Gaultier,

est celui qui préfère à la vie la *conception* qu'il s'est formée de lui-même et de la vie (1). » — Mais, peut-on demander, si cette conception est haineuse, sanglante, voluptueuse, antisociale comme celle d'un Borgia ou d'un Malatesta, l'homme sera-t-il encore *moral* à vos yeux ? Nietzsche lui-même répond *non* et, dédaignant le *bien et le mal*, il place le débordement de la puissance au delà de la moralité, comme la force d'un fleuve au delà de ses bords et de ses digues. Nietzsche, ici, nous semble plus logique que ses disciples. « C'est toute la noblesse de l'homme, dit encore M. Jules de Gaultier, qu'il préfère certaines valeurs à la vie même, qu'il n'accepte pas n'importe quelle forme de vie. » Rien de plus vrai ; mais comment l'homme juge-t-il et établit-il les valeurs supérieures à la vie, sinon par la pensée ? La puissance, à elle seule, si surabondante qu'elle soit, n'établira aucune comparaison entre telle « forme de vie » et telle autre, et surtout elle ne se retournera pas contre la vie même pour s'anéantir avec elle plutôt que de déchoir, — déchoir de quoi ? sinon d'un idéal conçu par la pensée ?

VI

En somme, la morale de la vie oscille entre deux directions contraires, l'une centripète et l'autre centrifuge, l'une libertaire, l'autre humanitaire. C'est que, si la biologie peut fournir à la morale des confirmations, elle ne saurait lui fournir des fondements. Parmi les

(1) *Revue des idées*, 1910, p. 213.

données biologiques, qui sont nombreuses et de directions très contradictoires, la tendance de la vie à se dépenser, à s'épandre, à se donner, telle que l'ont décrite Guyau et Nietzsche, puis plus tard M. Bergson, est un des éléments essentiels, un des facteurs expérimentaux de la morale; mais elle n'est, selon nous, ni le plus important, ni le plus primitif. Elle présuppose l'idée du *sujet* pensant, qui peut « se donner », l'idée de tous les *sujets* pensants, autres que lui, auxquels il peut se donner, enfin l'idée des *objets* pensés et des valeurs en vue desquelles il peut se donner. De plus, comme les nietzschéens l'ont fait voir, la tendance à se dépenser pour autrui coïncide chez tous les hommes avec la tendance, plus primitive encore, à se garder pour soi. Ce n'est donc pas la vie, c'est la pensée seule qui prononce et choisit consciemment; elle seule empêche la surabondance de *vie* dont parle Guyau, la « surabondance de *puissance* » dont parle Nietzsche, l'« évolution créatrice » et l'« élan vital » dont parle M. Bergson, d'être un écoulement aveugle comme l'eau qui déborde, tantôt bienfaisante et tantôt destructive. Aussi Guyau lui-même n'a-t-il jamais séparé, pas plus que nous, la force de la vie de la force des idées. *Vivre sa vie!* Tout le monde vit sa vie, Néron comme Thraséas. Mais le difficile, le *beau* et le *bon*, c'est de vivre en même temps la vie des autres, la vie de tous. C'est aussi de savoir renoncer, pour une grande cause, à vivre sa vie.

La réflexion de la pensée, qui est l'origine de ce qu'on nomme « liberté », parce qu'elle est l'origine de toute alternative, de toute conscience qui nous révèle deux possibilités, pose nécessairement un problème qu'elle seule peut résoudre. Voici une tendance que je trouve dans ma nature, — par exemple la tendance à me donner, — mais, lorsque je conçois la possibilité de suivre cette tendance, je conçois aussi la possibilité de suivre la tendance à me conserver pour moi ; je conçois donc la possibilité de vouloir le développement ou l'anéantissement de telles et telles tendances, ou même, par extension, de toutes mes tendances naturelles, de ma nature entière et de ma vie. Le point de vue vitaliste et dynamiste, quelque nécessaire qu'il soit, n'est donc pas suffisant ; il n'est pas le point de vue proprement moral ; en lui-même, il est encore *amoral;* considéré seul, il peut devenir, comme chez Nietzsche, *antimoral.* Guyau a eu raison de rejeter d'avance l'immoralisme radical de Nietzsche, en considérant la vie comme toute prête à se répandre en autrui, à devenir *sociale*, à se moraliser. Mais encore faut-il, — et Guyau ne le niait pas, — pour que cette moralisation commence, que le germe de conscience inhérent à toute vie véritable arrive, par l'idée, à se réfléchir sur soi et, indivisiblement, sur autrui.

Au lieu de chercher le principe de la morale au-dessous de la conscience, dans l'inconscient, dans les tendances communes à l'homme, à l'animal et au végétal, en un mot dans la vie, nous croyons, pour notre part, qu'il faut chercher ce principe dans la constitution intime de la conscience. Nous trouvons dans la pensée de soi, qui enveloppe celle d'autrui, l'aube de la lumière morale. La « vie » nous paraît un principe trop indéterminé, réductible, par un côté, à un mécanisme, par un autre côté, à des faits de conscience ou de subconscience plus ou moins élémentaires, à des sentiments, à des représentations ou perceptions, à des appétitions. L'idée de vie, au lieu de nous sembler primitive, comme à Guyau et à M. Bergson, nous paraît dérivée. Elle est un extrait et un abstrait du psychique ; dès qu'on veut la définir, elle se résout en éléments psychiques sous-jacents aux éléments mécaniques. En tout cas, la morale de la vie, comme celle de la puissance, n'a de valeur que par la morale de l'idée, dont elle enveloppe le germe. La morale commence avec ce qui règle et ordonne la vie en l'ouvrant à autrui, en la faisant vivre pour les autres comme pour soi ; or, le seul moyen d'ouverture, c'est l'idée ; la moralité est donc, avant tout, un état ou un acte de la conscience.

VII

C'est à la morale individualiste que se rattache une dernière doctrine récemment proposée, celle de l'honneur. Selon M. Emile Faguet, l'honneur est un sentiment qui, sans « envisager l'utilité sociale », quoique ne la méprisant pas, mais ne s'y « arrêtant point », nous persuade que nous sommes « les esclaves de notre dignité, de notre noblesse, de *ce qui nous distingue d'êtres jugés par nous inférieurs à nous* » ; et qui nous assure fermement « qu'à cette dignité, à cette noblesse, qu'*au soin de ne pas déchoir nous devons sacrifier tout*, même la vie (1). » — Mais quelle est cette *noblesse*,

(1) *La Démission de la morale*, p. 303.

quelle est cette *dignité* que nous voulons maintenir et que nous préférons à la vie même ? Quel est ce moi supérieur que nous voulons élever au-dessus du moi inférieur ? Autant de problèmes non résolus par ce terme si large et si imprécis : l'honneur.

Les barbares germains, ces bêtes de proie chères à Nietzsche, mettaient leur honneur à tuer et à piller. Les nobles castillans et même les mendiants de Castille mettaient leur honneur à ne rien faire : le travail leur paraissait contraire à leur dignité de *conquistadores* ou simplement de mendiants espagnols. L'honneur d'un mari trompé consiste encore aujourd'hui, pour beaucoup, à tuer sa femme et l'amant de sa femme. L'honneur du journaliste consiste à dire tout ce qui lui plaît, vrai ou faux, contre qui lui déplaît, puis à se battre en duel pour prouver qu'il avait raison. L'honneur d'un Corse, d'un Italien, d'un Espagnol est de se venger et de frapper par derrière d'un coup de couteau ou d'un coup de fusil. L'honneur est essentiellement variable : honneur en deçà des Pyrénées, déshonneur au delà.

Le sentiment de l'honneur, nous dit M. Faguet, est essentiellement personnel et « aristocratique ». Mais, à vrai dire, l'honneur, tel que l'entend la masse des hommes, n'est pas un sentiment tout individualiste, une simple fierté intérieure devant soi-même. C'est aussi un sentiment social, tout chargé d'éléments sociaux. La morale de l'honneur est une forme de la morale sociologique et humanitaire. Sans doute, l'honneur est, par un de ses côtés, une sorte de dignité personnelle ; mais il implique des témoins et un milieu social, il implique une opinion servant de règle et de loi ; il est donc aussi une dignité de l'individu devant la société où il vit. Souvent même cette société est étroite, clan, caste, classe, profession, etc. Enfin l'honneur renferme des éléments esthétiques, un souci du beau et du *decorum* au point de vue social, le sentiment d'un type qui peut être celui de l'espèce, mais qui peut être aussi, plus étroitement, celui de la caste, de la classe, de la profession même. Il y a un honneur d'avocat ou de médecin, comme il y a un honneur de soldat. Il y a un honneur à la Nietzsche et un honneur à la Guyau. Pour Nietzsche, c'est l'orgueil de l'individu, qui se met au-dessus des autres et ne veut pas déchoir de l'idée qu'il a de lui-même. Pour Guyau, c'est la fierté de réaliser en soi « le type de l'espèce ». L'honneur de Nietzsche est égotiste, l'honneur de Guyau est altruiste. Dans le premier cas, c'est l'idée du *moi ;* dans le second, c'est l'idée de *tous*, qui n'exclut pas, mais enveloppe et dilate l'idée du moi. L'honneur, dans tous les cas, est un sentiment attaché à une idée, il est la force d'une idée.

La pression du groupe sur l'individu, qui tend à le modeler sur le type de la société dont il fait partie, est assurément un des soutiens de la moralité ; elle n'est pas la moralité même. Le véritable honneur est celui qui consiste à ne pas « déchoir » par rapport à l'*idéal* intérieur et au type universel de bonté qui est dans notre conscience. L'honneur, si on veut donner à ce mot toute sa plénitude, implique donc à la fois le sentiment du moi, la considération du groupe social auquel le moi appartient, enfin l'idée d'un moi supérieur et d'une société supérieure.

« Une idée-force, reconnaît M. Emile Faguet, est une idée qui est devenue sentiment ou qui est née d'un sentiment, mais, à cette condition, elle est bien une force et une force qui pèse de plus en plus, parce qu'il est de sa nature d'*insister* sur elle-même, de *se développer* (sens de la langue de rhétorique et tous les sens) et de devenir idée fixe, de devenir *entretien* continuel de notre esprit. Le patriote qui est encore patriote, s'il analyse l'idée de patrie, trouve toutes les raisons d'aimer son pays qui étaient dans son sentiment, et parce qu'elles deviennent claires elles ne deviennent pas inconsistantes : elles répondent seulement aux objections, aux attaques ; nos idées sont les gardes avancées de nos sentiments, impuissantes sans eux, quand ils y sont, elles les rendent plus sûrs (1). » Non seulement, ajouterons-nous, elles les rendent plus sûrs, mais elles seules les rendent possibles. Un sentiment est un ensemble d'émotions et même d'impulsions attachées à une idée, tandis qu'une sensation pure se produit sans idée, comme une crise d'estomac ou une colique. Encore localisons-nous plus ou moins nos sensations au moyen de notre perception du corps. Supprimez les idées, aucun sentiment n'est possible (2). Nous venons de voir que le sentiment de l'honneur, en particulier, enveloppe une masse d'idées plus ou moins confuses ; celle du moi, celle de sa dignité et de son indépen-

(1) *La Démission de la morale.*

(2) Aussi le culte du sentiment et de l'action ne supplantera-t-il jamais le culte de l'idée, qu'il implique. C'est ce qui donne un caractère de faiblesse incurable et de décadence à toutes les théories pragmatistes, sentimentales et anti-intellectuelles, dont la vogue est momentanée.

dance, celle des autres hommes, de leur estime ou de leur mépris, celle des êtres inférieurs à nous et avec lesquels nous ne voulons pas être confondus, etc. Rien de plus complexe que l'honneur, et c'est pour cela même qu'il ne fournit pas un principe précis de moralité.

M. Faguet objecte à Nietzsche : — « *Tu dois te surmonter* est une formule aussi mystique que l'impératif kantien et contient le même sens, qui est celui-ci : il y a un idéal où tu dois te hausser coûte que coûte, — et pourquoi ? — Parce qu'il y a un idéal. » — L'objection dirigée contre la « hausse de vie » que prêche Nietzsche, est également valable contre « l'honneur » qui, lui aussi, présuppose un idéal. C'est donc bien, comme nous l'avons toujours soutenu, l'idéal qui est *persuasif ;* et il l'est, parce qu'il est un idéal de bonté universelle, de perfection et d'amour pour l'humanité entière et pour tous les êtres. La pensée ne peut pas remonter plus haut, aspirer plus haut : *Sursum corda, sursum mentes.* Cette aspiration fait notre dignité, cette aspiration fait, si vous voulez, notre honneur ; mais c'est parce qu'elle est l'élan même de notre pensée, entraînant à sa suite l'âme entière.

VIII

En présence de tant de systèmes sur la morale que nous avons esquissés d'une façon imparfaite, le premier mouvement est de croire à une sorte d'anarchie intellectuelle ; mais, si on va plus au fond, on découvre entre les doctrines opposées de secrètes harmonies. Les systèmes adverses, tout entiers à leur point de vue propre, ne s'aperçoivent pas qu'ils s'appellent entre eux, qu'ils tendent les bras l'un vers l'autre, *ripæ ulterioris amore*. La vérité est, selon nous, dans la synthèse des morales humanitaires et des morales individualistes au moyen d'un complet approfondissement de la conscience.

Remarquons d'abord que, sur la plupart des applications concrètes de la morale, les diverses écoles sont d'accord entre elles. Que les vertus privées, familiales et civiques aient un côté social et humanitaire, on ne saurait plus le contester; qu'elles aient en même temps un côté psychologique et individualiste, on ne saurait le contester davantage. Les libertaires eux-mêmes aboutissent à une morale humanitaire, tout comme les humanitaires aboutissent à une morale où ils s'efforcent de sauvegarder les libertés individuelles. Si nous passons des applications de la morale à son principe premier et philosophique, nous nous apercevons également que la synthèse des opposés est possible et qu'elle est même en train de se faire.

Poussez assez loin ces deux termes qui semblent d'abord en opposition, personnalité et société, vous reconnaîtrez qu'ils s'impliquent dans les profondeurs. Plus un être est vraiment *personnel*, par la force de son intelligence, de sa sensibilité, de sa volonté, et plus il est, par cela même, capable de s'ouvrir à autrui, d'agir en vue de fins impersonnelles. D'autre part, plus une *société* mérite son nom par les liens intimes dont tous ses membres sont enchaînés, plus elle implique la profonde individualité de ces membres. *C'est au fond de nos consciences personnelles que la vraie société existe, celle qui est parce qu'elle est conçue et voulue.*

On se souvient que le dix-huitième siècle considérait les individus comme des espèces d'atomes vivants qui, mus par l'intérêt, s'unissent en société. C'était alors le règne de l'individualisme utilitaire, que Volney enseigna aux enfants dans son « catéchisme ». Nietzsche n'a fait qu'y substituer un individualisme non utilitaire de puissance déployée. Mais la science moderne a détruit ces théories en approfondissant davantage et la nature de la vie et la nature de la conscience. Dans l'être vivant, la biologie nous a montré une société d'êtres vivants, qui elle-même ne subsiste et ne se développe qu'à l'aide d'une collection plus vaste, avec laquelle elle soutient des rapports nécessaires. Un individu entièrement isolé, un atome vivant, un centre de puissance atomique, au point de vue des lois de la vie, est une contradiction ; il ne pourrait ni se nourrir, ni se reproduire : il ne pourrait vivre. La psychologie physiologique, dans notre conscience, retrouve l'action finale d'une multitude de tendances élémentaires, inhérentes aux particules de l'organisme. Dans chacune de ces tendances la psychologie découvre, avec une sensation sourde et un sourd appétit, un rudiment de conscience. Enfin la sociologie nous montre dans la société le vrai milieu en dehors duquel l'individu humain, de quelque volonté de puissance qu'il soit doué, ne peut se développer *humainement*. Telle est, selon nous, la base objective des théories aujourd'hui en faveur sur la solidarité. Mais ces théories, qui ont pénétré dans l'enseignement et y rendent de grands services, ne sont encore qu'empiriques : elles ont besoin d'un fondement rationnel. Ce fondement, selon nous, est dans la nature même du sujet pensant et de l'acte de pensée, qui, posant les autres et le tout en même temps que le moi, est social par essence. Tel est le point de vue que, pour notre part, nous avons depuis longtemps proposé. L'être qui dit : « Je pense, donc je suis », constitue par cela même une individualité qui se crée en se pensant ; il ne peut donc être absorbé ni dans la nature, ni dans la société. Mais, d'autre part, la nécessité qui s'impose à la pensée d'avoir des objets et de se les représenter sous la forme de sujets plus ou moins analogues à elle-même, cette nécessité change nécessairement le singulier : *je suis*, en un plusieurs : *nous sommes*. L'être conscient aboutit donc, par la nature même de la pensée, à la représentation d'autres êtres conscients qui forment avec lui une *société immédiate*. *Cogito*, *ergo sumus*. Le point de vue social et même universel est ainsi inséparable du point de vue individuel. L'éducation morale consiste, selon nous, à prendre conscience d'autrui comme de nous-mêmes ; et la formule de la vie morale est la suivante : Sois *intégralement* conscient et *universellement* conscient. Notre aspiration à l'intégralité et à l'universalité de la conscience s'exprime par des idées de plus en plus larges, sur lesquelles doit insister tout éducateur : celle de la dignité personnelle, dont Nietzsche, au fond, était grisé, celle de la famille, de la patrie, de l'humanité, de l'univers. Ce sont ces idées qui doivent devenir les forces directrices de nos actes. Elles ont d'autant plus de valeur morale qu'elles réconcilient davantage en elles-mêmes, par leur compréhension et leur extension croissantes, le point de vue individuel et le point de vue social (1).

Tout comme la société humaine suppose la personne individuelle, qui est son élément; elle suppose aussi l'universel, qui est sa fin. Si la vérité, si la bonté même n'avaient, comme le croient les sociologues purs avec les socialistes, qu'une valeur purement *sociale*, ou, comme le croient les anarchistes, qu'une valeur purement *individuelle*, elles ne donneraient pas une pleine satisfaction à notre pensée, qui poursuit l'universel et ne se repose que dans ce qui a une valeur pour tous les temps, pour tous les lieux, pour tous les êtres. Faire usage de notre pensée, c'est prendre conscience, dans notre personnalité même, de notre réelle universalité; c'est vivre à la fois la vie la plus individuelle et la plus sociale.

Si l'individu est trop sacrifié dans la sociologie exclusive, où la moralité n'a plus aucune base dans la personne, l'universel y est méconnu du même coup, parce que la pensée de l'*universel* est précisément la caractéristique de la personnalité vraiment *individuelle;* les deux termes s'impliquant au sein de la conscience. L'idée de l'universel, présente à l'intelligence de l'individu, lui permet de dépasser le point de vue purement social et socialiste en même temps que le point de vue égoïste et individualiste, pour comprendre la valeur *propre* de la personnalité consciente et la valeur *propre* de l'universalité des consciences.

S'il en est ainsi, la vraie morale domine à la fois les libertaires et les autoritaires, les adorateurs de la

---

(1) Qu'on nous permette, pour les détails, de renvoyer à la *Morale des Idées-Forces*.

puissance sans règle et ceux de la règle ou de la loi.

Elle domine également la religion de l'honneur. « L'homme est un suranimal, dit fort bien M. Faguet, et se sent tenu d'être au moins un suranimal. Par quoi? Non point par la raison; il sait bien que les animaux en ont et il faut être philosophe pour en douter. » — Tout dépend, répondrons-nous, de ce que vous entendez par raison; le philosophe ne doute point que l'animal pense, qu'il raisonne même, qu'il soit capable de concevoir autre chose que lui et même tout un groupe d'êtres semblables à lui. C'est précisément pour cela que les animaux ont aussi une morale à eux; c'est pour cela que l'abeille a la morale de la ruche. Mais ce que le philosophe sait, et tout le monde avec lui, c'est que l'abeille ne conçoit pas *l'univers*, encore moins un principe de l'univers. Jamais elle ne se dira : Agis de telle sorte que la maxime de ton action puisse être érigée en loi *universelle* pour tout être doué de raison et de liberté, alors même que cet être ne serait pas une *abeille*, alors même qu'il ne serait pas un *homme*. L'homme, lui, tout homme qu'il est, se dit cela; il pense *universellement*, il peut donc, du même coup, agir universellement. Et c'est pourquoi la morale de l'homme est suranimale, surhumaine. Et c'est pourquoi encore Pascal a dit : « Toute notre dignité relève de notre pensée. » Tout notre honneur aussi. Par *pensée*, Pascal entendait, avec Descartes, le pouvoir de se placer soi-même dans le tout et, qui plus est, de dépasser le tout pour concevoir une unité profonde qui lui est immanente et ne peut cependant se confondre avec lui. Abeilles et fourmis n'en pensent pas si long, et c'est à ce titre que l'homme se considère comme *supérieur*. L'honneur n'est que le sentiment de cette supériorité ; l'honneur n'est que la conscience du roseau pensant.

« O la vile et abjecte créature que l'homme, dit Montaigne, s'il ne s'élève au-dessus de l'humanité ! » Mais, ajoute-t-il, « de faire la poignée plus grande que le poing, la brassée plus grande que le bras et d'espérer enjamber plus que l'étendue de nos jambes, cela est impossible et monstrueux, ni que l'homme se monte au-dessus de soi et de l'humanité. » — Est-ce bien sûr ! L'homme peut concevoir quelque chose d'*autre* et de *plus* que lui ; il a l'idée non seulement de son moi, mais de l'humanité ; il a l'idée non seulement de l'humain, mais du surhumain. Il peut donc se hausser à son idée, se monter au-dessus de soi par la force de son idée ; et c'est en cela même que la morale consiste.

La dignité et la précellence de la pensée, capable de concevoir le moi et le tout, voilà dónc ce que le moraliste doit surtout faire comprendre aux jeunes gens comme aux hommes. La pensée a ce privilège de pouvoir tout juger, apprécier et évaluer. Elle peut, au nom de l'idéal qu'elle conçoit, mettre en question toutes les réalités. Elle peut poser un point d'interrogation devant la vie même et se demander : « A quoi bon vivre ? » Elle peut élever la même interrogation anxieuse devant la société humaine, bien plus, devant le monde entier. Elle peut se demander, avec Schopenhauer, si la société humaine et le monde méritent d'exister, surtout s'ils méritent que, dans notre sphère, nous apportions à leur conservation ou à leur évolution notre part personnelle. Jamais vous n'empêcherez la pensée de prononcer devant la réalité son *pourquoi*, surtout quand il s'agit d'une « réalité morale » qui n'existera que par nous, par notre effort, ainsi que par l'effort des autres hommes semblables à nous. Aussi la moralité ne peut-elle reposer que sur la pensée du bien universel, non sur la vie, non sur l'existence, non sur la réalité pure et simple de l'individu, ou même de la société humaine. Faire usage de la pensée, c'est prendre conscience, dans sa *personnalité* même, de son *universalité;* c'est monter au-dessus du pur socialisme moral comme du pur individualisme. *Je pense, donc je suis moral;* on ne naît à la moralité que par l'intelligence. Toute pensée est de la moralité qui commence; car elle brise la prison du moi pour y faire entrer un peu de ciel et une perspective sur le grand univers.

Zarathoustra dit dans un de ses discours : « J'aime ceux qui ne cherchent pas derrière les étoiles une raison pour périr ou pour s'offrir en sacrifice; mais ceux qui se sacrifient à la terre, pour qu'un jour la terre appartienne au Surhumain. » — Zarathoustra aurait pu dire : — J'aime ceux qui ne cherchent pas derrière les étoiles, mais trouvent au plus profond de leur *pensée* une raison supérieure à la vie individuelle pour périr et s'offrir en sacrifice. J'aime ceux qui ne se dévouent pas seulement à la *terre* pour qu'un jour la terre appartienne à un surhumain qui n'appartiendra lui-même qu'à la terre et ne durera que quelques siècles au sein de l'Eternel Retour. J'aime ceux qui se sacrifient à un surhumain capable de se dégager de l'humanité même et qui, s'ajoutant à toutes les forces intelligentes de l'univers, transformera le monde réel par l'idée d'un monde meilleur.

LIVRE DEUXIÈME

Morale humanitaire de l'école sociologique et néo-positiviste et de l'école utilitaire.

Science nouvelle, encore quelque peu incertaine en ses méthodes, en ses principes, en ses conclusions, la sociologie n'en a pas moins les généreuses ambitions de la jeunesse et s'efforce même de tout absorber. Après la « socialisation » du droit, on poursuit de nos jours celle de la morale. Selon la plupart des sociologues, la moralité n'est qu'un phénomène social, un moyen par lequel la collectivité adapte l'individu à ses fins. Les devoirs, même individuels, ne sont que des observances sociales ; la « voix de la conscience » est la voix de la société, divinité nouvelle dont toutes les autres n'étaient que des préfigurations. Ainsi, en face des libertaires, qui ont le culte de l'individu, se dressent les nouveaux humanitaires, qui ont le culte de la société. Ils font dériver du groupe social tout ce qui fait de l'individu une personne ; c'est l'humanité qui fait l'homme, qui change la brute en animal raisonnable. Déjà Auguste Comte avait soutenu cette doctrine ; les néo-positivistes la soutiennent à leur tour. Faisant de la morale un produit social, une nécessité sociale, un art social, ils la « socialisent » de toutes les manières et dans tous les sens possibles du mot. La religion même leur paraît un ensemble d'institutions destinées à assurer, par des représentations collectives et sous des formes symboliques, l'unité, la cohésion intérieure et le progrès de la société. De la religion ainsi conçue la morale n'est qu'un dérivé.

Il importe d'examiner la méthode, les principes, la valeur théorique et pratique d'une doctrine qui est une sorte de socialisme moral. Nous la considérerons successivement sous ses deux formes principales, l'une qui procède du positivisme humanitaire d'Auguste Comte, l'autre qui se rattache à l'utilitarisme humanitaire de Stuart Mill et de l'école anglaise.

I

Il faut d'abord s'entendre sur les méthodes qu'on devra employer pour constituer la morale sociologique. Cette morale peut être établie de deux manières. Elle peut d'abord être déduite de la nature même des sociétés, considérées comme organismes contractuels ayant leurs conditions d'existence et de progrès. Ces conditions, à leur tour, sont les unes stables et communes à toutes les sociétés, les autres changeantes et en rapport avec l'état présent des sociétés. Cette première façon d'édifier la morale sociologique repose sur l'analyse, sur la déduction et sur l'induction ; elle suppose une théorie de la société comme telle et aussi de la personne individuelle, qui en est l'élément.

La seconde méthode, qu'on peut appliquer à la morale sociologique, c'est l'histoire, la description des mœurs et institutions, la statistique, etc. En un mot, c'est la méthode qui étudie le corps social par le dehors, comme « une chose donnée », sans chercher à faire sortir les lois essentielles qui régissent la société de la considération de ses éléments et de leurs rapports. C'est l'équivalent de la cosmographie en face de l'astronomie mathématique. S'agit-il, par exemple, d'expliquer pourquoi on doit respecter et aimer son père, les uns feront l'histoire du pouvoir paternel à travers les âges ; ils en montreront les transformations jusqu'à l'état actuel, les garanties dans les lois, dans les mœurs, dans les croyances religieuses, etc. ; les autres s'attaqueront directement aux trois termes de la question : le père, l'enfant, la société ; ils rechercheront les rapports psychologiques du père à l'enfant, de l'enfant au père, puis les rapports sociologiques entre le père, l'enfant et le groupe social tout entier. Ils essaieront, avec Montesquieu, de montrer ce fondement du pouvoir paternel et du respect filial dans la nature même des *choses* qui sont ici des *hommes* vivant en société. Ils ne se borneront pas à *raconter* ou à *observer ;* ils analyseront et déduiront; ils chercheront les raisons intrinsèquement explicatives, non les raisons extrinsèques.

Nous ne rejetons aucun des procédés que la sociologie historique et descriptive peut employer pour déterminer les idées morales collectives ; nous acceptons tout ce que les méthodes sociologiques apportent ici de précieuses informations. Ce que nous repoussons, ce sont les prétentions excessives de ceux qui voudraient, en théorie comme en pratique, réduire toute la morale à la science des mœurs sociales et à l'art des mœurs. Ce que nous repoussons encore, c'est la prétention de substituer entièrement à la méthode directe et psychologique des moralistes la méthode indirecte des sociologues, par l'histoire, par la statistique, par l'étude des coutumes, des lois, du droit et de l'économie politique.

La méthode vraiment scientifique consiste, croyons-nous, à déterminer ce qui est *spécifiquement* moral, non à étudier tout, excepté ce qui est moral. A ceux qui ne veulent concevoir que *physiquement* les faits sociaux, les sociologues répondent eux-mêmes en excellents termes : « Qu'est-ce qui nous oblige à construire une portion de la réalité sur le modèle exact de l'autre ? » Ils ne s'aperçoivent pas que la même objection retombe de tout son poids sur leurs systèmes de morale *exclusivement sociale*. Qu'est-ce qui nous oblige à ne concevoir le fait moral que sociologiquement, sur le modèle exact des faits sociologiques : coutumes, traditions, mœurs, institutions, lois et pénalités, etc. ? Qu'est-ce qui nous oblige à cette sorte de collectivisme moral qui supprime la part légitime des individus dans la formation de « l'éthique » ?

Un sociologue américain, M. F.-C. French, a voulu trouver exclusivement dans le tabou religieux « l'embryon de la conscience morale et de l'idée de justice (1) ». Certaines choses sont regardées comme dangereuses pour le groupe social : par exemple le sang versé, le cadavre, le nouveau-né et sa mère, objets uni-

(1) Voyez le Compte rendu de la sixième séance de l'Association philosophique américaine dans *The Journal of philosophy* (avril 1906).

versels de tabou, comme le sont toutes les choses associées aux rites religieux. Il y a des objets *impurs* et des objets *purs;* il y a des objets *sacrés* et des *profanes.* « Ne touchez pas l'objet impur, voilà, dit-on, le premier impératif. » Le *tabou*, c'est le germe du *devoir*. — Cette théorie, selon nous, est beaucoup trop exclusive. Elle confond l'*objet* des premières obligations sociales avec le *sentiment* d'obligation et avec le *jugement* d'obligation. Admettons (chose éminemment improbable) que le premier impératif social, dans les sociétés naissantes, ait eu pour contenu de ne pas toucher aux choses impures : pourquoi l'individu se sentait-il ou se jugeait-il tenu de ne pas faire ce qui était dangereux pour son groupe ? Ce prétendu impératif premier ne dérivait-il pas d'un autre précepte sous-entendu : — Agis pour le groupe dont tu fais partie et non pas seulement pour toi ; agis d'une manière juste, relativement désintéressée et relativement universelle. Si le sauvage s'abstenait de toucher un cadavre par pur égoïsme et pour *lui-même*, il n'y avait là rien de moral ; s'il s'abstenait par désir de ne pas nuire à sa tribu, l'acte était déjà moral parce qu'il commençait à être, en une certaine mesure, désintéressé. Toutes les histoires de tabou n'avancent guère la question morale. Les immenses recherches de Westermarck, récemment publiées, sont une preuve de la stérilité morale de l'érudition anthropologique : la montagne accouche d'une souris (1).

(1) Westermarck, *The origin and development of moral ideas*, 1906. — Voyez aussi l'ouvrage de M. Hobhouse, *Moral in Evolution*. New-York, 1906.

De même, quand les sociologues historiens auront énuméré toutes les manières de saluer chez les différents peuples, — se découvrir ou, au contraire, se couvrir, se serrer la main, se frotter le nez l'un contre l'autre, — en serons-nous beaucoup plus avancés sur la valeur et les vraies raisons de la politesse? Dans l'éducation de l'enfant, en particulier, toute cette histoire des coutumes servira-t-elle à inspirer l'urbanité? La diffusion universelle des formalités de salutation prouvera simplement qu'il existe chez tous les hommes une même conception de leurs rapports mutuels, conception qui exige qu'un homme marque à un autre le cas qu'il fait de son caractère de *semblable*. Les raisons psychologiques et proprement morales finiront toujours par intervenir et par se révéler comme les vraies raisons que doit étudier une méthode directe. Les causes sociologiques sont ici dérivées; ce qui est conventionnel dans la politesse, ce sont précisément les formes sociologiques et historiques; ce qui est normal et naturel, c'est l'*intention* à la fois morale et sociale des égards.

— La politesse, objecte-t-on, est un exemple de conventions purement sociales et humaines, qui cependant ont une force extraordinaire, si bien que la connaissance même de leur origine conventionnelle et factice ne saurait les détruire. — Mais, répondrons-nous, la politesse enveloppe des éléments *moraux* qui en sont le plus sûr fondement. L'impolitesse n'est-elle pas une forme de l'égoïsme, un dédain d'autrui, un oubli de la dignité qui appartient aux autres comme à nous? Elle blesse l'humanité dans l'individu. Envers le supérieur, elle est manque de respect; envers l'égal, envers l'inférieur, elle est orgueil ; envers tous, elle est injustice. La politesse, au contraire, rétablit l'égalité morale jusqu'au sein des inégalités sociales. On n'en finirait pas si on voulait analyser tous les éléments et toutes les raisons de la politesse. C'est cette analyse qui importe au moraliste et à l'éducateur, non pas les coutumes des sauvages ou des civilisés.

— Mais la mode, dit-on, si impérieuse est pourtant étrangère à la morale? Ne prouve-t-elle pas que la simple imitation des usages locaux discipline les hommes à l'imitation des autres hommes? — Jusque dans la mode, répliquerons-nous, il y a des éléments autres que la pure imitation d'autrui et que l'observance de la routine sociale. Se vêtir d'une façon excentrique, n'est-ce pas encore prétention, hypertrophie du moi, insociabilité? C'est ne vouloir ressembler à personne, c'est attirer l'attention sur son moi, ou plutôt sur ce qui n'est pas même le moi, mais son vêtement le plus extérieur. S'il y a de la vanité dans la coquetterie, il y a aussi de la vanité dans le mépris systématique de la mode et de la coutume ; ne peut-on pas voir l'orgueil à travers les trous d'un manteau? Si donc on trouve des raisons proprement morales même aux convenances et conventions qui paraissaient d'abord uniquement sociales, comment méconnaître dans les vertus publiques les grands éléments moraux : dignité de la personne, respect mutuel et mutuelle affection des personnes? Comment croire qu'on soit ici en présence de simples faits et de simples coutumes, dont il n'y aurait qu'à entreprendre la description et l'histoire? Ce procédé prétendu scientifique, quand on l'emploie exclusivement, est, selon nous, la négation même de la science.

Outre la méthode historique, on sait que sociologues et socialistes comptent sur la statistique, qui doit jouer un si grand rôle dans les sociétés futures. Mais la statistique, quelque utile qu'elle soit à la sociologie, peut-elle rendre à la morale tous les services qu'on en attend? A la morale appliquée, soit; à la morale théorique, non. — On s'habituera peu à peu, nous dit M. Lévy-Bruhl, à trouver dans les ouvrages qui traitent de la science des mœurs, « des observations ethnographiques, des réponses à des questionnaires, des courbes statistiques, des colonnes de chiffres. — Rien de mieux s'il s'agit, en effet, de la science des « mœurs » telles qu'elles sont de fait. Nous avons tous une profonde estime pour tel savant livre sur le *suicide* et pour ces recherches statistiques ou les chiffres qui peuvent s'y trouver. Mais, en tout cela, où est la morale proprement dite, même sociologique? La statistique des faits moraux (ou immoraux) ne voit que des résultats moyens, sans remonter aux causes et sans pouvoir influer sur les volontés. Vous n'arrêterez pas Marguerite trompée par Faust, au moment où elle va tuer son enfant, en lui montrant le graphique qui rend visible le nombre croissant des infanticides et, en général, des crimes, ainsi que leur impunité croissante (1), signes « normaux », nous dit-on, des progrès de la civilisation moderne. Si les adolescents apprennent que

(1) Deux seulement pour cent sont punis aux Etats-Unis, un peu plus en France, un peu plus en Allemagne.

l'accroissement de la criminalité juvénile est une marque de civilisation plus avancée, cette connaissance ne sera guère propre à leur inspirer l'horreur du crime.

L'étude des institutions juridiques, qui est le troisième procédé de la méthode *objective* prêchée par des sociologues exclusifs, ne prend un sens que si on confronte les lois avec les états psychiques dont elles sont l'expression et le produit. Mais ce sont les *idées* sur la justice qui sont l'élément moral du droit. Qu'un sociologue me montre la notion de justice prédominant dans les sociétés où l'ordre est difficile à établir ou à maintenir, la police s'y organisant elle-même, l'Église fondant la *paix de Dieu*, levant des milices, les chevaliers se faisant redresseurs de torts, les francs-juges de la Sainte-Vehme en Allemagne pendant le grand interrègne, la Sainte-Hermandad en Espagne, etc. ; en quoi ces faits intéressants, que, d'ailleurs, le simple bon sens eût fait prévoir, pourront-ils influer sur ma conduite ou modifier mes idées sur la moralité ? Il est clair que les sociétés attaquées se défendent comme elles peuvent et que, là où la collectivité est impuissante, les particuliers se chargent eux-mêmes de la défense. Mais après ? Le moraliste, l'éducateur doivent aborder de front et directement l'idée morale elle-même, sans nier l'utilité des études historiques. Toutes les autres façons de procéder sont en dehors de la question ; il faut regarder en face la question même.

La sociologie, quand elle prétend remplacer entièrement l'éthique par l'histoire et par la science des mœurs, renferme une confusion entre le sujet moral, dont la volonté est personnelle, et l'objet de la moralité, qui est en grande partie social et même plus que social. Certes, les sociologues ont raison de dire que la conscience d'un homme et son idéal, si haut qu'il soit, ne sont pas « son œuvre à lui seul, ne sont, pour ainsi dire, jamais son œuvre que pour une part infinitésimale (1) ». Mais ce qui est son œuvre, c'est d'accepter volontairement l'idéal social en même temps qu'individuel. Or, cette acceptation est précisément la seule chose qui constitue la moralité. Et celle-ci est la propriété de l'individu, fût-il encore un enfant, sa première propriété et le fondement de toutes les autres.

En un mot, la moralité est une réaction de la volonté intelligente, réaction qui n'est morale au sens propre que chez l'individu ; car elle implique son désintéressement plus ou moins réfléchi, toujours consenti, en faveur du groupe social et du tout. C'est ce désintéressement dont l'éducation doit faire comprendre à l'enfant la nécessité et la beauté ; c'est ce désintéressement qu'il faut lui inspirer dès le jeune âge. L'*objet* de la morale qu'on lui enseigne doit, sans doute, être socialement tout, mais le *mobile* moral n'en réside pas moins au fond de la volonté personnelle.

II

Aucune doctrine sociologique d'où sont d'abord éliminés les éléments moraux, inhérents à l'individu, ne saurait, selon nous, conférer à la société humaine des

---

(1) M. Lévy-Bruhl.

titres suffisants pour en faire la source de la moralité. Cette socialisation complète de la morale nous semble chimérique. En effet, la société humaine ne peut avoir des titres que sous les divers rapports de la quantité, de la qualité et de la puissance. Plaçons-nous donc successivement à ces divers points de vue. L'humanité, qui est l'ensemble de tous les hommes, représente sans doute une *quantité* supérieure, surtout numérique : mais il est clair que la quantité n'a pas par elle-même de valeur morale ; tout dépend des *qualités* qu'elle totalise. Or, les qualités de la société humaine, comme telle, ne sont qu'une complication, une extension dans l'espace et dans le temps, une combinaison originale et spécifique des qualités appartenant à l'homme en tant qu'homme. Les sociologues et socialistes humanitaires n'ont pas réussi à montrer dans la société une création absolument nouvelle par rapport à la *personne* humaine et qui suffirait à fonder la moralité. Si l'homme n'était pas d'abord un animal plus intelligent, plus aimant, plus maître de sa volonté, en un mot, plus *moral* par sa constitution propre que le tigre, le chacal ou l'ours, la société humaine n'aurait pas les qualités qui la distinguent des autres groupements d'animaux et qui la rendent, en la personne de ses membres, digne de respect ou d'amour.

Sous le rapport de l'activité et de la puissance, les sociologues et socialistes ont raison d'attribuer à la société comme telle une action propre, mais ils n'ont pas réussi à montrer que la société soit la *seule* vraie *cause* des facultés humaines. Certes, comme Auguste Comte l'a fait voir, l'homme ne serait pas complètement homme sans la société de ses semblables, et c'est une vérité que tout éducateur doit mettre en pleine lumière. Il n'en est pas moins excessif de soutenir que rien de ce qui constitue la *nature* de l'*homme* ne peut s'expliquer autrement que par le progrès de la vie sociale à travers les âges. Ce n'est pas la vie sociale, ce n'est pas l'humanité qui a fait tout d'abord de l'homme un animal ayant les instincts ou facultés des autres animaux, mais avec une intelligence plus grande. La société a développé d'une façon merveilleuse des germes qui existaient indépendamment de son action. L'homme, par rapport aux autres animaux, était déjà un animal de génie ; la société l'a exalté encore : pourtant ce n'est jamais la société qui donne le génie : elle en permet le développement quand il existe, elle ne le crée pas, parfois même elle l'opprime. Certains sociologues sont allés jusqu'à soutenir que, chez les plus anciens hommes, chez les primitifs, la « conscience de soi » n'était qu'une conscience de groupe, non une conscience individuelle. L'homme serait ainsi au-dessous des bêtes, du moins de celles qui vivent solitaires et qui n'en ont pas moins *conscience* d'exister, de jouir ou de souffrir, de se mouvoir, etc. C'est ce que nous ne saurions admettre. Tout au contraire, nous croyons que la force d'individuation, qui n'exclut pas, mais rend possible la socialisation, constitue, comme la sociabilité même, une des caractéristiques essentielles de l'homme. Il faut toujours, selon nous, faire la synthèse des thèses contraires.

Considérons à ce point de vue les principaux produits des facultés humaines : la science, l'art, la morale. La science n'est pas exclusivement « chose sociale », comme le répètent les sociologues et socialistes. Elle est due à l'action personnelle et, pour parler la langue de Gabriel Tarde, à la communication « interpersonnelle » d'une multitude d'individus. Elle est intellectuelle, elle est psychologique et logique, avant d'être sociologique. Est-ce la *société*, est-ce l'*humanité* qui observe, induit, déduit? Ce sont les individus. Il ne suffit pas de répondre qu'un seul individu ne fera point la physique pour prouver que c'est la société qui la fait, et non pas Newton, Ampère, Coulomb, etc. Un homme isolé, un sauvage des bois, voisin de l'animalité, commencera à lui seul la science : il observera, par exemple, que le courant du fleuve voisin emporte un tronc qui flotte; il *généralisera* ce fait et *induira ;* puis il *vérifiera ;* il se placera lui-même sur un tronc d'arbre pour se faire transporter d'un endroit à l'autre. La science est œuvre à la fois individuelle et sociale.

Prenons pour second exemple le langage. Les sociologues établissent sans cesse une analogie entre le langage et la moralité. Certes, la langue est un produit social, mais l'action de la parler et de la comprendre est individuelle. Il a fallu une série d'individus pour former la langue par leur communication mutuelle, par leurs rapports psychologiques et logiques en même temps que sociologiques.

Les sociologues et socialistes veulent donner aussi à l'art une origine exclusivement sociale, sous prétexte que les primitifs jouent *ensemble*, dansent ensemble, chantent ensemble. Mais le jeu n'est pas un phénomène originairement social. Le jeune chat joue sans avoir besoin de compagnon ; l'enfant joue de même tout seul et se crée un monde imaginaire où il vit par la pensée et l'action. Certes, il préfère décupler son plaisir en s'amusant avec d'autres, mais le jeu n'en demeure pas moins un phénomène primitivement physiologique et psychologique, qui ne devient que secondairement sociologique. Quant à l'art, il a beau être en grande partie, comme Guyau le fait voir (1), une manifestation sociale, il est individuel en sa source. Aussi l'étude historique de la peinture et de sa technique ne fera jamais un Raphaël, l'histoire de la poésie et de sa technique, quelque bien enseignée qu'elle soit dans nos écoles ou collèges, ne fera jamais un Victor Hugo; il y faut le génie individuel. De même en morale : chaque individu est, pour ainsi dire, obligé d'avoir, dès la jeunesse, le génie moral, à quelque degré que ce soit, sous la forme de la bonne inspiration, de la bonne intention. Alors même que son *idéal* lui serait tout entier fourni par la société où il vit et par les éducateurs qui le lui font connaître, encore faut-il qu'il comprenne *personnellement* cet idéal, qu'il le réalise en le pensant et, pour cela, qu'il ait la volonté de faire un effort *personnel.* Toute la science sociale ne lui donnera pas les moyens de faire cet effort ; seule la morale lui fera concevoir des valeurs et des buts, en grande partie sociaux, mais avant tout personnels, enfin supra-individuels et supra-sociaux ; il dépendra ensuite de lui de les accepter ou de les rejeter par l'action. Si on peut écrire des volumes sur les bienfaits rendus par l'humanité aux individus, on peut en écrire un aussi grand

(1) Voyez le livre de Guyau : *l'Art au point de vue sociologique*, dont Tolstoï s'est inspiré.

nombre sur les bienfaits que les individus rendent à l'humanité, — d'autant que les bienfaits de la société elle-même se résolvent en services rendus par des individus vivants ou morts à d'autres individus vivants ou à naître.

L'affection de l'homme pour la femme, de l'amant pour l'amante existe indépendamment de toute considération sociale; elle est l'amour d'une personne pour une personne, nullement pour la société, contre laquelle, parfois, l'amant se révolte. On en peut dire autant de l'amour d'une mère pour ses enfants : quoique ceux-ci représentent, pour leur part, la société future, ce n'est pas la société que la mère aime d'abord en eux : elle les aime parce que *c'est eux*, ses *enfants*. Les relations « interpersonnelles » ne sont donc pas uniquement « sociales ».

Les sociologues exclusifs mettent volontiers en avant le « pouvoir parental » et ses variations à travers l'histoire pour prouver que les rapports de famille dérivent des rapports sociaux ou même de conventions sociales qu'on peut modifier au gré des nouveaux besoins. Mais le pouvoir parental existe chez les animaux eux-mêmes : protection, surveillance, éducation d'une part, obéissance d'autre part. J'ai vu des chiennes corriger leurs petits, tantôt les gronder, tantôt les mordre. J'ai vu une chatte enseigner la propreté à son petit chat, le transporter dans une cheminée remplie de cendres pour lui apprendre à y déposer ses ordures, lui administrer des coups de griffe quand il s'oubliait. J'ai vu des oiseaux becqueter leurs petits pour les rappeler à l'ordre. Que serait-ce si on observait les singes, si on notait les corrections qu'ils administrent à leurs petits, le mélange d'affection et de crainte chez ces derniers, répondant aux soins affectueux des parents. Ici sont en jeu des ressorts psychologiques et physiologiques, non sociologiques. J'ai vu aussi, chez des oiseaux, la puissance maritale s'exercer par des corrections. Un chardonneret et une serine étaient dans la même cage et y vivaient en bon ménage. Une autre cage fut apportée dans la chambre, qui renfermait un serin, excellent chanteur. La serine écoute, charmée, la voix de son congénère et s'accroche aux barreaux de la cage comme pour s'envoler vers lui. Le chardonneret furieux la corrige à coups de bec. La même scène recommence à diverses reprises ; même correction, inspirée tout ensemble par la jalousie et par le sentiment d'une sorte de droit acquis. Quelle sociologie, quelle « science des mœurs », quelle « survivance d'idées religieuses » y a-t-il en tous ces sentiments animaux qui préfigurent les sentiments humains ? Chez les anciens Romains, le père avait le droit de ne pas reconnaître son enfant, de l'exposer, de le vendre comme esclave, de le mettre à mort après avoir assemblé un conseil de famille. Voilà le pouvoir paternel à son apogée. L'exagération légale d'une idée juste l'empêche-t-elle d'être juste ? Et si elle est juste, c'est en vertu des rapports psychologiques et physiologiques, non pas seulement sociologiques, qui existent naturellement entre le père et le fils.

Contre les théories exclusives des sociologues humanitaires, la morale doit admettre le caractère personnel en même temps qu'impersonnel de nos obligations, surtout de celles qui concernent la moralité individuelle. Selon nous, les vertus proprement sociales, justice et fraternité, sont en même temps une expansion des vertus personnelles. Il faut que la justice, il faut que la fraternité, avant d'être sociales, existent d'abord dans la pensée et dans le cœur de l'individu. Être juste, c'est avant tout être sage ; puisque la justice est de rendre à chacun ce qui lui est dû, ne faut-il pas d'abord comprendre ce qui est dû à chacun, réaliser dans sa pensée les vrais rapports des êtres, les « définir », comme disait Socrate, selon leur vraie nature et leur vraie valeur? Et qu'est cela, sinon la sagesse? Thraséas n'est juste que parce qu'il est sage, courageux, maître de ses passions. Pour réaliser en actes la pensée de la justice, il faut de la « force d'âme » et de la « tempérance ». Les anciens avaient raison de dire, avec Cicéron, que la justice est le *courage* luttant pour l'égalité des droits. Ce caractère personnel des vertus sociales est encore plus visible pour la fraternité que pour la justice : aimer, c'est l'acte personnel par excellence, quoiqu'il consiste à se dépersonnaliser. Il faut avoir un *moi* vraiment digne de ce nom pour pouvoir en faire don à autrui. Allumerez-vous parmi les hommes un incendie d'amour, si vous n'avez pas d'abord mis au cœur de l'individu la petite flamme ardente qui embrasera tout le reste?

III

Dans la pratique, la morale purement sociologique est en contradiction avec elle-même, tout au moins avec l'art qu'elle prétend fonder. Vous voulez, dans la théorie, montrer que la morale est de fait « indestructible » comme condition objective de la statique et de la dynamique sociales ; je réponds que, si elle est *seulement* cela, la connaissance même de ce fait tendra à la détruire. Vous voulez, dans la pratique et dans l'éducation, fonder un art moral et même religieux sur la pure science objective ; je réponds que, si la morale est simplement cet art, la découverte d'un tel caractère paralysera l'art lui-même et en empêchera l'application. Vous voulez, en un mot, déplacer le moral, le religieux même, en le mettant tout entier dans les faits sociaux et dans les mœurs, non dans l'intention individuelle ; je réponds que l'idée morale, ainsi dénaturée et entièrement socialisée, tend à se détruire et qu'une éthique qui réduit tout au social n'est plus proprement morale.

— Prétendez-vous donc, nous a-t-on répondu, que l'éthique qui est une étude du moral, comme objet donné, doive être morale elle-même ? Quelle raison y a-t-il, demande-t-on, pour qu'une science participe aux aspects moraux, esthétiques ou religieux de son objet ? « Attend-on d'un traité de psychologie qu'il soit *vivant*, d'un ouvrage d'acoustique qu'il soit *harmonieux ?* — Nous ne demandons pas que la théorie de la morale soit elle-même morale, quoique ici il y ait une proximité toute particulière entre la spéculation et la pratique ; mais nous demandons que la théorie sur la morale ne commence pas par supprimer ou par rendre impossible son propre objet, la moralité. La biologie n'a pas besoin d'être vivante ; mais elle a besoin de ne pas supposer d'abord théoriquement que la vie est une illusion et de ne pas aboutir pratiquement à une médecine qui tuerait les malades. L'acoustique n'a pas besoin d'être harmonieuse, mais encore faut-il qu'elle admette une différence entre les accords harmonieux et ceux qui ne le sont pas. De plus, que penserait-on de la valeur spéculative d'un traité de musique qui aboutirait, dans la pratique, à des désharmonies blessantes pour l'oreille?

On a essayé de justifier les explications purement sociologiques de la moralité et de la justice en disant : — De même que nous *sentons* la lumière et la *concevons* en même temps sous forme d'ondes mouvantes, ainsi nous pouvons sentir en nous l'action de la réalité sociale et la concevoir en même temps dans ses lois objectives sans lui rien enlever de sa valeur. La conscience ne perdra rien pour cela de sa force (1). Cette comparaison de la conscience saisissant en elle la réalité sociale avec les sens saisissant la réalité physique nous paraît une métaphore ingénieuse, mais inadmissible. D'abord elle implique que la «réalité sociale» agit sur notre conscience de la même manière que la lumière ou le son sur l'œil et l'ouïe. Une telle action supposerait que notre conscience baigne dans je ne sais quelle mystérieuse conscience sociale et humaine. C'est encore toute une métaphysique qu'il faut admettre. De plus, rien ne prouve que, dans notre conscience morale, tout soit une apparition du social et de l'humain sous forme subjective, comme notre sensation de lumière est une apparition subjective d'ondes éthérées. Enfin il y a une différence essentielle entre la sensation passive et la conscience morale, qui est active ; celle-ci ne peut

(1) M. Lévy-Bruhl, *la Morale et la Science des mœurs*, p. 31, 32.

plus être un simple reflet. En se concevant reflet et en s'attribuant des causes uniquement extrinsèques et sociales, elle aboutirait à se nier elle-même. Certes, la connaissance des causes d'une sensation quelconque ne nous empêche point de l'*éprouver*, mais elle peut fort bien nous empêcher d'*agir* d'après cette sensation. Qu'un savant, en son cabinet de physique, projette dans un vase réel un bouquet de cerises imaginaires, vous ne pourrez vous empêcher d'en avoir la sensation visuelle, mais irez-vous les prendre pour les manger ou pour les offrir à d'autres? Une fois le secret éventé, vous resterez parfaitement immobile. — On répondra que l'intérêt social n'est pas illusoire comme ce bouquet de cerises. Il ne l'est pas pour la société, à coup sûr, mais il peut, dans bien des cas, être illusoire à mon point de vue personnel. Les cerises que l'expérimentateur tient à la main ne sont pas imaginaires pour lui et il peut s'en nourrir, mais celles qu'il me fait voir sont imaginaires pour moi ; je ne saurais me repaître d'illusions sous prétexte qu'elles répondent à des réalités pour les autres.

— « On ne voit pas, répond-on, comment une connaissance purement théorique pourrait *contre-balancer* la force du sentiment moral (1). » Nous voyons cependant tous les jours des connaissances contre-balancer les sentiments.— Au soldat qui, dans un pays de choléra, veut boire de l'eau non bouillie, montrez avec le microscope dans l'eau qu'il veut boire les bacilles cholériques, et vous verrez si la connaissance théorique ne mettra

(1) M. Lévy-Bruhl, *ibid.*

pas en liberté une force capable d'en contre-balancer une autre. La «connaissance théorique» de l'illusion inhérente au patriotisme, selon les antipatriotes, peut fort bien tenir en échec le sentiment patriotique chez ceux que séduisent les idées des «sans-patrie». Si jamais les collectivistes établissent sur des bases solides, comme ils s'en flattent, la «connaissance théorique» des effets nuisibles de toute propriété individuelle et des heureux effets du collectivisme, cette connaissance pourra fort bien miner le régime de la propriété, tenir en échec l'amour de la possession naturel aux hommes comme aux animaux. La réflexion corrige la réflexion et peut, comme le croyait Guyau, contenir l'instinct; voilà, croyons-nous, la vérité psychologique et même sociologique. En un mot, la connaissance de la nature d'une chose et de ses causes peut exercer une réelle influence sur les idées et sentiments qui y correspondent, lorsque cette connaissance leur enlève ce qui faisait précédemment leur titre spéculatif et leur force pratique. Imaginer des connaissances purement platoniques et comme en l'air, sans aucune force sur la direction de notre pensée, de notre sentiment, de notre activité, c'est couper l'homme en tronçons dont l'un serait tout théorique et l'autre tout pratique. La philosophie des idées-forces ne saurait admettre comme scientifique une telle dissection, qui se fait aux dépens de la vie et qui est contredite par l'expérience universelle.

Pour montrer que la moralité n'a rien à craindre d'une analyse qui la résoudrait tout entière en éléments extérieurs et sociaux, on indique, comme si elle était invincible, la force inhérente au *sentiment de l'obligation*. « Soit, par exemple, le devoir de sacrifier à la justice l'intérêt personnel, de rendre à la vérité un témoignage qui déplaira à ceux dont on dépend. Un homme honnête et courageux parlera ; un homme faible ou malhonnête se taira. Qu'il prenne l'un ou l'autre parti, c'est une question d'espèce, il aura toujours *senti* l'obligation. Croit-on que la connaissance scientifique des lois qui régissent les faits moraux et du caractère relatif de toute morale fera qu'il ne la *sente* plus, ou qu'il la considère comme négligeable (1) ? » Je réponds à M. Lévy-Bruhl comme à M. Durkheim qu'il la *sentira* en effet, mais qu'il la *jugera* négligeable et pourra la négliger. Supposez que le témoignage véridique qui m'est demandé entraîne un danger de mort, comme cela a lieu si souvent en Corse, en Sardaigne, en France même, où les anarchistes peuvent nous menacer de faire sauter notre maison, notre femme et nos enfants, je *sentirai* toujours l'obligation, sans doute, mais, si les « lois scientifiques » aboutissent réellement à me faire voir là un simple résultat des institutions sociales, si la relativité de la morale porte non seulement sur les formes, mais sur le fond même de la justice et de tout ce qu'on appelle obligation, si enfin on me montre dans l'obligation, dans le bien, dans la responsabilité des « idées-mortes », comment soutenir que des doctrines qui dissolvent le moral en ingrédients amoraux ou même, selon quelques-uns, antimoraux, n'exerceront sur mes pensées et ma volonté aucune action dissolvante ? Si je

(1) M. Lévy-Bruhl, *ibid.*, p. 18.

juge décevante l'émotion morale que je *sens*, l'idée de mon intérêt contre-balancera le sentiment qui me pousserait à me sacrifier pour les autres, lesquels, après tout, n'ont pas plus de valeur intrinsèque que moi-même dans votre théorie.

Croire la moralité assurée par des « mécanismes sociaux » trop solides pour qu'on les ébranle au moyen de théories, c'est oublier que, en fait, ces mécanismes si inébranlables sont à chaque instant brisés par les individus que la passion ou l'égoïsme dominent. Les mécanismes qui aboutissent au respect de la propriété et de la vie sont-ils si sûrs que vous ne couriez aucun risque d'être volé ou assassiné. Les mécanismes familiaux sont-ils si solides que vous soyez certain de ne jamais être trompé par votre femme, si ces mécanismes sont les seules raisons de sa retenue ? Si vous révélez à celui qui est tenté de voler, de tuer, de rompre la foi conjugale que la moralité est un éclairage subjectif des rouages vitaux et sociaux, cette idée sera-t-elle sans force pour disloquer vos machines sociales? Certes, tout ne se détraquera pas à la fois ; mais qu'aujourd'hui on brise une roue, demain un ressort, après-demain le grand ressort, j'ai grand'peur que ce mécanisme collectif, dont la solidité reposait sur les idées et sentiments des individus, ne tombe avec les idées et sentiments qui en assuraient la durée. L'observation que je fais ici n'a pas pour objet de réfuter une doctrine par ses conséquences, non ; certains sociologues prennent pour *principe* que la moralité n'est qu'un mécanisme vital et social ; c'est à leur principe que je m'attaque en montrant que la fragilité de ce mécanisme est inhérente à sa conception même et que, dès qu'il arrive à se connaître, il est, pour ainsi dire, autodestructeur.

En définitive, oublier la psychologie au profit exclusif de la sociologie, c'est oublier précisément ce qui est le plus voisin de la morale, ce qui est la morale même en ses racines, toute prête à donner ses branches et ses fruits. On s'imagine obtenir ces fruits sans s'occuper de la « plante humaine », dont parlait Alfiéri ; mais, si *social* ou même si *universel* que soit l'objet de la moralité, celle-ci sera toujours, par essence, un état ou un acte de la personne intelligente. Ma moralité relève avant tout de l'expérience intérieure et de la conscience, non pas seulement de l'expérience extérieure, qui n'en saisit que les manifestations inintelligibles elles-mêmes sans l'interprétation psychologique.

La morale exclusivement historique et sociologique porte donc son ennemi en soi. Pas plus comme « art des mœurs » que comme « science des mœurs » elle n'est réalisable. Dans la pratique comme dans la théorie, ces mœurs n'ont qu'une existence précaire tant qu'on veut les expliquer uniquement par des conditions extérieures; car, quelque permanentes que soient pour une société les conditions de son équilibre, elles dépendent toujours de l'acceptation des individus : ceux-ci, en certains cas, peuvent mettre les conditions de leur propre existence ou de leur propre bonheur au-dessus du bonheur collectif. Pour empêcher une telle substitution du moi à tous, il faudra toujours en venir à des considérations qui dépassent à la fois l'idée de l'individu et l'idée de la collectivité. C'est dans la constitution psychologique de l'homme en tant qu'homme, non plus seulement dans la constitution sociologique des collectivités en tant que collectivités, qu'il faudra trouver des motifs supra-individuels et supra-collectifs; ce qui ne se peut si nous ne découvrons pas, dans la conscience même du moi, un moyen de dépasser notre moi et le moi des autres en concevant l'universel (1).

La vraie morale, selon nous, à la fois analytique, synthétique et critique, doit, par la psychologie et par l'épistémologie, chercher les derniers éléments des idées morales, remonter à leurs lois, juger leur valeur au point de vue de la connaissance et de l'action. Par là elle s'élève au-dessus du point de vue provisoire et, en quelque sorte, tout populaire auquel se borne, dans la « science des mœurs », la considération sommaire des biens. La sociologie reste sans doute nécessaire pour déterminer le détail de nos devoirs sociaux, mais, quand il s'agit du principe même de la moralité, elle est réduite à supposer ce qui est en question; elle n'est plus qu'une vaste pétition de principe. La science des mœurs est de la *prémorale* qui reste en deçà de la moralité ou de la *postmorale* qui présuppose la moralité donnée; elle n'est pas la morale. Une doctrine qui néglige ainsi les idées, ou qui réduit à une quantité négligeable leur force efficace, nous semble l'équivalent du matérialisme historique de Marx ; on pourrait, en ce sens, l'appeler le matérialisme éthique. Elle est non moins unilatérale que le marxisme; où, d'ailleurs, elle a ses origines.

Les marxistes, et plus généralement les socialistes,

(1) Voir notre *Morale des Idées-Forces.*

parlent sans cesse de technique et croient que le perfectionnement de la technique des mœurs ou de la technique éducative suffira dans la pratique pour remplacer la morale, la philosophie, la religion. Certes, comme l'art a sa technique sans laquelle il serait en partie réduit à l'impuissance ou à l'insuffisance d'expression, la morale a aussi sa technique, sans laquelle la simple bonne volonté pourrait ou s'égarer ou manquer son but par ignorance des vraies voies. Mais la technique n'est pas plus la morale qu'elle n'est l'art. Son rôle est important, son rôle est nécessaire ; il reste cependant secondaire comme le moyen par rapport à la fin. Une « technique » où je suis engagé tout entier, corps et âme, comme dit le vulgaire, et où il s'agit de me faire vouloir au besoin contre *moi-même*, contre mon bonheur, contre ma vie, voilà qui ne ressemble guère à la technique des ponts et chaussées ou à celle des « moulins à vapeur ». Un partisan de la technique des mœurs, le regretté Rauh, nous écrivait un jour : « Il faut habituer l'homme à se passer de *principe* et d'*idéal* pour l'action comme il s'en passe pour la recherche scientifique. » Nous ne voyons pas que la recherche scientifique soit sans principe et sans idéal. Que pour la morale, comme pour la science, l'idéal doive être expérimental, immanent et non transcendant, c'est ce que nous soutenons nous-même ; mais, pour poser cet idéal, il faut interroger la psychologie jusque dans ses profondeurs. De plus, cet idéal ne va pas sans une conception de la place et du rôle de l'homme au sein des groupes plus ou moins vastes dont il fait partie, et, de groupe en groupe, au sein de l'humanité. Celle-ci à son tour, quand on y réfléchit, n'est pas séparable de l'univers, qu'elle conçoit et dont elle recherche les lois. L'idéal enfin est en rapport nécessaire avec la réalité, avec la vie ; de là des questions sur la vie, qui entraînent des questions sur la mort, sur la valeur de la vie et de la mort. Bref, l'homme qui ne se contente pas d'une acceptation passive de l'idéal traditionnel aboutit nécessairement à des principes d'évaluation qui sont aussi des principes de conduite. La morale, en ses bases, n'est isolée ni de la science ni de la philosophie. Elle ne naît pas, comme le croient ceux qui se bornent à la « technique spéciale », d'un problème particulier, qui serait vraiment distinct du problème universel. La technique morale, spéciale ou non, ne sera jamais un substitut suffisant de la morale même. La morale ne naît pas non plus, comme l'a cru Kant, d'un impératif universel en sa forme qui subsisterait en deçà des conceptions, philosophiques ou religieuses, qu'on peut se faire sur son fond même. Le bien n'est pas en dehors du vrai, qui lui-même n'est pas en dehors de l'être : le vrai, c'est l'être même ; le bien, c'est le vrai dans nos actions, c'est l'être exprimé dans notre conduite. Pour le philosophe qui se rend compte de ce qu'il fait, la morale dépend et de la philosophie de l'esprit et de la philosophie de la nature, auxquelles viennent se rattacher les sciences de l'esprit et les sciences de la nature. On a dit avec raison que la sociologie étudie la formation, la transformation et la dissolution des liens sociaux. Cela revient aux lois d'équilibre et de mouvement dont parle Comte. Mais n'oublions pas que le lien social est avant tout un lien de conscience, noué par les consciences elles-mêmes à travers les siècles; que la durée et la solidité de ces liens dépendent en grande partie de l'ensemble des consciences et des volontés; que la transformation et le progrès de ces liens est surtout une œuvre d'intelligence et de volonté, je veux dire, une œuvre de science, d'art et surtout de moralité.

La morale ne relève de la méthode sociologique, historique et statistique, que dans ses applications sociales; dans son principe, qui est l'acte personnel de désintéressement en vue d'autrui et du tout, elle implique un idéal offrant à l'esprit de l'homme un caractère qui lui semble, étant donnée sa nature, *définitif* et non provisoire, universel et non purement social. La « science des mœurs » aura beau s'efforcer de réduire la morale entière à une simple application de la sociologie, de l'histoire et de la statistique, toute la valeur que l'homme attribuera à la vie matérielle, et à la vie sociale dépendra de la valeur qu'il aura préalablement attribuée à la vie consciente et aux idées par lesquelles elle se dirige. C'est dans les profondeurs de la réalité individuelle que le philosophe doit chercher les derniers fondements de la morale, dont les sociologues exclusifs nient vainement la nécessité. Considérée en sa plus intime essence, la moralité n'est pas une attitude imposée au sujet pensant, par une contrainte extérieure venant des objets : milieu, mœurs, législation, dogmes; elle est, au contraire, l'attitude normale de la conscience, puisque celle-ci par définition même, outre qu'elle saisit le présent et l'actuel, est encore orientée vers un avenir qu'elle est appelée à déterminer; vers un idéal, à la fois personnel et universel, qu'elle est appelée à faire éclore. Cet idéal sort d'ailleurs de l'expérience même, qu'il amplifie et prolonge, non d'une « manipulation de concepts ontologiques » par laquelle le philosophe prétendrait atteindre le *Parfait* et l'*Absolu*. C'est à l'expérience complète, intérieure et extérieure, qu'il doit demander la classification des objets au point de vue de leur valeur morale.

La morale doit être édifiée indépendamment des opinions sur les origines *ultimes*, qui nous échappent et que les religions s'efforcent vainement de représenter sous forme mythique. La moralité doit se prendre elle-même pour unique fondement, son *idée* seule suffisant à constituer son *droit* et sa *force*.

IV

Par cela même que la morale est une science de valeurs, elle est une science de fins. C'est pourtant ce que contestent certains partisans de la sociologie des mœurs, notamment M. Lévy-Bruhl. A les croire, l'établissement de fins morales serait de la pure « dialectique », une « manipulation de concepts » en contraste avec la manipulation des choses et des faits dont les sociologues font leur orgueil. Nous répondrons qu'il n'y a aucune dialectique à reconnaître ce fait de psychologie : l'homme conçoit des fins et poursuit par la pensée la fin la plus haute. La vertu n'est pas un « concept » vide ; le vice, la violence, la débauche, la colère, la vengeance, ainsi que tous leurs motifs et mobiles, ne sont pas des concepts abstraits et ne le seront pas plus dans la société future, fût-elle socialiste, que dans la nôtre. Il y a là des sentiments et impulsions enveloppant des croyances plus ou moins latentes, des idées-forces de valeur entre lesquelles les hommes auront toujours à choisir. Après comme avant l'abolition de la propriété privée, si les démocraties futures l'abolissent, l'un dira : « J'aime mieux me divertir », l'autre : « J'aime mieux travailler » ; l'un dira : « Je m'aime, moi » ; l'autre : « Je ne puis être heureux qu'en faisant le bonheur des miens et de tous ». Ce ne sont pas là des problèmes « transcendants » ; c'est le problème immanent à la morale et même à la morale sociale. Ou il y a une morale, et alors il faut se demander ce qu'il y a de *meilleur* à vouloir ; ou il n'y en a pas, et alors seulement il suffira de « décrire » ou d'« expliquer » des faits et des institutions sociales. A vrai dire, la science du bien et du juste n'est pas, n'a jamais été, ne sera jamais une science de pure observation sans considération de buts. Si les partisans de la sociologie des mœurs appliquaient ici leur propre méthode, ils ne trouveraient dans aucune société humaine une morale où on se contente de constater des faits et des usages sans apprécier des intentions. Une telle morale est proprement une utopie ; et qui devrait avoir plus horreur des utopies que les sociologues ? Qu'ils consultent l'expérience universelle, l'histoire, la statistique, etc., ils verront que, toujours et partout, la morale a été, soit dans la théorie, soit dans la pratique, une recherche de fins et de biens, une classification de ces fins et de ces biens par rapport à un terme pris comme supérieur pour notre pensée et pour notre activité.

Au reste, après avoir rejeté les fins, les partisans de

la science des faits et des mœurs sont obligés de se contredire en ajoutant : « Réserve est faite, bien entendu, des fins qui sont tellement universelles et instinctives que, sans elles, il ne pourrait être question ni d'une réalité morale, ni d'une science de cette réalité, ni d'application de cette science (1). » — A la bonne heure ; mais cette simple phrase n'est-elle point l'abandon subit de tout le système qu'on avait mis en avant? Les fins *instinctives* ne peuvent pas, ne doivent pas être purement et simplement acceptées par un être capable de *réflexion*. En outre, quelles sont ces fins qui s'imposent universellement à tout homme et à toute société ? Il faudra les déterminer, les définir, les classer. « Nous prenons pour accordé, répond-on, que les individus et les sociétés veulent vivre et vivre le mieux possible au sens le plus général de ce mot (2). » Nous concédons le principe en question et nous l'avons nous-même énoncé plus haut, à propos de la sociologie pratique. Mais, si on l'invoque en morale, on admet donc des fins ; et voilà un choix fait entre les diverses morales par cette sociologie des mœurs qui se disait étrangère à toute spéculation sur les fins. Ce n'est pas la morale du *bien* qu'elle propose, ni la morale du *devoir* et de la *justice*, ni la morale de la *vérité*, ni la morale du *beau*, ni la morale du *plaisir*, ni même la morale du *bonheur ;* c'est la morale de la *vie*. Pourquoi ? — Parce que tous les hommes veulent *vivre*. — Mais tous aussi veulent être *heureux* et voudront l'être dans la société future comme

---

(1) Lévy-Bruhl, *Revue philosophique* de juillet 1906, p. 13.
(2) *Ibid.*

dans la nôtre. Tous aussi ont une idée de *bien* et de *mal*. Que de fins en conflit ! Celui qui se tue veut-il vivre ? Celui qui préfère la mort à une lâcheté veut-il vivre ? Celui qui préfère la lâcheté à la mort veut-il vivre ? « le mieux possible ? » Qu'est-ce que ce *mieux*, superlatif du bon ? Qu'est-ce que le bon ? Si ma vie individuelle se trouve en contradiction avec les conditions de la vie sociale, comme lorsqu'il m'est commandé de mourir à mon poste, quelle vie faut-il préférer et pourquoi ? Tous ces problèmes sont impliqués dans l'imprécise formule : chacun veut vivre et chaque société veut vivre. Examinez de plus près ces notions de la vie et du meilleur, vous les verrez, comme un éventail multicolore, s'épanouir en idées nombreuses et diverses. Selon Schopenhauer, individus et sociétés feraient mieux de ne pas vouloir vivre. — C'est là, dira-t-on, une opinion de métaphysique *transcendante*. — Je ne sais ; mais, quand je me demande si je dois *mourir* pour accomplir un devoir social plutôt que de sauver ma vie par une lâcheté, ou si je dois *vivre* dans une condition malheureuse plutôt que de me donner la mort pour échapper à la souffrance, est-ce encore de la métaphysique transcendante ? Est-ce de la « métamorale ? » comme dit M. Lévy-Bruhl. Il semble que c'est, au contraire, la morale même. Tout le reste est *ignoratio elenchi*.

— La morale, dit-on encore, doit se borner à prendre pour accordées les conditions de la vie individuelle ou sociale, puis en déduire les conséquences. — La morale appliquée, oui ; la morale en ses principes, non. Il y a une condition suprême de la vie individuelle ou sociale qui n'est pas *accordée* d'avance, à savoir que chacun *veuille* la conservation et le progrès de la vie individuelle ou sociale. Il faut que *vous* et *moi* nous accordions de fait cette condition *sine qua non ;* et, pour cela, il faut que nous nous fassions une idée de la valeur qui appartient : 1° à la vie individuelle ; 2° à la vie sociale ; 3° au rapport des deux entre elles et avec le tout. Cette idée est précisément la seule chose qui puisse *fonder* la morale et, sans cette idée, la morale reste en l'air. Tout ce que les sociologues me diront des mœurs et des institutions ne me renseignera en rien sur ce qui est l'objet propre de la morale : — Parmi les valeurs, quelles sont les plus hautes que je dois préférer ? parmi les biens quel est le *meilleur ?*

Plus sage, à notre avis, que la plupart de ses partisans, M. Durkheim veut que la science des mœurs, comme la sociologie, ait le droit d'appréciation, non pas seulement celui de constatation. « Expliquer une règle morale, dit-il, c'est montrer quelle en est la cause et quelle en est la fonction », c'est-à-dire, en somme, « de quelles *idées* et de quels *sentiments* elle résulte et à quels *besoins* elle répond ». Une fois ces besoins reconnus, n'est-il pas légitime de se demander s'ils sont « normaux ou non, fondés ou non » ? — Oui ; seulement, le sociologue ne peut examiner que la question de savoir si telle règle est normale *socialement*, fondée *socialement* sur l'intérêt de la société actuelle ou future et sur les fins que toute société, par cela même qu'elle est, ne peut pas ne pas désirer. Les autres *fondements* échappent au sociologue, et ce sont cependant les plus nécessaires au moraliste.

M. Durkheim objecte que les moralistes ne pourront déterminer effectivement des fins sans le secours de la sociologie. Selon lui, « nous ignorons *entièrement*, je ne dis pas seulement les raisons *historiques*, mais les raisons *téléologiques* qui justifient actuellement *la plupart* de nos institutions morales (1) ». C'est ce que nous ne saurions concéder. Il nous semble que, indépendamment de l'histoire et de la sociologie, le philosophe peut trouver le *pourquoi* psychologique et moral des préceptes qui condamnent les vices dont nous parlions tout à l'heure : intempérance, luxure, paresse, colère, orgueil, envie, bref, tous les péchés « capitaux ». Même quand il s'agit des fautes qui aboutissent à violer l'ordre *social*, il est facile de trouver non seulement les raisons sociologiques, mais même les raisons proprement psychologiques et morales qui font que le meurtre, la violence, le mensonge, le parjure, le faux serment, etc., sont des atteintes à la dignité de la personne, à sa valeur et à sa perfection intrinsèque, en même temps qu'aux conditions essentielles de la société et au progrès de l'humanité entière.

V

Les sociologues traitent volontiers les moralistes de métaphysiciens ; mais la science sociale des mœurs, quand elle veut remplacer entièrement la morale, nous semble être en réalité une *métaphysique*. Elle ne peut, en effet, substituer les *mœurs* des sociétés à l'*intention*

(1) *Année sociologique*, 1906, p. 356.

morale de l'individu qu'en ramenant ce que notre conscience nous montre comme *intention* à un simple « épiphénomène », à une expression toute subjective de phénomènes objectifs, biologiques ou sociaux. « Quand, dit M. Lévy-Bruhl, nous éprouvons une douleur physique, nous savons, à n'en pas douter, que nous l'éprouvons et que quelque chose n'est pas en ordre dans notre corps ; mais, pour le médecin qui nous examine, cette douleur, si vive qu'elle soit, n'est qu'un symptôme. Elle est moins importante que tel ou tel signe objectif, qui le renseigne sur la nature du mal, dont le symptôme douleur ne donne aucune idée. » — Nous demanderons si le symptôme *mauvaise intention* ne donne aucune idée du mal moral ; si, quand c'est moi qui agis sous une idée et pour un but, le cas est le même que dans le mal de ventre ou le mal de tête, où je subis l'action du dehors ? Certes, le médecin doit s'occuper des causes objectives de ma douleur pour la guérir ; mais, s'il s'agit de me guérir d'un vice, ce n'est pas au dehors qu'il faut regarder, ni un remède extérieur qu'il faut m'appliquer : le mal est au dedans. Les « mœurs » ne sont capables de « remplacer » la moralité que si la moralité est une illusion subjective, tout au moins un simple aspect subjectif de faits objectifs, seuls réels et seuls agissants. Or, c'est là proprement la thèse ou plutôt l'hypothèse de la métaphysique matérialiste.

Maintenant, veut-on voir à l'œuvre une sorte de métaphysique idéaliste, qui devient même une religion ? Le néo-positivisme de M. Durkheim va nous en fournir un remarquable exemple.

Malgré les formes scientifiques dont s'enveloppe la sociologie des néo-positivistes, leur socialisme moral a pour fond une doctrine religieuse. Pour les néo-positivistes, l'humanité, qu'adorait Auguste Comte, est aujourd'hui un idéal plutôt qu'une réalité, puisqu'elle n'est pas encore organisée. En revanche, les diverses sociétés qui composent le genre humain ont une organisation qui en fait des « réalités sociales » et même des consciences sociales, ayant des représentations collectives et des impulsions collectives, exerçant du dehors une pression sur l'individu et lui imposant des règles de conduite.

Ecoutons le plus éminent représentant du néo-positivisme. « S'il y a une morale, dit M. Durkheim, elle *ne peut* avoir pour objectif *que* le *groupe* d'individus *associés*, c'est-à-dire la société » : « Mais, ajoute-t-il, en soulignant, *sous condition toutefois que la société puisse être considérée comme une personnalité qualitativement différente des personnalités qui la composent.* » La morale néo-positiviste se trouve ainsi suspendue à une hypothèse métaphysique : la personnification de la société comme *qualitativement* différente des personnes composantes. Il faut que la France soit une personne, que l'Autriche soit une personne, que l'Humanité puisse devenir un jour une personne, que la conscience collective ait une existence et une sorte de *moi* distinct de nos consciences propres. La fin morale, qu'on a refusé de reconnaître dans la conscience de l'individu et dans son pouvoir de concevoir l'universalité des consciences, le socialisme moral la reporte dans le groupe réalisé et hypostasié. La morale dite

« positive » ne risque-t-elle point alors de tourner en ontologie idéaliste ? Nous allons voir, si nous ne nous trompons, qu'elle tourne aussi en une sorte de théologie socialiste. Il faut, — dit d'abord M. Durkheim, non sans raison, — il faut, pour être l'origine de toute morale, que la société soit investie d'une « autorité morale bien fondée ». Le mot d'autorité *morale* s'oppose à celui d'autorité matérielle, de suprématie physique. Selon M. Durkheim, « une autorité morale, c'est une *réalité psychique*, une *conscience*, mais plus *haute* et plus *riche* que la nôtre et dont nous sentons que la nôtre dépend » ; or, la société présente en effet ce caractère d'être *une conscience* supérieure à la nôtre, « parce qu'elle est la source et le lieu de tous les biens intellectuels qui constituent la civilisation ». — La conclusion, selon nous, n'est pas contenue dans les prémisses. La « source » et le « lieu » ne constituent pas une « conscience ». La vraie source, d'ailleurs, le vrai lieu de la civilisation est dans les consciences individuelles qui, réunies en société, réagissent les unes sur les autres. Il ne s'ensuit pas que la société ait elle-même une conscience. C'est sans doute la société qui « nous affranchit de la nature » ; mais en résulte-t-il que nous devions nous la représenter « comme un *être psychique* supérieur à celui que nous sommes et d'où ce dernier émane ? » Cette théorie métaphysique de l'émanation sociale ne nous paraît guère plus soutenable que celle de l'émanation divine. « On s'explique, dit M. Durkheim, que, quand la société réclame de nous ces sacrifices petits ou grands qui forment la trame de la vie morale, nous nous inclinions devant elle avec déférence. Le croyant s'incline devant Dieu, parce que c'est de Dieu qu'il croit tenir *l'être* et particulièrement son *être mental*, son âme. Nous avons les mêmes raisons d'éprouver ce sentiment pour la collectivité (1). » — Mais d'abord, demanderons-nous, si nous devons être reconnaissants à la société de ce que nous tenons d'elle notre « être psychique », cet être psychique a donc une valeur *par lui-même* et *pour nous?* L'intelligence, par exemple, a donc une valeur, le pouvoir d'aimer a une valeur? Dès lors, n'est-ce pas cette valeur qu'il faut poser comme principe et que l'éducateur doit faire comprendre aux enfants mêmes, au lieu de chercher toute valeur dans la société? De plus, n'est-ce pas une exagération de dire que nous tenons de la société notre être psychique, notre pouvoir de connaître, de sentir et de vouloir? La société ne crée pas nos puissances psychiques individuelles; elle en assure le développement par le concours des autres individus, non moins *naturellement* doués que nous, et non pas *socialement* doués. « Il n'y a qu'un *être conscient* qui puisse être investi d'une autorité comme celle qui est nécessaire pour fonder l'ordre moral. Dieu est une *personnalité de ce genre*, ainsi que *la société*. Si vous comprenez pourquoi le croyant aime et respecte la divinité, quelle raison vous empêche de comprendre que l'esprit laïque puisse aimer et respecter la *collectivité*, qui est peut-être bien tout ce qu'il y a de réel dans la notion de la divinité (2)? » — Le croyant répondrait sans doute qu'il conçoit son Dieu

(1) *Bulletin de la Société de philosophie*, 1906, page 192.
(2) M. Durkheim, *Ibid.*, p. 192.

comme une réalité vivante, tandis que la « collectivité » est une abstraction sans vie, ou qui n'a d'autre vie que celle qui lui est conférée par des individus et par leurs réactions mutuelles. A voir cette déification de la société, qui sort du domaine de la science, on s'explique que, pour M. Durkheim, la morale soit simplement « un succédané de la religion ». C'est, en effet, une religion humanitaire qui nous est proposée par les néo-positivistes comme par les socialistes. La « science des mœurs » finit en théologie sociale. C'est, au sens propre du mot, la *piété sociale* qu'on exige de nous et de nos enfants envers la conscience collective, comme les prêtres nous commandent la piété envers Dieu.

A la suite du positivisme de Comte, nous venons de voir le néo-positivisme de M. Durkheim fonder les obligations de l'individu sur une sorte de réalité « sous-jacente » qui le pénètre et le dépasse, sur une sorte de « grand Être » qui, en dernière analyse, est l'humanité. Nos jugements de valeur sont venus se suspendre à nos jugements sur la réalité de cet être. Si donc, sur cette question, nous ne sommes pas « réalistes », comme on disait au moyen âge, si nous sommes simplement nominalistes ou conceptualistes, le soutien de la morale s'écroule avec l'idée de l'humanité comme *être réel*, comme *conscience réelle*.

« Si l'on ne parvient pas, dit excellemment M. Durkheim, à rattacher l'ensemble des idées morales à une *réalité* qu'il soit possible de faire toucher du doigt à l'enfant, l'enseignement moral est inefficace. Il faut donner à l'enfant la sensation d'une réalité, source de vie, d'où lui viennent appui et réconfort. Mais il faut pour cela une réalité concrète, vivante (1). » Cette réalité, selon M. Durkheim, ne peut jamais être que la société où nous avons l'être, le mouvement et la vie. La société, dit-il, est « une puissance morale supérieure, jouissant d'une sorte de *transcendance* analogue à celle que les religions prêtent à la divinité ». Nous voilà de nouveau dans le domaine de la métaphysique. Il faudrait s'expliquer sur cette « sorte » de transcendance qu'on prête à une nation, par exemple, et qui ne saurait être la transcendance véritable d'une divinité indépendante du monde. Il faudrait nous dire pourquoi et comment une nation est un être véritable, distinct des individus et de l'organisation formée avec les individus, en quoi consiste la réalité propre de cet être, sa vie propre. Personne ne refusera à la nation, pas plus qu'à une armée ou simplement à un syndicat, « une puissance » supérieure au point de vue de la force, mais pourquoi cette puissance est-elle « morale », non pas seulement physique ou même psychique? M. Durkheim conclut : « S'il existe en dehors des individus quelque chose d'*empiriquement* déterminable qui les *dépasse*, quelle difficulté spéciale peut-il y avoir à leur en donner le sentiment (2) ? » La difficulté, croyons-nous, consistera à leur donner un sentiment de véritable obligation par rapport à une réalité collective qui ne les dépasse qu'*empiriquement* par sa *puissance*, par la *pression* qu'elle exerce, par la *contrainte* qu'elle peut exercer. En tout cela, il n'y a toujours rien de proprement moral. Si je suis

(1) *Bulletin de la Société de philosophie*, 1906, p. 227.
(2) *Bulletin de la Société de philosophie*, juillet 1909.

fait prisonnier par une tribu sauvage, j'ai le sentiment « de quelque chose d'empiriquement déterminable qui me surpasse », qui me contraint. Je n'ai pas pour cela le sentiment d'une puissance *morale* supérieure. Il reste donc toujours à caractériser le moral, par rapport au « *tribal* », au *national* et même au *mondial*.

Mais une nouvelle difficulté se présente. Qu'est-ce que la société en général, sinon l'humanité entière ? Or, on nous a dit que l'Humanité, donc aussi la société, n'est pas encore organisée et réalisée, ni, par conséquent, douée d'une conscience propre. Quelle est donc la société dont on veut faire une conscience commandant à la nôtre? Ce ne peut être que la société particulière et fortement organisée où nous vivons, par exemple la France. La morale humanitaire devient ainsi une morale toute nationale, un conformisme nationaliste. Nous voilà tiraillés entre le nationalisme et une sorte de socialisme internationaliste.

De plus, est-ce à la conscience de la France passée, de la France présente ou de la France à venir que nous, Français, nous devons conformer nos actes et nos consciences mêmes? Nous voilà tiraillés entre le traditionalisme et le progrès. Évidemment, les néo-positivistes et socialistes humanitaires seront pour le progrès. Ils diront que, d'après le passé et le présent, on peut, en une certaine mesure, conjecturer l'avenir par l'emploi des méthodes sociologiques. Pourtant, l'embarras reste considérable. Supposons que, d'après les conjectures des sociologues, la France de l'avenir doive abolir le mariage et la propriété, qui actuellement existent. Comment, entre le présent et le futur, faudra-t-il agir? A quelle conscience sociale dominant la nôtre faudra-t-il nous référer? La conscience humanitaire et mondiale est encore à l'état de nébuleuse; la conscience de la France à venir est aussi passablement nébuleuse; la conscience de la France présente, en supposant qu'elle soit une vraie conscience, un vrai moi, a seule quelque consistance. Pourtant, notre obéissance au présent ne saurait être aveugle et sans réserve. Comment faire? Où trouver une vraie règle *sociale* de *conduite* qui ne soit pas un pur autoritarisme, ni un libéralisme outré?

L'individu que je suis, dit M. Durkheim pour développer la thèse exclusivement sociologique, « ne constitue pas une fin ayant *par elle-même* un caractère moral »; dès lors, il en est nécessairement de même « des individus qui sont mes semblables et qui ne diffèrent de moi qu'en degrés, soit en plus, soit en moins ». — Non, répondrons-nous, l'individualité *intelligente* et *aimante* constitue par elle-même une fin. En outre, l'argumentation qui précède se retourne contre la conception purement sociale du bien. S'il est vrai, comme le prétend le socialisme humanitaire, qu'aucun individu n'ait par *lui-même* un caractère moral, les autres individus ne l'auront pas davantage, et la société humaine, composée d'individus dont aucun n'a par soi un caractère moral, n'en aura pas plus elle-même que n'en aurait une société d'animaux supposés sans aucun degré d'intelligence, de bonne volonté, d'altruisme. Une association de voleurs ou d'assassins, une *maffia* ou *camorra*, n'est pas plus morale que ses membres. Il faut donc toujours en revenir à l'individu pour chercher en lui le fondement premier de la moralité, qui est le pouvoir qu'à l'individu de se dépasser lui-même par la pensée et par la volonté de l'universel pouvoir que la société amplifie infiniment sans pouvoir le créer.

Comment donc croire que les « valeurs » soient toutes « sociales » et qu'aucune ne soit inhérente à la personnalité comme telle? De l'aveu de M. Durkheim comme de tous les moralistes, si les valeurs morales, telles que la *dignité humaine*, s'imposent à nous et prennent la forme obligatoire, c'est qu'elles sont *incommensurables*, incomparables avec *les autres valeurs* : « Cela est d'un autre ordre », disait Pascal ; cela est « hétérogène », dit-on aujourd'hui. C'est pour cela que la personne humaine a une valeur proprement dite, non un « prix » ; c'est pour cela qu'elle est sacrée : *homo res sacra homini*. Les partisans de la science des mœurs reconnaissent ce caractère du « moral », mais ils croient l'expliquer historiquement par le caractère sacré que les religions attribuent à certains objets « séparés » des choses profanes, « mis à part », et auxquels on ne peut toucher sans les profaner. C'est toujours le *tabou*. Selon nous, quelque mêlées que soient les idées religieuses aux idées morales, celles-ci ne sont pas celles-là. Si le sacré fut d'abord tel ou tel objet de religion ou même de superstition, il a fini par être et il est de nos jours la conscience même de l'homme, en tant que posant : 1° sa primauté par rapport à toute autre valeur; 2° son universalité possible. De là l'idée de l'infini, de l'incommensurable, de l'inestimable qui est dans la conscience. Nous n'admettons donc nullement que le caractère sacré ait été « *surajouté* » à l'individu « par la société ». Analysez la constitution de l'homme, dit

M. Durkheim, et vous n'y trouverez rien « de ce caractère sacré dont il est actuellement investi et qui lui confère des droits ». C'est la société qui a « consacré l'individu », c'est elle qui en fait la « chose respectable par excellence (1) ». Nous trouvons, au contraire, dans la constitution même de l'intelligence, de la sensibilité, de la volonté, le vrai principe de la valeur appartenant à la personne et sans laquelle l'ensemble des personnes, la société serait : 1° sans réelle valeur; 2° sans idée de valeur; 3° sans aucun pouvoir de conférer une valeur et une dignité. Le *sacré* se réalise en se concevant et il ne se conçoit que chez la personne. La *valeur* morale et sociale est une valeur qui s'engendre elle-même par la pensée. L'obligatoire, dans les religions et dans les corps sociaux, n'est pas toujours identique au sacré, mais, dans l'ordre vraiment moral, les deux idées sont connexes. La forme impérative de l'obligation est sans doute due en grande partie à des conditions tout empiriques dont la plupart sont sociales, mais le fond *persuasif* de l'obligation est une conséquence du caractère de *primauté* qui, appartenant à la conscience, la *consacre* en face de tout le reste et lui confère une valeur relativement infinie, impossible à calculer et à mesurer objectivement. En tout cas, quelles que soient les origines historiques du *sacré*, l'homme doit faire aujourd'hui ce que fit Napoléon à son sacre : de ses propres mains, l'empereur victorieux mit sur sa tête le diadème; l'homme doit se sacrer lui-même par sa pensée.

---

(1) *Bulletin de la Société de philosophie, ibid.*, p. 187.

VI

Guyau a déjà dirigé contre la religion humanitaire des critiques qui nous paraissent capitales. Il examine l'idée du « genre humain » au double point de vue de la causalité et de la finalité, et il trouve qu'elle ne satisfait pleinement aucun de ces deux grands besoins de l'esprit. Au point de vue des causes, dit-il, « l'Humanité est un simple chaînon dans la série des phénomènes. » Elle est un point perdu dans l'espace, un point perdu dans le temps. Si Guyau eût connu la théorie nouvelle qui attribue à l'Humanité, tout au moins à la société une véritable « transcendance », il eût sans doute refusé d'admettre qu'un chaînon de la série universelle puisse être « transcendant » par rapport à un autre chaînon, également attaché à cette chaîne et en faisant partie. Au point de vue de la finalité, l'Humanité, selon Guyau, constitue une fin inexacte pratiquement et insuffisante théoriquement. Elle est pratiquement inexacte parce que « la presque totalité de nos actions se rapportent à tel ou tel petit groupe humain, non à l'humanité tout entière ». C'est d'ailleurs ce que reconnaissent aujourd'hui les néo-positivistes, qui parlent seulement de « la société » et qui, quand on les presse, finissent par parler de « telle société », comme la société française ou allemande. L'Humanité, ajoute Guyau, est une fin théoriquement insuffisante, parce qu'elle nous apparaît comme peu de chose dans le grand Tout. « Elle constitue un idéal borné, et en somme, à regarder de haut, il est aussi vain de voir une race se prendre elle-même pour fin suprême qu'un individu. On ne contemple pas éternellement son propre nombril, et surtout on ne l'adore pas (1). » Guyau ajoute une remarque profonde. « On ne peut pas espérer former une religion en alliant simplement la science positive et le sentiment aveugle. » C'est là, en effet, la contradiction intime qui travaille le positivisme. D'une part, il a le culte de la science positive, qui résout toutes choses y compris l'Humanité ou les sociétés humaines en faits observables et en lois, et qui, par cette analyse, leur enlève tout caractère sacré. D'autre part, le positivisme veut que nous conservions une sorte de sentiment aveugle qui nous pousse à adorer le genre humain comme une réalité transcendante, inexplicable, irréductible au déterminisme des faits et des lois, au mécanisme universel de la Nature. Mais ce positivisme et ce mysticisme s'excluent. Quand vous aurez décomposé une montre en ses rouages et expliqué par la mécanique le mouvement de l'aiguille, il ne vous viendra jamais à l'idée d'adorer l'aiguille indicatrice et bienfaisante. Guyau était de ceux qui croient à la force des idées pour dissoudre comme pour construire. Un sentiment qui cesse d'être aveugle pour se rendre compte à lui-même de ses propres raisons subsistera si ces raisons lui apparaissent comme vraies et bonnes, mais il se dissoudra si elles lui apparaissent comme illégitimes et illusoires. Il faut donc justifier le culte du genre humain, si on veut que le sentiment instinctif qui l'anime ne disparaisse pas devant la « science positive ». « Auguste Comte, re-

(1) *L'Irréligion de l'avenir, étude sociologique*, p. 314.

marque Guyau, semble croire que nous aurons toujours besoin d'adresser un culte au moins à une personnification imaginaire de l'Humanité, à un Grand Etre, à un Grand Fétiche; ce serait faire du fétichisme une sorte de catégorie d'un nouveau genre, s'imposant à l'esprit humain comme les catégories kantiennes. Le fétichisme ne s'est jamais imposé à nous de cette manière. Au point de vue intellectuel, il s'appuie sur des raisonnements dont on peut démontrer la fausseté; au point de vue sensible, sur des sentiments déviés de leur direction normale et qu'on peut y ramener. Si parfois l'amour s'adresse à des personnifications, à des fétiches, c'est seulement à défaut de personnes réelles, d'individus vivants : — telle nous semble être, en sa plus simple formule, la loi qui amènera graduellement la disparition de tout culte fétichiste (1). » Aussi bien les néo-positivistes sont-ils loin de vouloir prêcher un tel culte; ils s'efforcent, comme nous l'avons vu, de nous montrer dans la société une « réalité » expérimentale qui nous dépasse expérimentalement. Mais ils ne réussiront pas, selon nous, à faire de la société un être réel, surtout un être conscient, distinct *expérimentalement* des personnes et consciences personnelles qui la composent. Dès lors, notre sentiment de respect et d'amour va, derrière la personnification de la société, aux personnes vivantes et conscientes qui la forment, ou aux grandes idées que poursuit le groupe de ces personnes passées, présentes et à venir.

On compte sur le socialisme pour amener l'avène-

---

(1) *L'Irréligion de l'avenir*, p. 315.

ment d'une religion sociale et humanitaire. A cet égard, il est intéressant de connaître encore la pensée de Guyau, esprit aussi clairvoyant que libre et sincère. Il fait d'abord remarquer que l'histoire nous offre des exemples de l'idée sociale mêlée à l'idée religieuse et contribuant à lui communiquer une force d'expansion extraordinaire. Les grandes religions à portée universelle, le christianisme, le bouddhisme, ont eu au plus haut degré, à leur début, le souci des misères sociales et des remèdes qu'elles réclament, elles ont prêché le partage des biens et la pauvreté pour tous ; c'est une des raisons pour lesquelles elles se sont propagées avec tant de rapidité parmi le peuple. Mais, dès que la période d'établissement succède à la période de propagation, ces religions tendent à une sorte d'individualisme : « elles ne promettent plus l'égalité que dans le ciel ou dans le Nirvâna. » Guyau n'en admet pas moins qu'un certain mysticisme peut s'allier au socialisme, « lui empruntant et lui communiquant de la force. Un socialisme mystique n'est nullement irréalisable dans certaines conditions et, loin de faire obstacle à la libre pensée religieuse, il pourra en être une des manifestations les plus importantes. » Mais, selon lui, ce qui a rendu jusqu'ici le socialisme impraticable et utopique, c'est qu'il a voulu s'appliquer à la société tout entière, non à tel ou tel petit groupe social. « Il a voulu être socialisme d'Etat, de même que toute religion rêve de devenir religion d'État. » L'avenir des systèmes socialistes et des doctrines religieuses, selon Guyau, c'est de s'adresser à des groupes, plus ou moins délimités, non à des masses confuses, « de provoquer des associations très variées et multiples au sein du grand corps social. » Comme le reconnaissent ses partisans les plus convaincus, le socialisme exige de ses membres, pour sa réalisation, « une certaine moyenne de vertus qu'on peut rencontrer chez quelques centaines d'hommes, non chez plusieurs millions ». Il cherche à établir « une Providence humaine qui ferait très mal les affaires du monde, mais peut encore veiller assez bien sur quelques maisons ». Le socialisme veut plus ou moins faire un sort à chaque individu, « fixer ses destinées, donner à chacun une somme de bonheur même en lui assignant une petite case de la ruche sociale ». C'est « un fonctionnarisme idéal » et « tout le monde n'est pas né pour être fonctionnaire », c'est la vie prévue, assurée « sans mésaventures et aussi sans grandes espérances, sans les hauts et les bas de la bascule sociale, existence quelque peu utilitaire et uniforme, tirée au cordeau comme les planches d'un potager, impuissante à satisfaire les désirs ambitieux qui s'agitent chez beaucoup d'entre nous ». Le socialisme, soutenu aujourd'hui par les révoltés, aurait besoin au contraire pour sa réalisation, dit Guyau, « des gens les plus paisibles du monde, les plus conservateurs, les plus bourgeois ». Gabriel Tarde, dans sa *Psychologie économique*, cite, en les approuvant, ces appréciations du socialisme. On sait que Guyau a donné, en morale et en sociologie, une importance toute nouvelle à l'idée du « risque » et qu'il en tire les considérations les plus originales. Il l'applique également au problème de la morale et de la religion socialistes. Le socialisme, dit-il, « ne donnera jamais un aliment suffisant à cet amour du risque, qui est si vif en certains cœurs, qui porte à jouer le tout pour le tout, — toute la misère contre toute la fortune, — et qui est un des facteurs essentiels du progrès humain ». La même idée devait se retrouver chez Nietzsche, l'apôtre de la « vie dangereuse », l'ennemi du terre à terre bourgeois ou philistin, l'ennemi du train de vie uniforme et monotone dont certains systèmes socialistes semblent nous menacer.

Peut-être Guyau et Nietzsche ont-ils exagéré l'absence d'idéal et la routine bureaucratique à laquelle une société collectiviste serait vouée. L'avenir est le livre aux sept sceaux, comme dit Marx. Mais il faut convenir que la foule n'a guère le culte des lettres et des arts, de la haute poésie et de la haute philosophie. La foule est volontiers utilitaire, d'autant plus qu'elle est obligée de songer à ses intérêts matériels. En outre, elle ne voit guère que l'utilité immédiate et présente. Le vice des démocraties fut toujours l'absence de vues lointaines et désintéressées. Enfin ce fut toujours aussi la tendance à étouffer les élites au profit de la médiocrité, qui forme la majorité. Le peuple confond aisément les aristocraties naturelles, dues au talent et au mérite, avec les aristocraties artificielles et castes sociales; il confond l'égalité brute avec l'égalité des droits et ne demande qu'à tout niveler sous prétexte d'égalité. Nous en avons vu encore un récent exemple dans ces prétendues réformes de l'enseignement secondaire qui ont abouti à « l'égalité des sanctions » pour des études de valeur inégale, de difficulté inégale et même de durée inégale. Sous prétexte de favoriser l'industrie, le commerce, l'agriculture, la colonisation, on a ouvert l'accès des fonctions libérales et des écoles du gouvernement à tous les élèves munis d'un diplôme quelconque. De là un double résultat : l'abandon de plus en plus marqué des professions industrielles et l'abaissement des niveaux dans les professions libérales comme dans tout l'enseignement secondaire. Comment se comporterait, à l'égard de l'enseignement supérieur et des professions libérales, à l'égard de la haute littérature et du grand art, une démocratie socialiste gouvernée par la classe ouvrière ou paysanne, c'est ce qu'il est difficile de savoir, mais ce qui n'est pas sans inspirer des inquiétudes. Il est à craindre que poètes et métaphysiciens ne soient un jour bannis, même sans être couronnés de fleurs, de telle ou telle république collectiviste. D'autre part, si l'on veut un exemple du peu de cas que font les foules de l'intérêt général, actuel et surtout à venir, quand des intérêts personnels et immédiats sont en jeu, qu'on se souvienne des récents troubles du Midi à propos des vins et des troubles de la Champagne à propos de la « délimitation ». Devant certaines considérations pécuniaires, l'idée même de la patrie semble prête à s'obscurcir et à sombrer dans certains cerveaux ; que serait-ce de l'idée, plus lointaine et plus vague, d'humanité ? La religion humanitaire aurait peu de prises sur les vignerons du Nord ou du Midi.

Les idées syndicalistes et les idées coopératives aboutissent à des sentiments plus désintéressés en vue du groupe ; mais ce n'est encore qu'un groupe, dont les intérêts particuliers sont érigés en chose sacrée, intangible, objet d'un dévouement absolu. Et ces intérêts au fond se résolvent en intérêts individuels, auxquels on sacrifie théoriquement et pratiquement l'intérêt de la nation, à plus forte raison celui de l'Humanité.

Ajoutons que la forme du socialisme qui est aujourd'hui la plus en honneur est le marxisme, qui constitue presque toute la morale et toute la religion d'un nombre considérable de travailleurs. Or, les trois grands principes de cette morale, les trois dogmes de cette religion sont, en premier lieu, le matérialisme économique ; en second lieu, comme conséquence, la lutte de classe ; en troisième lieu, comme conclusion dernière, la théorie des crises et de la « catastrophe » finale. Le dogme du matérialisme économique aboutit à soutenir que ce sont les intérêts matériels qui dominent tout le mouvement social. Mais les intérêts matériels, loin de rapprocher les hommes dans l'idée et l'amour de l'humanité, sont le principal facteur des divisions, haines et guerres : intérêt matériel et égoïsme sont inséparables. Aussi le second dogme de la religion marxiste est-il la lutte des classes, dogme de haine et de guerre sociale, qui fait bon marché des considérations humanitaires. Nous sommes ainsi amenés par le marxisme à ne voir dans le mouvement économique et social qu'une série de crises, révolutions et catastrophes, aboutissant à la grande catastrophe de la fin : passage de tout le capital aux mains du prolétariat. Alors, alors seulement reparaît l'idée d'Humanité, car, selon Marx, le prolétariat se confond avec l'Humanité même, et celle-ci triomphera de son triomphe. Mais, en attendant l'avènement lointain de l'Humanité, la morale est une morale de classe, la religion est une religion de classe.

Au reste, le socialisme matérialiste n'est pas le seul ;

il existe, il a existé autrefois un socialisme idéaliste, objet des sarcasmes de Marx ; mais ce socialisme n'existe plus guère. Il peut renaître, il faut espérer qu'il renaîtra. S'il renaît, ce sera sous l'empire d'idées morales et religieuses qui sont indépendantes du socialisme, qui ont leur source ailleurs que dans la « science sociale des mœurs » ou dans l' « économie sociale ». Mais il est douteux que l'idéalisme fasse de grands progrès dans les masses, surtout si on leur prêche la « violence » comme étant leur premier droit et leur premier devoir.

Heureusement, une puissance se développe qui s'impose à tout et s'imposera de plus en plus : la science. Comme les résultats scientifiques sont visibles et palpables, la foule elle-même s'en émerveille : on voit grandir la religion de la science et même la superstition de la science ; ce qui est à craindre, ici encore, c'est que la domination des masses n'aboutisse à une orientation de la science vers les résultats pratiques et techniques, à l'exclusion des hautes théories, qui sont précisément l'âme de la science. Voyez l'engouement démesuré des foules pour les expériences d'aviation et les prouesses aériennes. Les masses se passionnent pour ces entreprises qui frappent leurs yeux. L'amour du risque reparaît ici, et cet amour est si vivace que, malgré les craintes de Guyau, il ne disparaîtrait pas, croyons-nous, de la plus sage république collectiviste. Les fonctionnaires mêmes de la bureaucratie sociale encourageraient et entretiendraient aux frais du public les entreprises aériennes les plus risquées, pourvu qu'on ne les obligeât pas eux-mêmes à courir les risques. Sous tous les régimes, les merveilles visibles de la science auront toujours le don de transporter les esprits. Et il faut s'en féliciter.

La science, avec le savoir, donne le pouvoir sur la nature, qu'elle permet de soumettre aux fins humaines. On sait que les deux grands fondements des religions primitives furent la magie et l'animisme. La magie était la science des premiers peuples, l'animisme était leur philosophie. L'homme ne pouvait concevoir les choses extérieures qu'à sa propre image et ressemblance : il leur prêtait donc la vie et leur donnait une âme. La foudre qui tombait sur sa tête lui paraissait avoir des intentions hostiles ; le soleil qui venait l'éclairer chaque matin avait des intentions bienveillantes. Or, tout étant animé dans les forces de la nature, il s'ensuivait logiquement que le moyen de se concilier ou de se soumettre les forces naturelles était de les traiter par des prières ou des menaces, par des incantations, par des paroles ou gestes d'une vertu magique. La magie et l'animisme réunis ont formé les religions antiques ; puis, peu à peu, de la magie est sortie la science, de l'animisme est née la philosophie. Dans les sociétés à venir, ces deux éléments subsisteront sous une forme ou sous une autre ; au sein des masses, la forme de la science gardera quelque chose du merveilleux qui frappe l'imagination ; la forme de la philosophie populaire conservera aussi quelque chose de l'animisme antique. L'humanité a toujours modelé les puissances naturelles ou surnaturelles sur les formes de sa propre pensée et de sa propre vie, comme Hélène, pour honorer la déesse de la Sagesse, lui offrit une coupe d'ambre moulée sur son sein.

VII

Dans son livre intéressant et sincère sur la *Morale scientifique*, M. Albert Bayet a très logiquement tiré les conséquences du système qui ramène entièrement la morale à la science des mœurs, à la sociologie et à la religion sociale. Ces conséquences ne sont autres que la réduction des idées morales, comme telles, à des illusions dont la société profite. Ces idées ne sont plus d'ailleurs, selon lui, que des « idées-mortes », et c'est le titre même de son dernier ouvrage. M. Durkheim, rejetant de telles conséquences, a répondu : — Qu'est-ce qui empêche « de considérer les obligations qui s'imposent à nous comme des *faits*, aussi définis et aussi réels que les faits de la nature matérielle ? C'est un fait que nous nous sentons, que nous sommes obligés, et obligés de telles et telles façons. Il n'est rien de plus contraire à l'esprit scientifique que de nier les faits (1). — Sans doute, mais il serait également contraire à l'esprit scientifique de passer d'un sens à l'autre du même mot. « Or, nous nous *sentons* obligés » ne permet pas de conclure : « Nous *sommes* obligés. » La seconde proposition, à notre avis, ne découle nullement de la première, car le sentiment d'obligation, quoique universel, peut être subjectif, partiellement ou totalement illusoire, tout comme peut être subjectif, selon Spinoza, le sentiment

---

(1) M. Durkheim, *Année sociologique* (9e année, p. 326). Compte rendu consacré au livre de M. Albert Bayet.

vulgaire du libre arbitre, auquel le *sentiment* d'obligation est lié.

Il faut nécessairement, dit M. Durkheim, considérer comme des *choses* objectives, comme des réalités *fondées* et *normales*, des *croyances* et *pratiques* morales que l'on observe de tout temps dans toute espèce de sociétés. « Car si l'universalité n'est pas le signe de la *normalité*, — où trouver ce signe? Si un fait qui se retrouve partout n'est pas *objectif*, qu'est-ce qui mérite d'être appelé de ce nom (1) ? ». — Ériger ainsi en réalités *objectives* des croyances universelles, est-ce vraiment légitime ? Ces croyances sont réelles comme croyances et faits *subjectifs*, mais leur objet est-il réel ? Tout est là. Que de gens croient au « hasard », à la « chance » ? Il fut un temps où l'humanité entière était convaincue que le soleil tourne autour de la terre : cette croyance *naturelle* et normale était-elle objective ? Si vous posez en principe que des croyances et pratiques qui s'observent en tous lieux et en tous temps sont « des réalités fondées et normales », vous aboutirez à légitimer toutes les superstitions, car quoi de plus universel que la superstition ? Il y a encore aujourd'hui bien des « incrédules » qui croient à la vertu néfaste du treize à table ou de la salière renversée. La foi à la magie, à la sorcellerie, a été universelle dans les sociétés humaines. Aujourd'hui encore on fait tourner des tables et on interroge les esprits (2). L'emploi constant et à

(1) *Id.*, *ibid.*, p. 325.

(2) Adolphe Franck m'a jadis raconté qu'il avait vu une table tourner et répondre fort intelligemment par des coups, à des savants, qui interrogeaient Moïse ; ce que voyant, il posa ironiquement au prophète une inter-

double entente des mots *réalité*, *faits*, *choses*, n'a de scientifique que l'apparence; il déguise les difficultés sans les résoudre. A vrai dire, ne laisser à la morale qu'une objectivité *sociale*, c'est précisément lui enlever son objectivité interne et spécifique.

Les sociologues pourraient admettre, en raisonnant comme ils le font, et ils admettent en effet une *réalité religieuse*, composée de tous les faits religieux reliés entre eux, parmi lesquels se trouvent ce qu'on pourrait appeler le « fait mahométan », le fait bouddhiste. Mais ils auraient beau nous dire, comme pour la morale : La religion mahométane « n'a pas plus besoin d'être fondée que la nature... Toutes deux ont une existence de fait... et leur objectivité ne peut être contestée » ; nous leur répondrions que le terme religion est un mot général, désignant un ensemble de croyances, de mystères et de rites, peu comparables à la nature, depuis les sacrifices à Moloch jusqu'aux cérémonies des Mormons. Et nous demanderions si, pour se faire mahométan plutôt que bouddhiste, il n'est pas besoin de *fondements*, c'est-à-dire de raisons commandant l'adhésion intellectuelle et volontaire. Ces raisons seront ou des faits historiques vraiment établis, ou un système d'idées philosophiques et morales, de sentiments relatifs à ces idées, etc. Le tout devra être soumis à une critique attentive, et personne ne se retranchera derrière des affirmations aussi imprécises que celle-ci : La religion n'a pas besoin

rogation en hébreu. Moïse ne put répondre ; il avait oublié l'hébreu et ne connaissait plus que le français ! Malgré l'expérience assez concluante du philosophe, les savants qui croyaient au spiritisme n'en continuèrent pas moins de soutenir que Moïse était présent.

d'être fondée, ou, plus particulièrement, le mahométisme n'a pas besoin d'être fondé, puisqu'il existe hors de nous. Toute religion, encore une fois, est une réalité « objective », en ce sens qu'elle est l'expression d'une collectivité sociale, de ses besoins d'union, des idées par lesquelles et dans lesquelles ses membres s'unissent; mais s'ensuit-il que le mahométisme ou le bouddhisme soient objectifs autrement que comme ensembles de faits sociaux? Ne reste-t-il pas à savoir si Mahomet ou Bouddha ont réellement opéré tels ou tels miracles et si le surnaturel auquel ils ont cru est vraiment objectif, et même naturel? Toute l'histoire des mœurs et institutions religieuses remplacera-t-elle la critique directe et scientifique? Mœurs et institutions, à elles seules, ne sont pas plus la religion et la morale que l'Arc de Triomphe de l'Etoile n'est le génie de Napoléon.

VIII

Parmi les sociologues épris de l'humanité, nous voyons subsister de nos jours, à côté des disciples d'Auguste Comte, les utilitaires de l'école de Stuart Mill. On sait combien le principe de l'utilité est ambigu et propre à engager dans les directions les plus diverses. Dans toute théorie purement utilitaire, on doit faire abstraction de la valeur intrinsèque appartenant à la conscience personnelle, à toutes les fonctions mentales de la personne; comment alors motiver le sacrifice de la personne à un intérêt qui n'est plus qu'une somme d'intérêts particuliers, compliqués par leur combinaison?

Nous admettons fort bien, pour notre part, que l'idéal social, grâce à une bonne éducation morale, puisse déterminer la volonté de l'individu ; mais c'est parce que l'individu mettra dans cet idéal social des valeurs fondées sur la nature même de l'homme intelligent et aimant, sur sa constitution comme être conscient, capable de concevoir les autres et le tout en même temps que lui-même. Si, au contraire, dans l'idéal social, il n'y a que des intérêts, cet idéal ne pourra logiquement me déterminer que quand il sera d'accord avec mon intérêt propre. Intérêt, au fond, c'est jouissance, et l'individu seul peut jouir, non la société, quelque collectiviste ou communiste qu'elle devienne ; si donc il n'y a dans l'idéal social qu'un idéal de jouissance en commun, je ne pourrai respecter et aimer cet idéal lorsque les jouissances de la communauté seront l'anéantissement de mes jouissances propres. Par malheur, la prétention de prouver que le bonheur de l'individu et le bonheur de la collectivité coïncideront a été nommée la quadrature du cercle en morale.

Certains utilitaires, pour faire accepter à l'individu l'intérêt social, fût-ce *aux dépens* de son intérêt propre, comptent sur le « désintéressement instinctif ou éclairé » de l'homme, c'est-à-dire sur une force morale qui est précisément en dehors des principes de leur système utilitaire et individualiste, logiquement entendu. Ils tentent de mettre à profit, en vue de l'intérêt social, la force même du désintéressement individuel. Pour cela, ils la prennent telle quelle, comme une donnée de fait, sans la soumettre à l'analyse et à la critique scientifiques. Cette analyse et cette critique, en effet, si elles étaient faites au point de vue du seul utilitarisme, risqueraient fort de découvrir dans le désintéressement quelque chose d'illogique pour tout individu pénétré du principe utilitaire, c'est-à-dire persuadé que le bien est uniquement l'utile. Quand on m'aura fait comprendre, à moi, individu, les conditions de statique et de dynamique sociales nécessaires à la prospérité de mon groupe ou même de l'humanité (qui, comme telle, est plus une idée qu'une réalité), pourquoi devrai-je sacrifier à ces conditions mon plaisir, mon intérêt, ma vie même ? — Parce que le désintéressement est nécessaire à la vie sociale. — Sans doute, mais il peut être fatal à ma vie individuelle ou à mon bonheur individuel.

« Les individus, nous dit M. Landry, dans ses *Principes de morale rationnelle*, comme les moments du temps, sont tous pareils devant la raison. » — Mais les moments du temps ne sont pareils que si on en retire la réalité pour ne laisser que des abstractions. En fait, le moment où je pleure et le moment où je ris ne sont nullement pareils. De même, comment négliger, dans les individus, les différences réelles, ce qui constitue leur individualité pour ne considérer que leurs ressemblances abstraites? Il faudrait dire alors que tous les animaux sont pareils puisqu'ils sont tous animaux, que les végétaux sont pareils aux animaux puisqu'ils sont vivants comme eux. La justice morale des hommes n'est pas fondée sur la suppression de leurs différences par la raison abstraite, mais sur l'identité en eux de certaines virtualités supérieures : ils possèdent la conscience réfléchie et ce qu'on nomme la raison conçue non comme simple pouvoir d'abstraire, mais comme pouvoir de concevoir l'universel, surtout l'universelle société des consciences. Quand il s'agira de décider « Primus » à sacrifier sa vie pour « Secundus », il ne suffira pas de lui dire que l'intérêt de l'un est égal à l'intérêt de l'autre quand on fait abstraction de ces différences qui sont *moi* et *toi* : un jeu d'abstractions n'a jamais décidé personne au sacrifice.

Certains sociologues utilitaires, par exemple M. Belot, voient dans la vie en société « la *condition* commune et globale de toutes les activités et de toutes les fins humaines quelles qu'elles soient ». De plus, ajoutent-ils, la société « coordonne et organise *architectoniquement* tous les vouloirs ». Par conséquent, « dès qu'on *veut* quelque chose, on veut en principe *la société*, et il est possible de montrer qu'on doit la vouloir (1) ». Nous répondrons qu'une « condition commune et globale », non seulement n'est pas une fin supérieure pour l'individu, mais encore n'est qu'un moyen commun et non une fin. L'espace et le temps sont des conditions plus que globales pour toute activité ; le globe que nous habitons est lui-même une condition globale. Cependant, nous ne respectons pas pour cela l'espace, le temps, la terre, à moins d'embrasser la religion de Comte. — La société, dit-on encore, devient, pour les individus, fin suprême, « parce qu'elle est *moyen* universel ». — Nous ne croyons pas, pour notre part, qu'il soit scientifique de changer l'idée de moyen, même universel, en idée de fin. Que la monnaie soit un moyen universel pour se procurer tous les objets

(1) M. Belot, *Revue philosophique*, 1907, p. 336.

qui sont à vendre, cela ne prouve pas qu'elle soit une fin. L'erreur de l'avare est précisément de prendre pour fin un simple moyen. Il est vrai que les utilitaires anglais assimilent la vertu à l'avarice. A vrai dire, tout moyen n'a qu'une valeur provisoire; le jour où un instrument dont je me servais me devient inutile ou nuisible, je le mets de côté. Si la société n'est qu'un moyen, le jour où, exceptionnellement, elle se trouvera contraire à mes fins, je me délivrerai des lois sociales et moyens sociaux. Nous cherchons vainement, chez les sociologues utilitaires, la démonstration scientifique de ce théorème que la société serait la condition de toutes les fins et activités humaines, quelles *qu'elles soient*. Elle est la condition de leur développement progressif et de leur achèvement, oui; mais de leur existence, non. La sensibilité, l'intelligence, la volonté existent chez l'individu et, à l'origine, poursuivent leurs fins sans considération sociale. Il n'est nullement démontré qu'on ne puisse vouloir sans vouloir « en principe » la société. Le vouloir-vivre individuel n'est pas le vouloir-vivre social; il peut même y avoir conflit entre les deux. Vouloir manger ou boire, quand on est perdu dans un désert, n'est pas nécessairement vouloir la société. Vouloir voler sa nourriture aux autres n'est pas vouloir la société. Vouloir connaître la vérité n'est pas primitivement vouloir la société, quoique, secondairement, je veuille l'aide des autres hommes pour découvrir la vérité, qui est plus que sociale. Vouloir parler contre la vérité n'est pas vouloir les conditions de la société humaine.

Aucune considération sociale ne pourra empêcher la

révolte de l'individu tant qu'on ne lui aura pas montré que la société est établie pour des fins qui sont d'abord et avant tout ses vraies fins à lui-même et qui, de plus, ne sont pas simplement des fins de plaisir ou d'intérêt, l'intérêt n'étant que le plaisir différé et attendu pour l'avenir.

Certes, nous n'avons pas l'ingénuité de croire que « ce serait Platon et Kant qui auraient inventé le désintéressement et l'auraient inspiré à l'humanité (1). » Il n'en est pas moins vrai que le désintéressement, quand il est réfléchi et se rend plus ou moins compte de lui-même, — ce qui est inévitable dans les grandes occasions où il exige un effort, — repose, en fait et en droit, sur des croyances autres que celles des utilitaires, sur des idées autres que celles de la pure utilité, même sociale. Le désintéressement n'est sans doute, en pratique, la propriété de personne ; mais, théoriquement, l'appel au désintéressement n'est logique et vraiment scientifique que chez les moralistes et les éducateurs qui, en voulant l'expliquer, n'en détruisent pas consciemment ou inconsciemment le principe. La Rochefoucauld, par exemple, pouvait être un homme fort désintéressé, mais la doctrine de La Rochefoucauld explique le désintéressement de façon à en détruire l'idée et, par la force de l'idée, à en détruire la pratique chez ceux que cette doctrine aurait pleinement convaincus. Vous voyez d'ici l'effet que produirait sur la jeunesse un catéchisme selon La Rochefoucauld, où toute moralité se résoudrait en égoïsme et toute vertu en vice. L'idée d'intérêt est précisément

(1) Voyez le beau livre de M. Belot, *Études de morale positive*, p. 201.

ce qui *divise* les hommes, malgré les rapprochements qu'elle peut produire lorsqu'il y a convergence d'intérêts sur certains points.

— Croyez-vous donc, demande M. Belot, que nous ne soyons pas capable d'aimer ou de respecter la société humaine pour elle-même, sans appel à la divinité, à la raison, etc. ? Le croire, c'est une illusion analogue à celle des Hindous : « Qui soutient la terre ? C'est l'éléphant. Si vous retirez l'éléphant, la terre va s'effondrer. » — Pour notre part, nous sommes loin de prétendre que l'homme, que l'enfant même soit incapable de respecter et d'aimer la société pour elle-même ? Seulement, il faut des raisons, à qui réfléchit, pour motiver ce respect et cet amour, pour le commander ou pour le persuader. Nous doutons que les doctrines purement utilitaires trouvent ces raisons dans la *société* comme telle, sans les chercher avant tout dans la *personne* humaine. C'est alors que nous demanderons à notre tour : « Qui soutient la terre et la société ? Pourquoi voulez-vous que j'aime et respecte la société humaine si elle n'est qu'un ensemble de pauvres animaux souffrants tout préoccupés de vivre, en lutte ou en concours pour l'existence, en lutte ou en concours pour l'intérêt ? La société vaut ce que valent les personnes qui la composent ; si donc vous ne « divinisez » pas la société (et M. Belot s'y refuse avec raison), il faut d'abord montrer en moi, en vous, en tous, ce qui rend la personne humaine respectable et aimable, pour que je puisse ensuite transporter à la société mon respect et mon amour. Je ne demande pas un « éléphant » pour soutenir la société, mais je demande des consciences individuelles qui aient en elles-mêmes une valeur autre que celle qui résulte des besoins sociaux. Réclamer un appui psychologique de la morale, ce n'est pas réclamer un appui mythologique. On ne saurait donc nous prêter l'illusion de ceux qui s'imaginent, selon les expressions de M. Belot, « avoir mis hors d'atteinte et en quelque sorte *taboué* une manière d'être, de penser et d'agir, parce qu'on aura réussi à la placer sous le vocable *Raison*, tandis que tout serait perdu si l'on s'attache plus aux choses ainsi étiquetées qu'à l'étiquette même (1) ». Ce qui est une véritable *étiquette*, si nous ne nous trompons, c'est le mot *social* par lequel on croit fonder, au moyen de rapports entre les hommes, ce qui n'aurait pas d'abord son fondement dans l'homme même ; ce qui est un pur « vocable » c'est la *société*, dont on finit par faire une entité ; ce qui est un véritable *tabou*, à notre avis, c'est le *Noli tangere Societatem*, qu'on impose à la personne individuelle sans lui avoir montré, au fond même de sa conscience, la raison qui établit à la fois sa dignité et celle des autres, son inviolabilité et celle des autres. Auguste Comte parlait de *grand Fétiche* et voulait nous faire adorer le Grand Etre ; prenons garde de substituer au « fétichisme mythologique » une sorte de fétichisme *social*.

Sous aucune de ses formes, en définitive, l'utilité ne nous semble pouvoir fonder la moralité. L'éducateur *moralise* dans la mesure même où il s'élève au-dessus des conditions d'intérêt, fût-ce celui de la société. Parmi les adeptes des sciences dites psychiques, il en est qui

---

(1) M. Belot, *Etudes de morale positive*, p. 202.

espèrent qu'on arrivera un jour à lire si bien les pensées que les consciences humaines seront transparentes l'une pour l'autre. En vous parlant, je lirai dans votre pensée comme vous lirez dans la mienne. Plus de mensonge possible : tout sera à nu. Et ces adeptes des sciences psychiques en concluent que la morale sera enfin fondée sur une base scientifique, on n'osera plus mal faire ni mal penser puisqu'on saura qu'il y a des yeux qui voient au fond de nous-mêmes, comme l'œil qui regardait Caïn. Ce serait, à coup sûr, une curieuse transformation de rapports sociaux que cette mutuelle vision des cerveaux diaphanes ; certains crimes deviendraient sans doute impossibles, mais le fond des rapports moraux ne serait point changé. Quant aux moralistes, ils ne sauraient se bercer de ces rêves. En les supposant réalisés, la moralité ne serait pas pour cela mieux fondée, car elle consiste à bien agir non pas parce que les autres lisent dans votre conscience, mais parce que vous y lisez vous-même, non par crainte d'autrui, mais par respect de soi.

IX

Conclusion.

D'après ce qui précède, tous les devoirs, quels qu'ils soient, offrent un triple aspect : au point de vue de la morale privée, ils sont tous *personnels*, même quand ils ont pour objet les autres hommes; au point de vue de la morale publique, ils sont tous sociaux, même quand ils ont pour objet le moi; enfin, au point de vue de la morale philosophique, ils sont tous *universels*, quelque particuliers que leurs objets puissent être. Une éducation vraiment complète doit mettre en relief ces trois caractères inséparables qu'offre tout devoir; mais on peut accorder aux sociologues que, dans l'enseignement de l'Etat, donné au nom de la société entière, c'est le côté social des devoirs qui doit être surtout mis en lumière (1).

Maintenant, dans l'enseignement donné par les représentants de la société, quelle est la meilleure méthode à suivre pour assurer l'efficacité de l'éducation morale et sociale? Rien de plus curieux, dans l'éducation, que l'antithèse entre le culte français de la raison et le culte anglais du sentiment ou de la volonté. En France, un récent congrès d'instituteurs demandait que «la méthode rationnelle», qui consiste à ne laisser entrer dans la conscience de l'enfant ni une idée, ni une opinion, ni une croyance qui n'ait été *au préalable contrôlée par la raison*, fût employée par l'éducateur *à l'exclusion de toute autre.* » En Angleterre, résumant la méthode et la tradition de ses compatriotes, un Spencer

(1) Il est curieux de remarquer que, dans les écoles japonaises, la morale est enseignée principalement sous la forme sociale et sociologique. On peut lire à ce sujet les programmes publiés dans *les Documents du progrès* (juillet 1911) par M. Yoshio Noda. « Devoirs envers la société. L'individu. La personnalité des autres hommes. La personne, les biens et l'honneur d'autrui. Secret et promesses. Reconnaissance, amitié entre les personnes d'âges différents. Relations entre supérieurs et inférieurs. Le public. Solidarité dans la société. L'ordre et le progrès dans la société. Organisation en commun. Devoirs envers l'Etat. La Constitution et les lois. Le patriotisme, le service militaire et l'impôt. L'éducation. Les services publics. Les droits des citoyens. Relations internationales. Devoirs envers l'humanité, etc. »

vous dira, par une affirmation non moins absolue : Identifier la vie avec la raison « ce serait désapprendre à être honnête et noble » (*Facts and comments*, 1902).

Voilà donc en présence deux opinions aussi extrêmes et aussi unilatérales l'une que l'autre ; le moraliste doit les rejeter toutes les deux. D'une part, il y a une intempérance de rationalisme *dix-huitième siècle* à vouloir, par réaction contre la morale religieuse, qu'aucune idée, qu'aucune croyance n'entre dans la tête d'un malheureux enfant sans avoir été *au préalable* démontrée rationnellement. C'est comme si l'on disait : aucun sentiment du beau ne devra être introduit dans l'enseignement de la littérature ou de l'art, aucune émotion esthétique ne devra être tolérée chez un élève sans qu'on lui ait « au préalable » démontré que cela est beau, par les « méthodes scientifiques » aujourd'hui en vogue à la Sorbonne. Nos maîtres de littérature seraient singulièrement embarrassés s'il fallait prouver scientifiquement que telle poésie d'un Racine ou d'un Victor Hugo est belle ou sublime. C'est ici que le raisonnement finirait par bannir la raison et que la raison même finirait par refroidir tout amour de la beauté. Il en est de même pour le sentiment du bien, qui n'est pas affaire de géométrie. A trop vouloir faire de casuistique rationnelle sur la morale, surtout avec les enfants, on finirait par brouiller toutes les idées.

D'autre part, nous n'admettons pas, dans les méthodes de l'éducation publique, l'empirisme de sentiment cher aux Anglais. Contre Spencer, nous avons toujours soutenu que l'idée enveloppe une force, que le sentiment, qui n'est pas sensation simple, implique lui-même des perceptions, des représentations, un ensemble d'idées tendant à leur propre réalisation, ensemble trop complexe pour être analysé. Sans l'idée, il n'y a plus de sentiment véritable, il n'y a que sensation et impulsion brutes. L'œil ne sert pas seulement à voir, mais à provoquer et à diriger l'action, et, si on aperçoit un précipice à ses pieds, cette vision rend possible le rejet en arrière parce qu'elle révèle un danger soudain. C'est ce que Spencer a fini par nous accorder lui-même, il y a déjà longtemps, dans une lettre où il nous expliquait, en la rectifiant, la théorie de sa *Statique sociale* (1).

Selon nous, la morale est un ensemble d'*idées régulatrices* et les émotions éveillées par ces idées n'existeraient pas sans elles. Le sentiment du patriotisme a pour âme l'idée de patrie, idée parfaitement scientifique, justifiable à tous les points de vue par la science biologique, par la science sociale, par la science morale, par la science historique ; supprimez ou niez cette idée, comme le voudraient des sectaires, vous éteignez du coup le sentiment. Nous rejetons donc à la fois un sentimentalisme aveugle et un rationalisme glacé. L'éducateur public ne doit pas se contenter de sentiments vagues et obscurs; mais il ne doit pas davantage se contenter d'idées abstraites, appuyées sur des raisonnements sans fin. On ne doit pas avoir toujours à la bouche : « Qu'est-ce que cela prouve » ? ni mettre préalablement toutes choses en doute sous prétexte de les

---

(1) On peut voir à ce sujet la *Critique des systèmes de morale contemporains.*

fonder rationnellement. C'est cet «au préalable» qui est faux. Nous dirions donc, pour notre part : — Tout sentiment spontané du cœur, toute idée de l'intelligence, toute opinion que la société enseigne doit pouvoir être soumise au contrôle *ultérieur* de la réflexion, quoique les raisons justificatives de nos sentiments moraux, comme celles de nos émotions esthétiques, soient trop multiples pour pouvoir être *épuisées* par l'*analyse* scientifique.

Malgré l'insuffisance de ce mot de *cœur*, cher aux mystiques, tous les philosophes croient, avec Platon, Plotin et Kant lui-même, que l'intelligence abstraite, celle qui *mesure* les choses dans le *temps* et l'*espace*, celle qui n'atteint nécessairement que les *relations* des choses entre elles, non leur essence et leur intime action, que cette intelligence-là, qui n'est d'ailleurs qu'une demi-intelligence et n'engendre qu'un savoir matériel, — n'est pas tout et ne peut pas être tout. Elle laisse subsister chez l'homme, plus profondément qu'elle-même, un ensemble d'impulsions et de sentiments, en partie conscients, en plus grande partie inconscients, qui ont été déposés peu à peu par de longues actions à travers les âges. Le philosophe reconnaît là des lois constantes de la nature et de l'humanité, des instincts vivaces répondant à des réalités toujours vivantes, des habitudes innées qui ne sont pas pour cela du pur machinisme, mais qui constituent une sorte de science infuse, s'ignorant d'abord elle-même, capable pourtant, par la réflexion, de se justifier elle-même. Pour les Auguste Comte comme pour les Pascal, le cœur a ses raisons que la raison raisonnante et abstraite ne connaît pas ; —

mais ces raisons n'en sont pas moins des *raisons* philosophiques et sociologiques, fondées sur la nature, fondées sur l'expérience accumulée des générations. Philosophes et savants (je parle des vrais philosophes et des vrais savants) sont unanimes à démontrer qu'on n'a pas le droit de faire fi des tendances les plus élevées de notre nature, à nous, êtres pensants et aimants. Si les vérités morales et sociales ne se prouvent pas géométriquement ou physiquement, elles n'en sont pas moins valables pour le philosophe. Bien plus, elles sont l'objet même de la philosophie, qui doit en découvrir la nature, l'origine, le but, le fondement ultime dans nos sentiments les plus intérieurs, dans nos idées ou pensées les plus reculées et les plus vitales, qui sont aussi les vraies *forces* internes.

Les *sciences positives*, aujourd'hui envahissantes, ne sont pas, ne seront jamais tout. Et c'est précisément la philosophie qui démontre cette vérité, qui trace à la science ses méthodes et les bornes de ses recherches. C'est ce qu'on appelle la *critique de la connaissance*. Si la science positive était tout, il n'y aurait pas de philosophie. Sous prétexte de « populariser » la morale, comme on dit, il ne faut pas l'abaisser, mais, au contraire, l'élever à ses plus hauts principes, qui sont à la fois les plus simples, les plus généraux, les plus généreux, les plus féconds. Ce sont les grandes idées de désintéressement qu'il faut répandre, non les petites idées d'intérêt. C'est en agissant sur les ressorts les plus moraux de la nature humaine, surtout chez l'enfant et le jeune homme, qu'on aura chance d'exercer une action à la fois profonde et durable.

L'éducateur doit donc s'adresser d'abord au sentiment et au cœur; puis, à mesure que l'enfant grandit, il doit, pour en faire un homme sociable et un citoyen libre, lui faire comprendre les principales raisons de ses devoirs, y compris les devoirs envers ces hommes plus *prochains* qui sont nos compatriotes. Il doit ajouter que ces raisons constituent seulement une partie des raisons infiniment nombreuses qui lient notre conscience à autrui par une universelle solidarité. Il y a de l'infinité dans le cœur humain comme il y en a dans la nature.

Répandre ainsi chez tous des notions de plus en plus précises sur la société, sa constitution, ses conditions nécessaires, combattre ainsi l'utopie et la violence, voilà le grand besoin social de notre époque. De la lumière viendra la paix, de la paix viendra la lumière. Pour traduire notre pensée, imaginons cette devise :

De luce pax, de pace lux.

LIVRE TROISIÈME

La morale des idées-forces. — Synthèse de l'individualisme et de l'humanitarisme.

LA VOLONTÉ DE CONSCIENCE, VRAI PRINCIPE DE LA PHILOSOPHIE MORALE.

I

La philosophie des idées-forces ne s'occupe pas seulement de ce qui *est*, mais de ce qui *tend* à être et de ce qui *peut* être par cela seul qu'il est *pensé*. En outre, ce qui peut être ne nous apparaissant pas comme indifférent, nous nous demandons toujours ce qui *doit* être, au sens le plus général de ce mot, c'est-à-dire ce qui vaut mieux. La philosophie des idées-forces est donc indivisiblement théorique et pratique, philosophie d'idées et philosophie de valeurs. Par là elle offre les caractères que toute religion présente.

On peut contester l'existence d'une fin suprême de nos actions qui, selon le dogmatisme métaphysique ou religieux, nous serait donnée *du dehors* ou *d'en haut ;* mais un fait d'*expérience* incontestable, un fait à la fois philosophique et scientifique, c'est que nous concevons, nous hommes, l'*idée* d'une fin ultime, d'un bien au delà duquel nous n'aurions plus rien à vouloir. C'est aussi un fait d'expérience que cette idée *agit* en nous et par nous, d'abord parce que nous tentons de la déterminer et de concevoir aussi consciemment que possible un suprême idéal ; puis parce que cet idéal tend à passer dans nos actes et à y prendre la pleine conscience de soi. Cette fin ultime ne peut être, au point de vue philosophique, que l'objet de notre vouloir le plus fondamental et le plus indéfectible. Or ce vouloir, nous l'avons vu, est celui du plus haut degré de vie consciente, c'est-à-dire d'intelligence, de puissance, d'amour et de bonheur, non seulement pour nous, mais pour tous. Le sujet conscient, précisément parce qu'il se pose en face de toute la nature et au-dessus même des conditions de vie individuelle auxquelles il est lié, peut donc se proposer à lui-même l'idéal et s'imposer à lui-même l'obligation d'agir en vue de la pleine conscience chez tous comme chez lui, de faire ainsi régner la conscience universelle dans la vie individuelle.

On ne peut plus accuser une pareille fin de nous être fournie du dehors, comme le sont les fins religieuses et théologiques, puisqu'elle est l'expression de notre essentielle activité, de notre être même et de notre vie psychique ; elle est donc *autonome*. D'autre part, elle dépasse manifestement et prolonge notre être *actuel ;* elle dépasse même et déborde notre être *individuel ;* elle constitue donc bien un *idéal* en conformité avec notre vraie nature, et un idéal *universel*. Il ne s'agit plus du bien en soi de Platon (conçu d'une façon transcendante), mais du bien *en nous*, *pour nous*, *par nous*, et du bien *en tous*, *pour tous*, *par tous*. Cette idée est d'ailleurs ce qui fait le fond et la valeur de toutes les grandes conceptions religieuses, surtout quand elles se présentent sous forme morale.

Telle que nous l'avons présentée ailleurs, la morale est la volonté de conscience devenant pratique et trouvant en soi, avec son propre but, sa propre règle d'action : prendre de plus en plus conscience de tous les autres comme de soi-même. Pour mieux faire comprendre notre doctrine, nous avons emprunté à la langue anglaise le verbe par lequel elle symbolise le résultat final de toute pensée : « *réaliser* », c'est-à-dire actualiser dans sa conscience, par la force de la représentation, un objet qui n'est pas nous-même et qui, en un sens, devient nous-même, puisqu'il trouve en nous réalité et vie. Je pense, donc je réalise en moi : je vous pense, donc je vous réalise en moi, voilà des formules qui conviennent à une doctrine d'idées-forces. Or, si je vous réalise suffisamment en moi, avec la conscience que vous avez de votre être et de votre pensée, de vos joies et de vos peines, de vos désirs et de vos volitions, je finirai par avoir, autant du moins qu'il est possible, conscience de votre conscience en même temps que de la mienne. Je me serai mis à votre place, ou je vous aurai mis à ma place. Ainsi commencera le désintéressement intellectuel, germe de tous les autres. Ma volonté de conscience enveloppera la vôtre et deviendra votre volonté de conscience, puis volonté de conscience universelle. La moralité, philosophiquement considérée, est cette *extension indéfinie de la volonté de conscience qui fait que tous les autres tendent à devenir moi.* Ainsi conçue, la moralité est non pas seulement l'équivalent, mais le fond même et la substance de tout ce qu'il y a de moral et de vivifiant dans les religions.

Nous n'avons donc qu'à descendre au plus profond de nous-mêmes pour installer la moralité au cœur de notre être et identifier la conscience morale avec la conscience psychologique. Le *cogito*, ou *conscius sum*, interprété d'une manière nouvelle et aboutissant au *conscii sumus*, n'est plus simplement un principe abstrait de spéculation intellectuelle; c'est un principe concret d'action et de sentiment, comme le sont les croyances religieuses, puisque toute vraie pensée est volonté expansive, puisque toute idée est mouvement de la vie.

II

Passons rapidement en revue les quatre parties principales de la morale des idées-forces pour en montrer le lien intime, qui n'a pas toujours été aperçu, la cohérence, l'unité compréhensive par rapport aux doctrines qui s'en tiennent à des points de vue particuliers et incomplets.

Dans la première partie, où est établi le primat de la conscience de soi, la morale des idées-forces absorbe et dépasse, en se les subordonnant, toutes les morales psychologiques fondées sur le plaisir, le bonheur, l'intérêt, le sentiment, l'amour, la volonté de puissance, etc. Nul fondement particulier et exclusif n'est adéquat à la conscience considérée en sa plénitude. Aussi la morale des idées-forces n'est-elle ni purement sentimentale, ni purement intellectuelle, ni purement volontariste : elle s'établit sur la totalité des fonctions de la conscience et se conforme à leur hiérarchie naturelle.

La base psychologique de la morale des idées-forces donne lieu à un problème que l'on a posé en ces termes : — Si l'intuition de la vie d'autrui « se substitue totalement à la conscience de mon moi individuel, ne me laissera-t-elle pas aussi impropre à juger, à apprécier du point de vue moral, que si l'égoïsme le plus étroit m'enfermait en moi-même ? Que reste-t-il de ces valeurs objectives, de cette théorie des biens s'il faut en fin de compte cesser de comparer et d'évaluer, pour sentir, aimer et s'identifier à l'objet aimé (1). » — Il ne s'agit pas le moins du monde, répondrons-nous, de « substituer *totalement* » la conscience d'autrui à la mienne (la balance intérieure n'aurait toujours qu'un seul plateau), mais de *compléter* la mienne par celle d'autrui et, autant que possible, de *tous*. Il ne s'agit pas non plus simplement de « sentir » et d'« aimer », mais d'avoir pleine conscience, donc aussi de penser, de comparer et de juger selon toutes les catégories objectives. En un mot, ce qui constitue la moralité même en sa source vive, c'est *la volonté totale de conscience universelle*. Il n'est donc pas exact de dire que, même si nous pénétrions entièrement dans la conscience d'autrui, nous n'aurions fait encore que *déplacer l'égoïsme* en lui donnant un autre *individu* pour objet. C'est oublier que nous ne devons pas nous borner à *réaliser* dans notre conscience la conscience d'un autre individu particulier, mais la conscience de *tous* et du *tout*. C'est à ce

(1) Parodi, *Revue philosophique*, avril 1908.

prix seulement que la morale devient philosophique et peut prendre la place de la morale religieuse qui, elle-même, a pour objet *tous en un*.

En cela consiste, selon nous, l'*universalité* à laquelle nous tendons par l'acte moral, fond de l'acte religieux. Il ne s'agit plus d'une simple *forme* rationnelle, ni même d'une simple « *intuition* » plus ou moins *objective ;* il s'agit d'une vivante et intime *conscience* saisissant *en soi* le réel qu'elle constitue. — L'universalité, demande-t-on (1), n'est-elle que l'univers et faut-il dire avec Marc Aurèle : « O monde, je veux ce que tu veux ? » — Il faut dire : O monde des consciences, je veux ce que tu veux. *Toti te insere mundo* ne s'applique qu'à l'univers considéré comme société des consciences, non comme mécanisme brut ou organisme aveugle. C'est l'équivalent philosophique, ou plutôt le fond même de ce que les religions appellent l'Eglise universelle, la pluralité infinie des esprits dans leur union intime, qui est l'Esprit.

Un autre problème voisin du précédent nous a été posé par un admirateur de Nietzsche : — L'idée d'un autre moi est pour le moi un *moyen* de sa propre représentation, un moyen de se poser lui-même par opposition à d'autres moi, donc un instrument de cet égoïsme fondamental érigé en principe par Nietzsche comme par la Rochefoucauld (2).

Au début, répondrons-nous, l'idée de l'*autrui* est en

---

(1) Parodi, *Revue philosophique*, avril 1908.

(2) Voir l'article de M. Jules de Gaultier dans le *Mercure de France*, février 1908. Comparer celui qu'il a publié plus récemment dans la *Revue des idées*, juin 1908, sur la *Morale des idées-forces*.

effet, pour le moi (nous l'avons montré ailleurs), un moyen de se réaliser, une perspective de sa projection au dehors, un agrandissement de son horizon. Mais cette duplication de moi qui, selon nous, permet le passage du subjectif à l'objectif (1), n'en est pas moins le germe d'un véritable altruisme. Le second moi, celui d'autrui, acquiert une existence de plus en plus importante et indépendante; après avoir été un moyen, il devient une *fin*, une idée-force directrice. Après avoir été un pivot de la circonférence, il pénètre dans le *centre* même; après avoir été un simple objet, il devient partie intégrante du sujet. De plus, la conscience passe d'un à plusieurs, de plusieurs à tous. Si je me dévoue, si je me sacrifie à ces autres *moi* qui m'ont d'abord servi à poser par le contraste ma réalité propre, pourra-t-on dire, avec les disciples de Nietzsche, que mon dévouement soit de l'égoïsme? Le désintéressement est sans doute, en un sens, un intérêt supérieur, celui que je prends à la partie la plus haute de mon être, à celle où je ne vis pas seulement en moi et pour moi, mais en autrui, et pour autrui, les religions ajoutent : en Dieu; c'est encore là, si vous voulez, un *moi*, plus large, pénétrable à tous, identifié même avec tous; un moi divin. Mais le vrai désintéressement ne peut être l'anéantissement de ma personnalité propre, qui, elle aussi, a son titre à l'existence comme toutes les autres; il en est l'agrandissement; et, comme je ne puis identifier ma volonté de conscience avec votre volonté de conscience

---

(1) Voir *la Liberté et le Déterminisme* et la *Psychologie des idées-forces*.

qu'au prix de l'effort, de la douleur, de la mort peut-être, vous avouerez que cet amour supérieur de soi mérite de s'appeler aussi amour d'autrui. Ce n'est donc pas le désintéressement qui est une « métaphore » ; ce qui est une métaphore, au contraire, et une altération du sens des termes, c'est d'appeler égoïsme l'intérêt pris au désintéressement par une conscience qui ne peut cesser de dire *moi* en même temps qu'*autrui*.

Ce problème revient à celui que posent les religions : L'homme ne peut-il aimer l'être universel d'un amour *pur*, désintéressé, sans retour sur son *moi?* A la limite, notre plus haut désintéressement est notre plus haut intérêt, notre suprême non-moi est notre suprême moi. Nous réalisons Dieu en nous en concevant et en aimant l'universalité de l'être, l'universalité du bien.

III

Par la théorie des valeurs objectives, la morale telle que nous la concevons doit dépasser, tout en les conciliant, le positivisme et l'évolutionnisme, d'une part, et, de l'autre, les morales ontologiques ou théologiques de la perfection.

Les *objets,* en tant que tels et considérés seuls, ne sont pas *bons* en eux-mêmes et par eux-mêmes ; on peut leur appliquer le mot fameux de Spinoza : nous ne désirons pas les choses parce qu'elles sont bonnes, mais elles sont bonnes parce que nous les désirons. D'autre part, pourquoi les désirons-nous? L'explication est à la fois dans le sujet conscient et dans les objets pensés, le sujet ne pouvant se suffire et étant en rapport nécessaire avec les objets, qui eux-mêmes renferment de quoi satisfaire l'être sentant et pensant. Il faut donc aboutir à une classification des êtres et des actes, fondée sur des *qualités* et *relations*, non pas intuitivement saisies (comme le croient Mill, Lotze, Paul Janet), mais scientifiquement déterminées et indépendantes soit du plaisir, soit du devoir. Nous avons montré ailleurs que le plaisir, chez un être intelligent, enveloppe nécessairement des éléments qualitatifs et aussi des éléments altruistes. Dans la morale des idées-forces, la qualification ne se ramène donc pas tout entière à l'impossible *quantification* des plaisirs, quoiqu'il y ait un rapport intime entre la plus grande quantité de joie et la plus grande qualité de joie : la quantité, en effet, dérive de la qualité, du moins quand il s'agit de la qualité consciente de soi et se réalisant elle-même par la propre conception de soi chez un être à la fois intelligent, sentant et agissant.

Ce qui *vaut* pour nous, en résumé, c'est donc : 1° ce qui satisfait les diverses fonctions de notre conscience et, par extension, de toutes les consciences (valeur universelle) ; 2° ce qui, dans les choses mêmes, nous semble l'effet d'une conscience intérieure ou supérieure à ces choses. La *valeur* est la *satisfaction de la volonté de conscience tendant à sa plénitude*, et, en conséquence, *tendant à embrasser toutes les consciences*. Tel est le vrai *bien*, non pas seulement en soi, mais *pour soi* et *pour tous*, qui devient *moral* quand il est voulu en son universalité au sein des obstacles et des résistances, sous l'idée de liberté individuelle et par un effort individuel. La « morale objective », dans la doctrine des idées-forces, n'est que la morale subjective de la conscience vue sous son aspect de relation avec les autres sujets en germe dans les objets et s'exprimant par des rapports de quantité, de qualité, de causalité et de finalité réciproques. Si donc toute évaluation se fait, en dernière analyse, par rapport à la volonté de conscience, il s'ensuit que la théorie des valeurs est indissolublement liée à celle du primat de la conscience de soi et d'autrui.

Les idées des objets sont des idées-forces qui, trouvant déjà une première réalisation dans la pensée, tendent à se réaliser ensuite dans les actes selon les relations de quantité, de qualité, de causalité et de finalité que la pensée même et le sentiment établissent entre ces idées. De là, une partie de la morale qui est objective, puisqu'elle peut établir scientifiquement une multitude de relations, les expliquer, les justifier. L'intelligence ne peut pas ne pas communiquer son caractère d'objectivité au sentiment et à la volonté. Or, elle conçoit la quantité, la qualité, la relation (notamment celle de causalité); ces catégories entrent donc dans l'évaluation de finalité, soit intellectuelle, soit sensible, soit volontaire; si bien qu'on arrive à des valeurs de quantité, de qualité et de relation, en tant que capables de satisfaire la fonction intellective, sensitive et volitive. C'est donc quand les qualités, quantités et relations objectives, objets de la science, sont considérées par rapport aux fins de nos diverses puissances et fonctions mentales, qu'elles deviennent ce qu'on appelle aujourd'hui des valeurs, ce que les anciennes philosophies et toutes les religions appelaient des *biens*. Le jugement d'appréciation est, au fond, un jugement de finalité, qui peut porter sur des fins diverses et d'ordre divers : fins biologiques, fins sociologiques, fins psychologiques. Ces dernières sont les vraies, dont les autres ne sont que des moyens. En tout cas, les fins psychologiques sont les vraies fins pour le moraliste et elles se divisent, selon les fonctions mentales, en fins intellectuelles, sensitives et volitives. L'appréciation des valeurs se fait par rapport à ces diverses fins qui se résument dans la volonté de conscience. L'idéal, même « moderne », ne pourra donc jamais être conçu qu'à la manière des anciennes philosophies et religions, mais d'une manière désormais *immanente* et non plus transcendante, comme l'idée du « *suprême aimable* », c'est-à-dire comme la suprême satisfaction de notre volonté. Notre volonté étant intelligente, le suprême aimable sera toujours aussi le suprême intelligible; notre volonté étant sensible, le suprême aimable sera aussi le suprême délectable. L'idée du bien entraîne ainsi un rapport *définitif* à la volonté, à l'intelligence et à la sensibilité du sujet pensant. Cette idée du bien devient, selon nous, une *force* active dans le domaine même de l'expérience. La pensée peut, comme nous l'avons fait voir ailleurs, *comparer* les objets sous le rapport de leur adaptation plus ou moins grande à la volonté, à l'intelligence, à la sensibilité du sujet ; tout ce qui ne s'adaptera pas à la fois à ces trois puissances de notre vie psychique ne méritera jamais le nom de *bon*. Le *bien* peut se définir : *la satisfaction complète de notre volonté, avec la conscience et le sentiment de cette satisfaction*. Dès lors, le bien n'est ni la loi pure du moralisme kantien, ni l'intérêt collectif ou individuel du matérialisme socialiste ou individualiste; il est un idéal de réalité en complète harmonie avec la conscience que la réalité prend d'elle-même chez un être doué de sentiment, d'intelligence et de volonté.

On reproche parfois aux anciens d'avoir insisté sur le point de vue de la *qualité* plutôt que sur celui de la *causalité*, qui est proprement scientifique; mais, en morale, le point de vue de la qualité est essentiel, impliqué dans celui même de la causalité intelligente et volontaire. Pas de morale sans valeurs, pas de valeurs sans qualités auxquelles s'attache la finalité en vertu de leur rapport à nos puissances psychiques; pas de valeurs sans les *biens*. Socrate, dans sa doctrine des *genres*, Platon, dans sa doctrine des *idées universelles*, Aristote, dans sa doctrine des *actes propres* à une espèce, admettaient des différences scientifiques d'essence et de valeur entre les êtres, indépendamment de toute considération morale comme de toute considération de plaisir ou d'intérêt. Ils croyaient possible une classification des êtres selon la généralité ou la spécificité de leur nature; pour cela, ils se plaçaient d'abord au point de vue de la *vie* et de ses fonctions chez les plantes et les animaux, puis au point de vue de l'*intelligence* et de ses fonctions, de la volonté et de ses actes, de la *sensibilité* et de ses états, chez l'homme doué de conscience. Le défaut de la morale du bien objectif, chez les anciens et chez les chrétiens, c'est qu'elle avait pris la forme ontologique et transcendante ou la forme théologique; mais, nous avons montré qu'elle peut prendre aujourd'hui la forme scientifique et immanente. Les idées platoniciennes, avons-nous maintes fois répété, doivent être transposées en idées-forces. Il y a bien longtemps que nous avons, pour notre part, commencé cette transposition ; nous en avons donné, dans la *Morale des Idées-forces*, un nouvel exemple à propos des notions du « normal » et du « typique » ; nous en avons donné un exemple encore plus probant à propos de l'idéal et la *perfection qualitative*. Par opposition aux anciens, Kant n'admet pas que nous puissions saisir le bien en lui-même, soit par intuition, soit par une détermination scientifique ; il n'admet pas que nous puissions le définir autrement que par l'idée de devoir, dont le bien devient la conséquence. Selon nous, la doctrine de Kant est antiscientifique et antiphilosophique. En dehors de l'idée du devoir et même de l'idée du plaisir, nous avons prouvé que la *qualification* et la hiérarchie des êtres sont possibles scientifiquement. Les anciens, encore un coup, n'avaient pas tort de concevoir la morale comme la science du bien. Il est clair que le bien, l'objet de la morale, est une idée essentiellement synthétique, le meilleur doit être une aussi grande unité que possible dans la plus grande diversité possible de fonctions assurant le progrès de la vie physique et psychique pour l'individu et pour la société universelle. C'est sous la forme abstraite d'unité dans la variété que le bien apparaît au point de vue logique. Au point de vue esthétique, il apparaît comme ordre dans la puissance, comme beauté, grâce, sublimité. Mais il faut repousser tout aspect particulier et borné, donc incomplet, toute idée de la valeur et du bien qui serait réduite à un seul élément aux dépens des autres, soit plaisir ou utilité, soit pensée, vérité et ordre, soit volonté et puissance, soit mœurs de fait et données sociales. Le bien est, par définition même, le « complet » à tous les points de vue, l' « achevé », le « parfait » ; tant qu'on y peut ajouter, il n'est pas le bien véritable, tant qu'il ne vaut pas sous tous les rapports et ne satisfait pas la sensibilité, l'intelligence, la volonté indivisiblement unies, il laisse quelque chose au delà à concevoir, à désirer, à vouloir, il n'est pas le bien scientifiquement et philosophiquement conçu. Pourquoi le bien présenté comme loi impérative n'est-il pas le vrai bien? Parce qu'il ne donne pas satisfaction complète à l'intelligence et à la volonté, encore moins à la sensibilité : il n'est pas l'idée la plus haute. Une loi de la « raison » satisfait la raison, soit, mais elle ne satisfait pas toutes nos autres puissances et, par conséquent, elle ne satisfait pas entièrement la raison même. S'il était vrai, comme Kant l'a cru, qu'il n'y a aucun idéal de qualité concevable en dehors du *je jouis* ou du *je dois*, l'*impératif catégorique* resterait premier, et, se tournant contre le *je jouis*, lui intimerait la consigne de se taire, sans d'ailleurs lui donner d'autre raison que : « tu dois parce que tu dois ». Mais nous avons fait voir qu'il peut exister des jugements de valeur offrant un caractère scientifique. Pour cela, il suffit d'introduire l'élément psychologique du désirable ou même simplement du désiré. En d'autres termes, les objets peuvent se classer d'après leurs rapports aux désirs des êtres vivants, surtout des êtres sentants et pensants. Il ne s'agit pas de spéculer, comme les anciens, sur le « bien en soi », mais sur le bien pour nous, seul type du bien pour tous. A ce point de vue, nous avons examiné ailleurs les catégories de la qualité, de la quantité, de la relation, et nous avons vu que les objets peuvent se classer par rapport à ces catégories; il suffit ensuite d'établir le rapport au désir pour obtenir des *objets désirables*, c'est-à-dire propres à satisfaire notre sensibilité, notre intelligence, notre volonté. L'intelligence conçoit objectivement un *quale* autre que des qualités d'*agrément* ou des qualités de *devoir*, un *quantum* autre que des quantités d'agrément ou des quantités de devoir (s'il pouvait en exister), des *causalités* autres que des causalités d'agrément, des *possibilités* et des *nécessités* autres que des possibilités et des nécessités de plaisir, etc., etc. La philosophie peut donc édifier un système moral différent et de l'hédonisme et du formalisme de Kant. Ce système moral admettra une satisfaction idéale de toutes nos fonctions : intelligence, sensibilité, volonté, portées à leur plus haut degré et, pour cela, possédant la totalité de leur *objet* en même temps que la pleine conscience *subjective* d'elles-mêmes. C'est ce double développement qui entraîne le bonheur. Si donc, du côté du sujet, la morale est la *conscience* même de soi se posant au-dessus de tout le reste, avec son rapport intime à la conscience de tous les autres *sujets* composant le monde des consciences, nous pouvons maintenant ajouter que, du côté de l'objet, la morale a pour idéal la complète possession de tous les *objets* de nos facultés. La conscience du sujet pensant finit ainsi par envelopper un univers objectif et tend à s'identifier avec la conscience même de l'univers. Tel est le point de vue supérieur et synthétique, à la fois psychologique et cosmologique, auquel s'élève la morale des idées-forces, dominant ainsi toutes les autres et les laissant en-dessous de soi à leur place légitime pour se porter vers le faîte de la pensée et de l'action.

Il est clair que la morale ainsi conçue apparaît comme l'équivalent ou comme le fond même de la morale des idées platoniciennes, qui, à son tour, est la morale du *verbe*, le verbe étant la conscience de l'univers, conscience productrice de ce qu'elle pense.

Si l'on doit rejeter de la définition scientifique des valeurs la notion mystique d'un absolu, absolument inconditionnel et conséquemment inaccessible à notre pensée comme à notre vouloir, il n'en est pas de même de la notion d'infini, familière aux philosophies comme aux religions, et qui, dans la morale des idées-forces, peut prendre un sens vraiment scientifique, comme désignant ce que nous concevons de *plus grand que tout donné*. L'idée de progrès à l'infini a une place importante en morale, puisque la morale est essentiellement une science du progrès possible pour la personne et pour la société. « Dépasse-toi sans cesse », est une des formules de la moralité, formule philosophique et aussi religieuse. Il en est de même pour l'idée de perfection, sur laquelle roule la théologie, et qui est susceptible d'une signification scientifique quand elle désigne la perfection de fonction, c'est-à-dire l'*adaptation aussi complète qu'il est possible de la fonction et de l'organe à leur objet :* il y a une perfection de la fonction intellectuelle, par exemple, sinon *absolue*, du moins *relative* à notre nature humaine, ce qu'expriment les mots : *étant donnée notre nature*.

« Et si je ne veux pas être parfait ? » a-t-on demandé. Un platonicien répondra, et un chrétien répondra de même : Je vous défie de ne pas le vouloir, d'une volonté fondamentale et originelle, pourvu que vous entendiez bien que perfection signifie plénitude aussi grande que possible de l'intelligence, de la puissance, de l'amour et du bonheur, enveloppant comme condition ultime l'égale perfection et l'égal bonheur de tous les autres êtres. A moins d'être *insipiens*, tout être pensant accordera que c'est là le but idéal de la volonté, l'ἀγαθόν. Ce qu'il pourra refuser de vouloir, ce sont les efforts et les souffrances nécessaires pour arriver à la réalisation de cet idéal. Mais les efforts et les souffrances ne sont pas des perfections.

Est fondé et justifié, selon nous, ce au delà de quoi on ne peut rien concevoir, aimer et vouloir de meilleur sous tous les rapports. Le bien suprême, qui serait la bonté universelle engendrant le bonheur universel, se justifie par sa propre idée ; le concevoir, c'est le reconnaître comme souverainement bon, comme suprême idéal de tout être intelligent, sentant et aimant. Nous donnons ainsi à l'idée du bien un fondement *immanent*, sans chercher hors d'elle aucun support étranger. Une fois pleinement conçue par nous, cette idée est pour nous persuasive. Elle se propose où nous nous la proposons sans qu'il soit besoin d'aucune *loi* pour nous l'imposer, d'aucun commandement, d'aucun impératif catégorique. Le bien a pour raison sa bonté ; on ne peut demander une raison supérieure et étrangère.

Exister et vivre, c'est vouloir; vouloir, c'est tendre à la liberté, à l'affranchissement du besoin et du désir proprement dit, au profit de l'action produisant son objet, en ayant l'intellection et la joie. La vie complète, c'est le bonheur avec la conscience intégrale de ce bonheur et de ses raisons, ainsi que de son harmonie avec le bonheur de tous et avec la conscience de tous. Un tel idéal est le suprême persuasif. On peut admettre qu'en fait tout être intelligent et sentant qui le conçoit le veut spontanément et l'accepte comme idéal par la réflexion alors même qu'il n'y conforme pas ses actes.

Quand l'homme a obtenu la conception la plus haute de lui-même et de son rapport à la société, à l'univers, il ne peut pas ne pas *vouloir* d'une volonté immédiate ce qu'il conçoit ; ce vouloir primitif où réside la force initiale de l'idée, est identique à la volonté de conscience. Lorsqu'il rencontre des obstacles à sa réalisation, il se formule à lui-même sous la forme du *devoir*. Cette *idée* du devoir crée alors pour nous le devoir réel et, du même coup, le pouvoir de le réaliser progressivement. Si la morale des idées-forces dépasse le kantisme, à plus forte raison dépasse-t-elle le néo-criticisme inconséquent de Renouvier qui, supprimant les noumènes, s'efforce cependant de conserver un « devoir-être » indéterminé, lequel n'est plus qu'une forme logique sans même l'appui du monde intelligible par derrière, pour lui conférer une mystérieuse autorité.

Au lieu d'invoquer un impératif *catégorique*, Kant n'avait le droit que de faire appel à un persuasif pour conférer pratiquement une valeur suprême à la raison pure et à ses ordres. « Persuade-toi d'agir *comme si ta raison pure* avait, à elle seule, une valeur objective, comme si la forme d'universel n'était pas une simple manière de mettre de l'ordre dans tes pensées humaines ou dans tes actes humains. » Kant n'arrive pas à restaurer pratiquement, sous forme *impérative* et *catégorique*, ce qu'il a de ses propres mains renversé spéculativement. Il est obligé d'avoir recours à notre consentement : — Voulez-vous admettre en pratique, ἔργῳ, que le devoir absolu, sans condition et sans contenu expérimental, n'est cependant pas une forme « vide », que votre « raison pure pratique » n'est pas purement humaine et que, dans l'éternelle réalité des choses, l'universel a une valeur supérieure à toutes les individualités éphémères? — L'admission de ce principe ne peut être qu'une persuasion intérieure qui est à la fois conviction, sentiment, amour volontaire. La conviction implique des raisons, objets de connaissance ; mais, précisément, les raisons ou connaissances spéculatives à l'appui ont toutes été jetées par Kant à la grande mer. Si on ne parvient pas à retirer du naufrage les plus importantes, il n'y aura plus de *devoir* moral au sens absolu, ni comme « connaissance apodictique », ni même comme objet de simple croyance ; et il ne restera que le « devoir-faire » débile et impuissant, de Renouvier, qui n'aura rien de moral. Les néo-criticistes pourront établir ce devoir-faire au sens vague, mais un tel devoir sera également valable pour tous les hommes de tous les systèmes et même pour tous les animaux qui n'ont aucun système : « la morale » ne sera pas fondée.

Ainsi conçue, la théorie des valeurs objectives est intimement liée à celle du primat de la conscience. Dans ses leçons de la Sorbonne sur la morale des idées-forces, M. Séailles s'est demandé : — « Le bien peut-il être défini *objectivement*, sans relation au *plaisir* et à la *moralité*, dans une doctrine qui identifie le bien avec la conscience du sujet ? » Et il a répondu affirmativement. La question est en effet importante et voici, pour notre part, la solution que nous en proposerions et qui résulte des considérations précédemment exposées. Oui, le bien peut être défini objectivement, mais non pas d'une façon *purement objective*, qui exclurait l'élément subjectif de la conscience même, supérieure au plaisir et à la moralité, qu'elle « transcende ». Il n'y a sans doute de valeur, on l'a vu, que pour la conscience ; mais cela ne veut nullement dire que toute valeur se ramène à cet effet particulier de la vie consciente qu'on appelle le plaisir, ni à cet effort supérieur de la conscience qu'on nomme la moralité obéissant à une loi de devoir. La conscience déborde l'agréable et le moral. C'est donc, en premier lieu, par rapport à la conscience *tout entière*, y compris l'intelligence cherchant l'objectif, que les choses prennent une valeur ; en second lieu, une conscience toute individuelle et qui serait, par hypothèse, pur sujet replié en soi, ne se suffit pas : point de sujet sans d'autres sujets qui, pour nous, prennent la forme d'objets et constituent un monde extérieur ; la *valeur* est donc bien relative à la totalité des consciences, à la plénitude de la conscience tendant à envelopper toutes les autres consciences. Enfin, en troisième lieu, outre que les valeurs « objectives » sont la satisfaction procurée par les objets aux fonctions du sujet conscient (intelligence, sensibilité, volonté), elles sont en elles-mêmes des expressions ou des effets de la vie consciente ; elles se ramènent à des formes plus ou moins rudimentaires de la puissance, de l'intelligence, de l'amour : quantité et causalité, c'est puissance ; qualité et ordre, c'est intelligence ; action réciproque et harmonique, c'est une aube de l'amour et de la société des consciences. On reconnaît encore là ce que les religions ont symbolisé dans ces formules trinitaires qui ne sont qu'une transposition dans l'infini de notre nature triple et une où s'enveloppent la puissance, l'intelligence et la sensibilité.

Dans la *Critique des systèmes de morale contemporains*, nous avons réfuté les morales fondées sur la perfection et sur la considération des qualités, comme nous avions réfuté toutes les morales naturalistes. C'est que ces doctrines, — comme aussi la « science des mœurs », — prétendent être purement objectives et, en conséquence, ne tiennent pas compte de la mutuelle implication, *sujet*, *objet*, qui caractérise la conscience même. Cette implication essentielle est le fondement ultime de la valeur et le seul équivalent possible des morales théologiques.

IV

Les morales qui reposent sur les rapports des sujets entre eux (doctrines sociologiques et solidaristes) doivent être acceptées en leurs éléments positifs, mais elles sont insuffisantes. Aussi ne seront-elles jamais de bons équivalents des morales religieuses. Si l'homme n'était pas un animal plus intelligent, plus aimant, plus maître de sa volonté que le tigre, le chacal ou l'ours, la société humaine n'aurait pas les qualités spécifiques qui la distinguent des autres groupements et qui la rendent elle-même digne de respect et d'amour. Nous avons dit ailleurs qu'une bande de buffles n'est pas plus sacrée qu'un seul buffle, tandis que, dans la société humaine, il y a quelque chose de plus et de plus sacré que dans l'ensemble des individus (1). Pourquoi ? C'est que, dans l'individu humain lui-même, il y a déjà quelque chose de plus que sa propre individualité, que la conscience de son seul *moi* : à savoir l'*idée* d'une société universelle, idée qui en commence la réalisation, et la fait d'avance vivre en lui, par lui. C'est cette idée, encore un coup, que les religions réalisent en Dieu.

Il faut donc subordonner les doctrines sociologiques et solidaristes à la théorie qui cherche à l'intérieur même du sujet conscient *la première et fondamentale relation aux autres sujets ou objets*. Pas plus que la solidarité ou la fraternité, la charité n'est donc, selon nous, un *sentiment*, comme le croient trop les religions; elle est une pénétration mutuelle des consciences; elle est, elle aussi, notre conscience de nous-même *tendant à sa plénitude par son expansion en autrui*. Et, encore une fois, comme il ne saurait suffire d'entrer dans la conscience de tel individu *particulier* qui est l'objet propre et spécial de la charité, comme il faut aussi, autant qu'il est possible, entrer dans la conscience de tous ceux avec qui cet individu est en rap-

(1) Voir les réflexions de M. Darlu à ce sujet dans le *Bulletin de la Société française de philosophie*, séance du 27 février 1908.

port, avec qui nous sommes en rapport nous-mêmes, la charité est obligée de se faire objective, rationnelle, scientifique ; elle est obligée de se faire *justice*. La conscience étant inséparable des idées-forces concernant les valeurs objectives, la vraie charité et la vraie justice, au lieu d'être de purs « sentiments » ou de pures « intuitions », se rattachent à la plénitude et à l'universalité de la conscience, qu'exprime le *cogito, ergo sumus*. C'est là ce qu'on symbolise lorsqu'on dit qu'il faut aimer tous les hommes *en* Dieu, dans l'unité d'une conscience universelle.

V

Restent les morales fondées sur le rapport du sujet à l'objet, soit qu'elles admettent l'obligation, soit qu'elles la rejettent. Elles ont pour types, les unes le kantisme, les autres les théories de Guyau et de Nietzsche. Ici encore, la doctrine des idées-forces absorbe et se subordonne les autres doctrines. La volonté de conscience, *réalité pour soi* qui se saisit continuellement sans jamais pouvoir *se représenter* à elle-même, dépasse toujours toute représentation, toute connaissance proprement dite, tout désir particulier, tout sentiment particulier. C'est pourquoi, dans le domaine de l'action, elle impose à tout motif ou à tout mobile, comme *limitative*, son action radicale et indéfectible, qui va toujours plus loin et plus haut.

S'il en est ainsi, le « persuasif » n'est pas, comme on a semblé le croire parfois, un simple *sentiment*, ni un simple « désirable ». Ainsi que la « charité », il est *la tendance fondamentale de la conscience de soi à devenir conscience universelle.* C'est donc bien plus qu'un mode de la sensibilité ou même de l'intelligence; c'est la révélation la plus haute de notre action primordiale. Aussi la « persuasion est-elle, comme nous l'avons dit souvent, établie au fond même de notre être », elle est « auto-persuasion ». Notre conscience en déduit, *proprio motu, une auto-obligation*, une *loi intime;* mais cette loi reste inférieure et inadéquate à notre conscience de nous-même enveloppant autrui, d'où jaillissent à la fois idée, sentiment et amour. C'est donc toujours et partout la pleine volonté de conscience qui a la primauté.

On voit que, dans notre théorie de l'obligation, nous n'en restons pas au point de vue inférieur de l'entendement et de la logique, qui fut celui de Renouvier, ni même au point de vue des *formes* de la raison, qui fut celui de Kant. Le *fondamental*, le *réel* et le *vivant*, voilà ce qu'il faut désormais poursuivre. Où le trouver, sinon dans ces profondeurs de la vie volontaire où l'être existe pour soi et se réalise par soi?

Le *doute suprême* motivé par la *relativité de nos connaissances* est une des raisons qui donnent à l' « impératif » un caractère primitivement *persuasif*. Il y a longtemps, dès la *Critique des systèmes de morale contemporains*, que nous avons insisté sur ce point, non moins important au point de vue religieux qu'au point de vue moral. A ce sujet, on nous a adressé l'objection suivante : — « Le doute qui subsiste sur la *vérité objective de la moralité* n'est que le doute inhérent à tout exercice de la raison, puisque la raison peut toujours se mettre à douter d'elle-même et de sa propre aptitude à saisir le vrai » ; or ce doute, « étant universel, ne fait pas à la moralité une condition autre et plus défavorable qu'à la science elle-même (1) ». On espère ainsi trouver le caractère primitivement *impératif* qu'aurait la loi morale. — Nous ne saurions admettre cette conclusion. Toute science positive, par exemple la physique, subsiste théoriquement et pratiquement malgré le doute philosophique sur la valeur ultime de notre intelligence. En effet, la science porte sur des objets ou apparences d'objets qui existent indépendamment de toutes nos spéculations et qui sont sans cesse vérifiés par l'expérience. Que l'espace soit ou non une simple forme de la pensée, tout continuera de se passer autour de nous comme si les corps étaient dans l'espace, comme si les objets pesants tombaient vers le centre de la terre avec telle vitesse déterminée, etc. Illusoires ou non au point de vue absolu, nos idées scientifiques sont sans cesse confirmées et réussissent toujours. Dans la morale, au contraire, il s'agit non plus de ce qui *est*, mais de ce qui *peut* être, de ce qui *tend* à être et *doit* être par le moyen de nos idées et de nos volontés. Si je dois sacrifier ma fortune ou ma vie plutôt que d'accomplir un acte déshonorant et injuste, par exemple un faux témoignage, il n'est plus indifférent de savoir si mon idéal moral est ou n'est pas en lui-même une illusion, produite par ma constitution physico-psychique et par le

(1) Parodi, *ibid.*

milieu social où je vis. — « La fiction cartésienne du malin génie, objecte-t-on, pourrait nous faire douter des mathématiques elles-mêmes, mais non faire évanouir le caractère d'exactitude et de rigueur démonstrative avec lequel elles se présentent à nous (1). » — Sans doute, mais nous ne pouvons rien changer aux choses mathématiques, qui, quoi que nous fassions, se *présentent* toujours à notre pensée, tandis que nous pouvons changer ou même empêcher d'être les choses morales, si nous pensons que le malin « génie de l'espèce » nous dupe par le fantôme d'un bien impératif. — Le doute, réplique-t-on, « peut bien affecter toutes nos données rationnelles d'un certain coefficient d'incertitude, mais non les modifier en elles-mêmes ». — Le doute, répliquerons-nous à notre tour, ne modifie pas ce qui est *donné*, mais il peut modifier ce qui est *à donner* et nous empêcher de le vouloir, par le point d'interrogation élevé sur la valeur objective et définitive de notre conception.

L'impératif de Kant n'est catégorique que dans l'hypothèse où notre « raison » concevant l'universel ne concevrait pas une forme vide et subjective, mais un contenu objectif et digne d'être pris pour fin; l'impératif n'est catégorique qu'hypothétiquement. De plus, sa valeur dernière est suspendue à une suprême condition de vérité et de réalité qui reste elle-même problématique, je veux dire l'existence, au fond de nous et au fond des autres êtres, d'un *pouvoir* adéquat à l'idée de ce *devoir* dont nous avons le *vouloir* pour nous et pour

(1) *Ibid.*

tous. Il faut donc d'abord lever le doute en acceptant le devoir et en nous attribuant le « pouvoir », par persuasion antérieure de tout notre être intelligent, sentant et agissant, c'est-à-dire de notre volonté de conscience. Les chrétiens, à la différence des juifs, ont subordonné la loi à l'amour, et ils ont ajouté que l'obéissance à la loi suppose une *grâce* prévenante. Selon nous, c'est nous qui faisons la grâce, au lieu de la recevoir ; c'est nous qui donnons à l'idéal une valeur. On peut d'ailleurs admettre que la grâce, dite divine, et la grâce humaine coïncident dans l'inconnaissable absolu. Ce sont là des symboles métaphysiques.

Nous trouvons en nous des tendances définies vers des objets définis, comme la famille et la cité ; nous trouvons même en nous des tendances vers des objets partiellement définis et partiellement indéfinis, comme l'humanité, qui est à la fois une réalité encore incomplète et un idéal de la pensée. Toutes les tendances définies et toutes les tendances partiellement indéfinies ont ce caractère de ne pas épuiser entièrement notre conception du meilleur ou de l'idéal. Elles n'ont donc à nos yeux qu'une valeur *finie* et *provisoire*. Elles restent inadéquates à la volonté de conscience qui, en les concevant, les détermine et les termine, mais qui les prolonge aussi idéalement et, de toutes façons, les dépasse. Alors se pose la question : Que va faire la volonté de conscience en présence des tendances plus ou moins définies et finies vers le moi, vers la famille, vers la patrie, vers l'humanité ? Elle peut les approuver et les suivre ; mais elle peut aussi se demander avec Schopenhauer comme avec les Hindous, si le bien de notre être, si celui même de l'être en sa totalité, qui est le monde, est digne d'être voulu par nous, si l'anéantissement du monde ne vaudrait pas mieux ou ne serait pas, tout au moins, indifférent. Cette question prouve l'existence d'une volonté consciente qui juge le monde, qui peut mettre en doute sa valeur, qui peut dire oui ou non à l'existence qui, en ce sens, dépasse l'existence même, dépasse la nature réelle par l'idée-force du meilleur. Il y a là un doute qui restera toujours dans la pensée, parce que la pensée peut toujours mettre en suspicion la valeur ultime de ses objets, chacun de ces objets étant délimité et limité.

Ce doute spéculatif rend possible le désintéressement moral, mais il tombe devant les nécessités de la pratique. Certes, aucun objet particulier, avec la tendance qu'il provoque, n'est entièrement satisfaisant pour notre pensée et pour notre volonté : mais s'ensuit-il que nous ne devions plus penser ni vouloir, faute d'être l'infini et le parfait? Notre idéal peut nous faire surmonter successivement tous les objets de pensée et de volonté, sans aboutir au *nirvâna*. Ce dernier serait encore lui-même bien plus inférieur à tous les *objets*, puisqu'il n'aurait plus aucun objet. Vouloir l'*être*, le *plus être* et le *mieux être*, pour l'individu, pour l'humanité et pour le monde, vaut mieux que de vouloir le non-être. Il n'en est pas moins vrai que, dans cette suprême alternative, le choix résulte d'une persuasion intérieure et antérieure à toute loi proprement dite ; il faut d'abord vouloir que le monde soit pour sentir et comprendre le devoir de contribuer à son progrès. Par là, nous sommes idéalement créateurs du monde et l'acte moral prend de nouveau une couleur religieuse par cela même qu'il acquiert une portée philosophique.

VI

Comme elle domine les doctrines de pure « raison », la théorie du persuasif domine celles de pure « puissance », où toute moralité vraie s'évanouit. On peut, à coup sûr, retrouver partout, et dans la moralité même, des rapports de *puissance*, comme le soutient Nietzsche, comme le répètent ses meilleurs partisans (1). Pour vouloir et agir en vue de l'universel, pour « se muer soi-même » en une conscience du monde, il faut que l'intelligence et la volonté soient dans des rapports de *puissance* avec les besoins matériels et les penchants inférieurs. La « liberté morale » est une puissance. Il faut aussi que l'idée de moralité ou de désintéressement en vue du tout enveloppe une force supérieure aux autres idées et soutienne ainsi avec elle des rapports quelconques de puissance et d'*intensité*. Le « persuasif », lui aussi, est une puissance. « Je puis, donc je dois », disait Guyau; le devoir est la conscience d'un pouvoir. Mais trouver partout de la puissance, jusque dans les idées, ou réduire tout à de la puissance, ce sont deux choses bien différentes, que les Nietzschéens nous semblent avoir le tort de confondre.

La conception dominante de Nietzsche, comme de Guyau, est que la puissance, en se déployant, tend à se

(1) Jules de Gaultier, *Mercure de France*.

dépasser elle-même, à « aller toujours de l'avant », disait Guyau. Nous-même, dans la 1re édition de *la Liberté et le Déterminisme,* nous avons posé cette loi. Mais comment Nietzsche conçoit-il que la puissance se dépasse ? Elle se surmonte en se concevant autre qu'elle n'est (1). L'homme, par exemple, conçoit un idéal de lui-même supérieur à lui-même, supérieur à son humanité, supérieur à l'humanité : c'est le surhumain. Cette idée exerce un attrait et, par le désir qu'elle suscite, commence sa propre réalisation. — Qu'est-ce là autre chose qu'une application de la théorie des idées-forces (qui avait eu, d'ailleurs, l'assentiment de Nietzsche)? Mais, pour qu'une idée comme celle du surhumain ait une force de réalisation, une puissance fécondante et débordante, encore faut-il qu'elle existe d'abord en tant qu'*idée.* Or, une idée ne se définit pas et ne s'explique pas par de la simple puissance. L'idée du surhumain n'est pas seulement celle d'une force supérieure en quantité intensive; elle est celle d'un ensemble de *qualités* caractéristiques et de *relations* également caractéristiques avec le milieu, soit humain, soit naturel. Ce qui fait la *valeur* persuasive de l'idée du surhomme, ce n'est pas seulement une vague considération de puissance; c'est le *contenu positif* et *qualitatif* de l'idée, ainsi que sa *relation* aux autres idées. Des « rapports de puissance », on ne peut déduire qu'une chose : « Ceci est plus puissant que cela » ; et cette proposition même n'a de sens que si on détermine intellectuelle-

(1) M. Jules de Gaultier a insisté sur ce point et l'a étendu au monde entier.

ment et intelligiblement *en quoi* consiste cette puissance, de quels *effets déterminés* elle est *cause*. Est-elle une cause de *mouvements*, une force physique? Est-elle une cause de *changements psychiques?* Lesquels? La répétition monotone de ce mot abstrait et vide : puissance, puissance, ne nous éclairera sur rien et ne fera pas que l'homme se dépasse lui-même pour se montrer surhumain. C'est donc toujours à l'*idée-force* qu'il faut revenir si on veut concevoir et réaliser un *idéal*. Aussi les religions de la *puissance* ont-elles toujours ajouté au pouvoir d'idées des caractéristiques plus ou moins heureuses, ne fût-ce que celle de *terrible* ou d'horrible! *horror*.

Le pur dynamisme, en morale, reviendrait à dire que la *causalité* est le seul bien. C'est ce qui ne se peut soutenir. La cause, à elle seule, ne saurait s'appeler le bien indépendamment de son *effet* ultime, *qui*, quand la cause est intelligente et sensible, est pour elle une *fin*. Causer des changements est bon en ce sens qu'un tel pouvoir enveloppe, parmi ses effets possibles, des changements en bien, des effets bons, des fins bonnes, capables de satisfaire la sensibilité, l'intelligence et le désir; mais, si vous faites abstraction de la qualité des effets ou changements, dans le sujet où ils se produisent, si vous ne considérez que la puissance causale toute nue, la catégorie du bien n'a plus à s'appliquer, sinon par une anticipation plus ou moins consciente des effets en tant que fins. Il reste toujours à savoir ce qui *qualifiera* ces effets et ces fins, ce qui leur conférera la qualité de *bons*. Ce n'est pas la cause toute seule qui pourra le faire. Bien des religions ont représenté la puissance comme n'ayant rien de bon ; on ne voit pas ce que Moloch avait de bon, sauf toutefois la bienveillance qu'il montrait pour le peuple entier quand on lui sacrifiait des milliers d'enfants. Ce n'est donc pas simplement en tant que *force* qu une *idée* est valable ou bonne, mais en tant qu'idée de telle fin, de telle valeur dont sa force assure précisément la réalisation.

Est-ce à dire que la volonté doive s'absorber et se perdre dans des *objets* qui lui soient tout extérieurs, sans considération du *sujet* qui veut ? Nous avons toujours soutenu, au contraire, que la volonté est une puissance d'agir qui cherche à dépasser tout objet particulier et déterminé pour acquérir un accroissement dont le *sujet* même a *conscience* et *jouissance*. Nous pouvons accepter en la ramenant à notre théorie de la liberté, la parole de Nietzsche : « *Vouloir* rend libre, voilà la vraie doctrine de la volonté et de la liberté. » La « volonté de puissance », n'est-ce pas, considérée négativement, la volonté d'indépendance, et, considérée positivement, la volonté de domination, d'abord sur soi, puis sur les choses ? Mais la domination sur autrui, à laquelle tient tant Nietzsche, n'est le plus souvent qu'une déviation et un abus. Dès lors, la vraie volonté de puissance est la volonté de maîtrise sur soi ou de liberté ; c'est, en quelque sorte, la volonté de la plus intense et extensive volonté, — à laquelle Nietzsche oublie d'ajouter les considérations de *qualité*, de *relation* et de *direction*, complémentaires des considérations de quantité. Au lieu de nous borner à dire comme lui : — Vouloir rend libre, nous ajouterons, nous : — *Vouloir être libre rend libre ; penser la liberté et l'aimer rend libre*. Voilà ce que nous avions dit jadis et ce que nous devons redire aujourd'hui, pour concilier la morale de la puissance et la morale de la conscience. De cette manière, tout ce que soutiennent Guyau et Nietzsche sur l'incessante volonté de se dépasser soi-même, de ne s'emprisonner dans aucune forme, de n'accepter aucune limite, est identique avec ce que nous avions soutenu sur le caractère de la liberté pratique, qui est l'aspiration à l'infinitude sous tous les rapports et à l'affranchissement de toutes les bornes, par cela même à l'union avec autrui et non, comme le croit Nietzsche, à la lutte contre autrui. La religion de Nietzsche, comme sa morale, est restée à moitié chemin, ou plutôt est revenue en arrière ; sa haine aveugle du christianisme en a fait un adorateur de Baal ou de Moloch, tout au moins de Jehovah.

VII

D'après tout ce qui précède, c'est à tort que, dans notre doctrine sur la conscience de soi et d'autrui, on a cru voir des éléments d'« intuitionnisme » et de « sentimentalisme (1) ». En réalité, ces éléments ne s'y trouvent pas, tout sentiment y étant subordonné à l'idée, toute intuition objective à la conscience interne.

Au reste, tandis que certains critiques nous accusaient d'une sorte de sentimentalisme, d'autres nous prêtaient un intellectualisme exagéré. C'était mécon-

(1) Parodi, *ibid.*

naître ce fait que la morale des idées-forces va tout ensemble plus loin que l'intelligence proprement dite et que la sensibilité, puisqu'elle repose sur la volonté intégrale de conscience. Aussi n'avons-nous soutenu nulle part, comme on nous l'a fait dire, que l'idée-force de bonté désintéressée soit d'autant plus prompte à s'exercer que les qualités de l'*esprit* sont plus développées (1). Tout dépend de quelles qualités de l'esprit on veut parler. Les qualités purement *intellectuelles*, par exemple la puissance de déduction ou d'induction, n'entraînent nullement par elles-mêmes une prédominance de l'idée de bonté. On peut être très clairvoyant en géométrie et plus ou moins aveugle en morale. On peut être un excellent styliste et employer son style à écrire des romans licencieux ou antisociaux. Là-dessus, le christianisme et la philosophie sont en plein accord.

Nous n'irons pourtant pas, dans la réaction contre l'intellectualisme, jusqu'à dire avec un de nos critiques : « L'expérience nous apprend que les caractères les moins moraux se rencontrent le *plus souvent* parmi les hommes les mieux doués, les plus cultivés par la réflexion et par la science (2). » Où donc sont ces savants, où donc ces lettrés qui seraient voleurs, assassins, traîtres, etc. ? Quand on dit « les moins moraux », on veut sans doute parler des « mauvaises mœurs » dans la vie privée ; mais il est abusif de réduire presque toute la morale (comme on le fait en exagérant encore les exagérations chrétiennes) aux rapports des sexes.

(1) Bourdeau, dans le *Journal des Débats*.
(2) Bourdeau, *ibid*.

Que les Rousseau, les Voltaire ou les Diderot n'aient pas été d'une chasteté évangélique, cela est possible ; on ne doit pas dire pour cela qu'ils aient été « les moins moraux des hommes », Rousseau, d'ailleurs, avait un dérangement d'esprit qui était la rançon de son génie. Quant à Diderot, les théories naturalistes soutenues par lui, comme par Helvétius et d'Holbach, aboutissaient à légitimer au nom de la nature bien des écarts de mœurs ; preuve de plus que *les idées théoriques influent sur la pratique*. Mais ce qui serait plus extraordinaire pour l'historien et le philosophe, ce serait de voir celui qui prêcha le sermon sur la montagne consentir à des infamies ; ce serait de voir un Socrate, après avoir enseigné toute sa vie la justice et le courage, commettre des iniquités et mourir lâchement. Pour un Sénèque, plus déclamateur que penseur, et qui, dans une situation politique difficile, manqua de résistance à l'égard de son élève, combien de stoïciens qui surent conformer à leurs principes et leur vie et leur mort ! Dans le domaine religieux, les saint Bonaventure, les saint Thomas, les saint Anselme, ou chez les Grecs, les Justin, les Clément d'Alexandrie, tous ces penseurs ont-ils mis leurs actes en contradiction avec leurs idées ? On ne voit pas, chez les modernes, que Descartes, Spinoza ou Kant aient oublié leurs théories dans leur conduite. On ne voit pas, parmi les savants, que les Pasteur, les Ampère et autres « bienfaiteurs de l'humanité » aient été à d'autres points de vue des malfaiteurs. Tout en admirant, avec les théologiens du christianisme, « les vertus simples des cœurs simples », on ne saisit pas pourquoi les vertus des grands hommes seraient inférieures aux autres. Ne rabaissons pas l'intelligence. Ne dédaignons pas les idées, les doctrines, les croyances, tout ce dont l'humanité a vécu jusqu'à présent. Ces mêmes religions qu'on nous représente comme reconnaissant « la prééminence du tempérament et du caractère originel », ont cependant élevé la raison et le *verbe*, avec ses idées éternelles, au rang de principe : *in principio erat verbum*. C'est par l'intelligence concevant l'universel que l'homme devient moral, c'est par là aussi qu'il devient religieux.

Le besoin d'une doctrine n'est sans doute pas la seule cause, mais il est une des causes les plus importantes de la crise morale et religieuse où se débattent les sociétés contemporaines. Aucun art des mœurs, si important et nécessaire qu'il soit, ne peut remplacer entièrement une croyance morale, qui se retrouve toujours, plus ou moins explicite, au fond des sentiments moraux et sociaux, au fond de la « foi sociale », comme au fond de la foi religieuse. Il y a une « technique » de la juste comptabilité, mais il y a aussi une technique des faux en écriture ; laquelle des deux devra choisir un commerçant aux abois ? Machiavel, en s'appuyant sur la psychologie et sur la sociologie, a donné une technique des moyens pour « conserver et accroître les États ». Est-ce l'art de la violence et de la ruse que l'on devra adopter, fût-on démocrate, fût-on socialiste, après mûres « réflexions sur la violence » ? La morale ne saurait être un simple empirisme : il y a toujours des points fondamentaux de théorie sur lesquels les praticiens doivent préalablement s'entendre ; quand il s'agit d'une « règle de vie », il est difficile de ne pas se demander ce qui fait la vraie valeur de la vie, non seulement pour nous, mais pour tous. Puisqu'on invoque l'expérience, c'est un *fait d'expérience* psychologique et sociologique que l'homme s'est toujours posé ces questions ; c'est une *induction* légitime que de dire : — Dans les conjonctures douloureuses de la vie et de la conduite, l'homme se les posera toujours. L'histoire même nous apprend que l'oubli des doctrines pour les recherches purement pratiques a toujours caractérisé les époques de décadence.

On nous dit : — Allez dans la vie comme on va « au laboratoire » ; vous apprendrez, par l'expérience, l'art de vivre (1). Le cas n'est pas le même. Le laboratoire de la vie et des passions ne ressemble guère à un cabinet de chimie. D'ailleurs, le chimiste ne fait pas d'expérimentations sans avoir d'abord appris la science. De plus, la chimie se suffit pratiquement à elle-même, dans toutes ses conséquences et dans toutes ses applications, sans avoir besoin de se suspendre à des principes supérieurs. La morale, au contraire, n'est définitivement valable, définitivement et sûrement applicable, que si on commence par consentir à ses premiers principes, énoncés ou sous-entendus. Il est donc permis de douter que la technique de la vie commerciale, complétée même par la science des mœurs commerciales dans tous les temps et dans tous les lieux, suffise par elle seule, sans principes supérieurs, pour fournir à un commerçant des raisons suffisantes de ne pas vendre des viandes avariées à l'usage de nos soldats ou des

(1) Rauh, *Bulletin de la Société de philosophie.*

médicaments falsifiés à l'usage de nos hôpitaux. La crise actuelle ne vient pas, comme on l'a soutenu par un élégant paradoxe, de ce que certains esprits « obstinés » cherchent à la morale des « fondements », mais de ce que d'autres esprits, non moins obstinés, en détruisent tous les fondements.

Fonder la morale, objecte-t-on, ce n'est pas fonder la moralité (1). — Sans doute, puisque celle-ci a encore d'autres éléments. Mais c'est la fonder en ses éléments intellectuels. Or, ceux-là sont la condition préalable de tous les autres, s'il est vrai que, sans l'idée, il n'y a point de sentiment ni de choix volontaire, la sensation brute et l'impulsion aveugle pouvant seules se passer de toute pensée. La connaissance de l'hygiène n'est pas la santé, mais elle y contribue et, pour vivre toujours selon les règles de l'hygiène, dans un milieu souvent défavorable, il est bon de les connaître. Que sera-ce s'il s'agit de la santé *intérieure*, qui n'est plus, comme l'autre, séparée de l'intelligence et de l'esprit tout entier? Là, comme le croyaient les anciens, le vrai courage et la vraie tempérance ne sont-ils pas impossibles sans la sagesse? Il est douteux que l'esprit critique des modernes, qui est une volonté de conscience de plus en plus claire, ait la complaisance d'accepter, les yeux fermés, une morale « sans fondement », et de l'appliquer dans ces grandes alternatives où se pose à nous une question plus tragique encore que celle d'Hamlet : Être moral ou ne pas l'être.

Des esprits généreux nous disent, avec l'Alceste de

---

(1) Darlu, *ibid.*

Gluck : « Non, ce n'est pas un sacrifice (1) ! » — Si, répondrons-nous, c'est un sacrifice, de lutter contre les emportements de la passion, contre les défaillances de la volonté, contre les suggestions de la misère, contre la maladie, contre la douleur, contre le désespoir. C'est un sacrifice de mourir quand on voudrait vivre, de vivre quand on voudrait mourir.

En résumé, pour fonder la morale, il faut la rattacher à des principes qui s'imposent normalement aux intelligences humaines en vertu de leur constitution la plus intime, et il faut montrer dans ces principes la première origine de la constitution sociale. Nous croyons donc ne pas avoir fait une œuvre inutile en essayant, sans sortir de la sphère immanente, de ramener la moralité à son principe le plus radical, qui est le principe même de tout développement psychique et le résidu de l'expérience intérieure. Que le fait de conscience, avec toutes ses implications, donne à la morale des idées-forces une indissoluble unité, c'est ce qui nous semble incontestable. Dans la variété de ses aspects, elle constitue une doctrine liée en toutes ses parties, et, si cette doctrine semble « complexe », sa complexité est encore inférieure à celle même de la réalité morale, toujours plus riche que nos conceptions. Le but de cette doctrine serait d'être aussi extensive qu'il est possible, par les idées multiples qu'elle emprunte à l'expérience de l'humanité et aux recherches des philosophes, mais, en même temps, d'être aussi intensive qu'il est possible, par les idées propres et

(1) Belot, *ibid.*

observations intimes qu'elle apporte pour y subordonner tout le reste.

Ainsi fondée sur l'analyse philosophique du *cogito*, ainsi que sur la synthèse de toutes nos fonctions mentales, la doctrine des idées-forces tend à réunir et à dépasser Platon, Aristote, Descartes, Spinoza, Leibniz, Kant et Schopenhauer, sans compter le disciple infidèle de ce dernier, Nietzsche, qui, prenant le moyen pour la fin, réduit misérablement la vie et l'être à la poursuite de la puissance.

La morale des idées-forces, synthétique en même temps qu'analytique, vise à tenir compte de *tout* le donné et non pas seulement d'une partie, comme font, par exemple, les partisans de la science des mœurs. C'est à l'expérience intégrale, aussi bien interne qu'externe, qu'elle a recours. Cette expérience révèle les forces inhérentes aux états psychiques et, notamment, aux idées, ce qui *doit* être des expressions diverses de sa volonté de conscience, ce qui *peut* être, par la conception même de son être possible, c'est ce *qu'on* appelle le bien.

— Une telle doctrine, nous a-t-on demandé, est-elle scientifique ou philosophique (1)? — Les deux à la fois. Elle est philosophique par son principe, la primauté conférée à la volonté de conscience. Elle est scientifique, dans sa première partie, par ses déductions toutes psychologiques sur le sujet conscient, par l'identité qu'elle établit entre la conscience morale et la conscience psychologique, si bien, a-t-on dit, que « les

(1) Parodi, *ibid.*

lois de la conscience morale bénéficieront du même caractère de certitude scientifique que celle dont le jeu a été découvert dans l'intimité du fait de conscience lui-même (1) ». Elle est encore scientifique, dans sa seconde partie, par la théorie des valeurs et qualités, objets non plus d'intuition, comme chez Lotze, Mill et Paul Janet, mais de science. Elle est non moins scientifique, dans sa troisième partie, par la théorie des rapports sociaux entre les divers sujets conscients. Enfin, dans sa quatrième partie, elle est philosophique et scientifique par l'adhésion qu'elle réclame au « persuasif suprême », sans aucun dogmatisme. La morale des idées-forces vise ainsi à satisfaire ce qui nous a semblé le besoin le plus urgent de notre époque : la synthèse de la philosophie et de la science au point de vue de la pratique comme de la théorie. Pour cela, la morale doit faire appel à l'ensemble des sciences (biologie, psychologie et sociologie), à la critique de la science, enfin à la philosophie première. Profondément « subjective » par un de ses côtés, elle doit être, par l'autre, largement objective, puisqu'elle ouvre toute grande la perspective sur le véritable univers, l'univers des consciences. Par là aussi, elle est l'équivalent des morales religieuses, ou plutôt les morales religieuses en sont les équivalents plus ou moins incomplets.

(1) Jules de Gaultier, *Revue des idées*, *ibid.*, p. 539.

APPENDICE

Le rapprochement des races au point de vue sociologique (1).

I. — Dans le problème des races, on a négligé un élément sociologique d'importance majeure, à savoir *l'idée* qu'une race a de soi et l'action exercée par cette idée. On sait que, selon nous, toute idée est la forme consciente que prennent nos sentiments et impulsions; toute idée enveloppe donc non seulement un acte intellectuel, mais une certaine direction de la sensibilité et de la volonté. Il en résulte, dans la société comme dans l'individu, que toute idée est une force qui tend à réaliser de plus en plus son propre objet. Il en est ainsi de l'idée de race, comme il en est ainsi de l'idée de nation. De là : 1° une certaine conscience que la race prend de soi et qui lui donne une sorte de moi dans chacun de ses membres; 2° une tendance à affirmer de plus en plus ce *moi*, à l'opposer aux autres et à le faire prédominer. L'idée de la race enveloppe, en d'autres termes, une conscience de race. Il est certain,

(1) Mémoire présenté au Congrès des races, tenu à Londres, en juillet 1911.

par exemple, qu'un blanc a l'idée de la race blanche. Résultat d'autant plus inévitable qu'il suffit d'ouvrir les yeux pour distinguer la couleur blanche de la couleur jaune ou de la couleur noire. Des Français ou des Russes peuvent ne pas se reconnaître à leur simple aspect; mais des blancs ou des noirs ne sauraient se confondre. La couleur est un lien visible et immédiat entre les hommes de race blanche, noire ou jaune. Même parmi les blancs, certains types sont facilement reconnaissables et établissent des liens entre ceux auxquels ils sont communs; tel est le type arabe, dolichocéphale brun, ou turc, brachycéphale brun, par opposition au type anglais, dolichocéphale blond.

Si la conscience ethnique donne à une race plus de cohésion et d'unité intérieure, elle a l'inconvénient d'aboutir presque toujours au sentiment d'une prétendue *supériorité* et, par cela même, au sentiment d'une *rivalité* naturelle. Le jaune ne se croit pas moins supérieur au blanc que le blanc se croit supérieur au jaune. En tout cas, il se croit très différent; de là à se croire ennemi, il n'y a qu'un pas.

La division des langues et des mœurs, surtout celle des religions, accroît encore l'hostilité. Toute religion a un caractère sociologique et exprime symboliquement les conditions propres de vie ou de progrès d'une société donnée. La religion d'une race en fait une vaste société ayant les mêmes croyances et les mêmes aspirations. De plus, toute religion positive et dogmatique est intolérante, hostile aux autres religions : elle se croit la vérité et érige ainsi en esprit universel l'esprit particulier d'une race ou d'un peuple, l'esprit juif, l'esprit roumain, l'esprit mahométan, etc. Quand donc la conscience ethnique devient en même temps une conscience religieuse, le *moi* d'une race, en *se posant*, *s'oppose* au moi des autres races : c'est la guerre à l'état latent, qui, dès que l'occasion se présente, passe à l'état patent.

II. — Comment combattre la force de haine et de division inhérente à l'idée de la race, jointe à l'idée de la religion ? Par la force d'autres idées, enveloppant d'autres sentiments et d'autres tendances. Ces idées-forces sont de deux sortes : les idées scientifiques et les idées morales. Autant les idées ethniques et religieuses divisent, autant les idées scientifiques sont propres à unir. La science n'a pas de couleur, elle n'est ni blanche, ni jaune, ni noire ; elle n'est ni chrétienne, ni mahométane. De même que, quand un savant démontre l'égalité de deux triangles, il fait coïncider les côtés de ces triangles, de même sa pensée de géomètre coïncide avec la pensée de tous les autres géomètres, qu'ils soient blancs, jaunes ou noirs.

Les idées scientifiques développent, au-dessus des consciences de race, de nationalité ou de religion, une conscience *humaine* et *sociale*, pour ne pas dire plus qu'*humaine* et *cosmique*. La science est donc le grand lien des esprits ; elle est le germe fécond de la paix universelle ; elle réalise pour les intelligences la maxime : *tous en un*. Par la force des idées, l'union tend à passer des intelligences dans les cœurs : un savant jaune et un savant blanc se reconnaissent frères en vérité.

La *technique industrielle*, qui est l'application de la science, en partage le caractère universel. Un chemin de fer chinois ou un chemin de fer anglais, c'est toujours un chemin de fer; une ligne télégraphique russe ou une ligne télégraphique japonaise, c'est toujours un télégraphe; un téléphone turc ou un téléphone autrichien, c'est toujours un téléphone. Toutes les découvertes industrielles, c'est la science visible, c'est la vérité sautant aux yeux, dans son impersonnalité lumineuse, qui, comme le soleil, brille également pour les noirs et pour les blancs.

A la science et à l'industrie se joint le *commerce*, nouveau trait d'union entre les races. Il exige des voies de communication de plus en plus nombreuses et rapides, qui rapprochent les peuples. Il exige en outre des règles de morale et de droit qui, entre les diverses races, établissent des ressemblances morales et juridiques dont l'importance va croissant.

Un autre grand trait d'union entre les peuples et entre les races, qui jouera un rôle plus important dans l'avenir, ce sont les idées philosophiques. Même au moyen âge, elles rapprochaient les chrétiens, les juifs et les musulmans. Les saint Thomas, les Averroès, les Avicennes, les Maimonide, communiaient dans le culte de Platon et d'Aristote. Aujourd'hui un disciple de Confucius ou de Mencius n'aura pas de peine à s'entendre, sur beaucoup de points, avec un disciple de Kant ou de Schopenhauer. Les idées philosophiques, alors même qu'elles semblent diviser les esprits par l'apparente multiplicité des systèmes, les unissent en réalité dans un même amour du vrai, dans une même recherche désintéressée du fond des choses, des lois ultimes de la nature et de la vie. L'esprit critique est le même chez tous les vrais philosophes et l'esprit spéculatif est également le même. Tandis que toutes les religions dogmatiques commettent les deux péchés capitaux par excellence, orgueil et haine, le philosophe sait qu'il ne sait rien, ou peu de chose; il aime la contradiction, qui lui révèle un aspect du vrai différent de son point de vue propre; ses adversaires lui semblent, au fond, ses meilleurs amis. Il n'a nulle envie de les massacrer ou de les brûler. Sa tolérance universelle est faite, non d'indulgence pour ceux qui ne pensent pas comme lui, mais de respect pour la liberté des consciences, de reconnaissance pour les efforts qui complètent son effort propre, pour les clartés qui s'ajoutent aux clartés entrevues par lui. Et ne croyez pas que les idées philosophiques, avec les perspectives qu'elles ouvrent sur le monde et la vie, doivent rester l'apanage d'une élite; peu à peu elles descendent dans les esprits plus humbles; peu à peu elles se mêlent à l'atmosphère intellectuelle où tous respirent. Les pensées d'un Descartes, d'un Voltaire, d'un Rousseau, d'un Kant, flottent pour ainsi dire dans l'air ambiant; une foule d'humbles, qui n'ont jamais entendu prononcer ces noms, subissent inconsciemment les influences philosophiques qui ont contribué à la civilisation contemporaine. Il y a, grâce aux penseurs, quelque chose de changé sous le ciel et dans la conscience humaine. Rien ne se perd, tout se propage; les idées en apparence les plus abstraites, grâce à la force qui leur est immanente, finissent par prendre corps et par vivre chez tous les hommes : c'est là le véritable mystère de l'incarnation.

III. — A la propagation spontanée de la science, de

l'industrie, du commerce, de l'art même, qui franchit de plus en plus les frontières, de la morale sociale et du droit, qui imposent des pratiques de plus en plus uniformes dans les contrats et échanges, dans tous les rapports internationaux, faut-il joindre encore la *propagande religieuse?*

La question est si importante pour la sociologie ethnique, qu'elle mérite que nous y insistions. Nous l'avons déjà remarqué et nous ne saurions trop le redire : rien ne divise plus que les dogmes religieux, dont chacun exclut absolument son contraire : *sint ut sunt, aut non sint.* Le sens symbolique et philosophique que pourraient recevoir de tels dogmes (qui d'ailleurs sont pris à la lettre par les vrais croyants) échappe et échappera toujours à ceux qu'on veut convertir. Ils n'en saisissent que le côté irrationnel, parfois inhumain, antisocial; et ils ne voient pas pourquoi ils trahiraient leur race en renonçant à ses dieux pour ceux d'une race étrangère et souvent ennemie. Ceux des missionnaires qui s'éprennent des dogmes ou des rites et les veulent répandre sont des psychologues et sociologues qui se nourrissent d'illusions généreuses. Ils s'imaginent qu'ils vont convertir des mahométans ou des disciples de Confucius à la Trinité, à l'Incarnation, à la Transsubstantiation, à l'Immaculée Conception et à l'Infaillibilité papale.

Au récent Congès international de progrès religieux, tenu à Berlin, le représentant des bouddhistes, M. Jayatilaka, après avoir montré les beautés morales et religieuses du bouddhisme, qu'il déclare « la vérité même », a protesté contre les propagandistes des « nations civilisées », qui n'ont fait que du mal dans son pays. « Ne nous envoyez pas des missionnaires bornés et exaltés, qui ne visent qu'à exterminer la foi de nos pères. Envoyez-nous plutôt de braves représentants de la *Science* européenne, des hommes vraiment civilisés et généreux. » Le porte-voix de l'islamisme a soutenu que cette religion a toute la pureté du monothéisme sans aucun paganisme anthropomorphique ; il a déclaré que la première tâche du christianisme moderne est « de s'abstenir de toute activité missionnaire dans le domaine du mahométisme ». Les représentants du judaïsme ont soutenu à leur tour que leur religion est la vraie religion philosophique, où l'idée de Dieu est représentée en toute sa pureté, comme puissance, justice et amour, sans aucun des éléments orientaux, grecs et romains, qui se sont introduits dans le christianisme et l'ont paganisé. Conséquence : « N'essayez pas de nous convertir à une religion, dérivée de la nôtre et qui, à côté de certains progrès qui ne nous sont pas interdits ni étrangers, contient de manifestes déviations du grand idéal monothéiste et supra-anthropomorphique. » On voit que la foi est la même partout et partout demande à être respectée.

Les catéchistes, le plus souvent, ne parviennent à faire que des adeptes isolés, honnis de leurs anciens coreligionnaires et considérés comme des traîtres.

C'est donc une chimère que de compter sur les religions dogmatiques pour rapprocher les races. La conversion de la Chine, du Japon, de l'Hindoustan ou de la Turquie au catholicisme ou même au christianisme est pure utopie. Il faut, au contraire, respecter les diverses religions des peuples étrangers. S'ils veulent croire à

Brahma, à Vichnou et à Siva, plutôt qu'au Père, au Fils et au Saint-Esprit, laissez-les croire à Brahma, à Vichnou et à Siva. Les religions, à travers l'histoire, ont trop souvent poussé les peuples les uns contre les autres. Si elles ont produit des rapprochements et des unions, elles ont produit des discordes, des haines et des guerres. Il n'est pas une religion positive et dogmatique qui, comme lady Macbeth, n'ait aux mains des taches de sang que tout l'océan ne pourrait laver.

Il y a d'ailleurs, aux yeux du sociologue comme aux yeux du philosophe, une atteinte au droit et à la liberté de conscience, dans la prédication dogmatique organisée et envahissante qui s'efforce trop souvent de substituer un fanatisme étranger au fanatisme national de ceux que l'on catéchise.

La sociologie a établi que toute religion, si universelle qu'elle se croie, a toujours un fond *ethnique* et *national*, répondant aux besoins et aux traditions d'une race et d'un peuple. Il est donc illogique de vouloir la transplanter, soit de force, soit en frappant les imaginations, chez des peuples ayant déjà une religion adaptée à leur race et à leur nationalité. La religion n'est pas une « matière d'exportation ». Il n'y a d'universel, encore un coup, et de vraiment « catholique » au sens du mot grec, que la science, la philosophie et la morale. Voilà ce qu'il faut transporter pacifiquement chez les races les plus éloignées de la nôtre. Ce n'est pas la religion chrétienne qui a transformé et transformera le Japon, c'est la science et l'industrie. Les savants, aujourd'hui, sont les vrais et les seuls missionnaires. Les inventeurs des chemins de fer et des télégraphes ont plus fait pour unir les races que tous les François Xavier et tous les Ignace de Loyola. Chaque vérité découverte est une lumière de plus au firmament que tous contemplent, et cette lumière, tous ceux qui ne sont pas aveugles la voient. Elle devient le patrimoine commun de toutes les races; elle développe chez tous les hommes, comme nous l'avons vu, une conscience commune, une conscience d'hommes.

Il en est de même des idées morales, purement morales, fondées sur la nature des choses et des hommes, exprimant les conditions universelles de la vie en société et du progrès en société, de la *statique sociale* et de la *dynamique sociale*. Prêchez, ou plutôt, pratiquez la morale, cela vaudra mieux que de prêcher la trinité, et tous les mystères, la communion, la confirmation et tous les sacrements. De chaque religion, de chaque race, extrayez ce qu'elle contient de moral et de vraiment social, et acceptez-le, sans vous préoccuper des dogmes et symboles particuliers. La tolérance religieuse universelle, jointe à la morale universelle et à la science, voilà le grand moyen de participation réciproque entre les races. Si pourtant la morale même offre des différences d'une race à l'autre, tolérez ces différences, qui, peu à peu, s'atténueront par le frottement mutuel et par le progrès d'une civilisation de plus en plus uniforme. Laissez les mahométans prendre ouvertement plusieurs femmes, et vous, n'en prenez pas plusieurs en secret. Il doit y avoir une tolérance morale comme il y a une tolérance religieuse et philosophique. Pourvu qu'on n'attente pas formellement aux droits d'autrui, fermez les yeux sur des mœurs qui ne sont pas celles de votre race ou de votre pays; attendez de la science et de la civilisation la réforme graduelle de ces mœurs.

En somme, des forces nouvelles grandissent et conspirent en faveur de la paix, et ce ne sont pas des forces religieuses. La vie internationale, produit de la science, de l'industrie et des rapports économiques, naît à peine, et cependant elle devient chaque jour une réalité de plus en plus compréhensive, qui s'étend à des objets toujours croissant en nombre et en importance. Et cette vie commune n'est pas seulement internationale, elle est aussi, pourrait-on dire, inter-ethnique, en ce sens qu'elle embrasse les races les plus diverses, non pas seulement en Europe, mais encore en Amérique, en Asie, en Afrique. Sur toute la surface du globe se répandent et se propagent des idées-forces qui sont identiques et qui entraînent les divers esprits dans les mêmes directions.

Le moyen pratique de rapprocher les races, pour le sociologue, ne peut être que la diffusion, aussi large qu'il est possible, de l'instruction scientifique, morale et sociale, *à l'exclusion de tout dogme religieux*. Une telle instruction, peu à peu répandue chez les divers peuples, est le grand moyen de *paix*.

Comme nous l'avons montré dans notre *Esquisse psychologique des peuples européens*, c'est une loi de l'histoire que les facteurs scientifiques et sociaux, conséquemment intellectuels ou moraux, l'emportent de plus en plus, avec le progrès des civilisations modernes, sur les facteurs ethniques, géographiques et de climat. Le mouvement des sciences et des découvertes industrielles transforme de plus en plus rapidement les conditions de la vie sociale et du travail, ainsi que les rapports mutuels des différentes classes. Nul peuple ne peut plus se flatter d'une éternelle prééminence ; nul ne peut non plus être condamné à une déchéance irrémédiable, chaque race profite, par la solidarité universelle, des découvertes et expériences d'autrui. Cette loi de solidarité dans le milieu social l'emporte de plus en plus sur les conditions d'originalité propres dues au tempérament de la race et au milieu physique (1). L'avenir, avons-nous dit, n'est pas aux Anglo-Saxons, aux Germains, aux Grecs ou aux Latins ; il n'est pas aux chrétiens ou aux bouddhistes ; il est aux plus savants, aux plus industrieux et aux plus moraux.

---

(1) *Esquisse psychologique des peuples européens.* Conclusions.

TABLE DES MATIÈRES

INTRODUCTION

LIVRE PREMIER

LIVRE DEUXIÈME

LIVRE TROISIÈME

APPENDICE

SAINT-CLOUD. — IMPRIMERIE BELIN FRÈRES.

LIBRAIRIE FÉLIX ALCAN

FÉLIX ALCAN ET R. LISBONNE, ÉDITEURS

EXTRAIT DU CATALOGUE

PHILOSOPHIE — HISTOIRE — SCIENCES — MÉDECINE
ÉCONOMIE POLITIQUE — STATISTIQUE — FINANCES

TABLE DES MATIÈRES

PARIS

108, BOULEVARD SAINT-GERMAIN, 108 (6e)

JANVIER 1914

BIBLIOTHÈQUE
DE PHILOSOPHIE CONTEMPORAINE

VOLUMES IN-16. — Brochés, 2 fr. 50.

Derniers volumes publiés :

Bauer (A.). La conscience collective et la morale.

Bonet-Maury (G.). L'unité morale des religions.

Bourdeau (J.). La philosophie affective.

Estève (L.). Une nouvelle psychologie de l'impérialisme : Ernest Seillière.

Finnbogason (G.). L'intelligence sympathique.

Hachet-Souplet (P.). De l'animal à l'enfant.

Halbwachs (M.). La théorie de l'homme moyen.

Höffding (H.). Jean-Jacques Rousseau et sa philosophie.

Joussain (A.). Esquisse d'une philosophie de la nature.

Le Roy (E.). Une philosophie nouvelle : H. Bergson. 3ᵉ éd.

Martin (E.). Psychologie de la volonté.

Palante (G.). Pessimisme et individualisme.

Paulhan (Fr.). L'esthétique du paysage.

Ribot (Th.). La vie inconsciente et les mouvements.

Schopenhauer. Sur les apparitions, et opuscules divers.

Segond (J.). L'intuition bergsonienne.

Seillière (E.). Mysticisme et domination. Essai de critique impérialiste.

Wilbois (G.). Les nouvelles méthodes d'éducation : l'éducation de la volonté et du cœur.

Alaux. La philosophie de Victor Cousin.

Allier (R.). Philosophie d'Ernest Renan. 3ᵉ éd.

Arréat (L.). La morale dans le drame. 3ᵉ édit. — Mémoire et imagination. 2ᵉ édit. — Les croyances de demain. — Dix ans de philosophie (1890-1900). — Le sentiment religieux en France. — Art et psychologie individuelle.

Aslan (G.). Expérience et invention en morale.

Avebury (J. Lubbock). Paix et bonheur.

Baldwin (J. M.). Le Darwinisme dans les sciences morales.

Ballet (G.). Langage intérieur et aphasie. 2ᵉ éd.

Bayet (A.). La morale scientifique. 2ᵉ édit.

Beaussire. Les antécédents de l'hégélianisme.

Bergson. Le rire. 12ᵉ édit.

Binet. Psychologie du raisonnement. 5ᵉ éd.

Blondel (Hervé). Les approximations de la vérité.

Bohn (G.). La nouvelle psychologie animale.

Bos (C.). Psychologie de la croyance. 2ᵉ éd. — Pessimisme, féminisme, moralisme.

Boucher (M.). Essai sur l'hyperespace. 2ᵉ éd.

Bouglé (C.). Les sciences sociales en Allemagne. — Qu'est-ce que la sociologie? 2ᵉ éd.

Bourdeau (J.). Les maîtres de la pensée. 6ᵉ éd. — Socialistes et sociologues. 2ᵉ édit. — Pragmatisme et modernisme.

Boutroux (E.). De la contingence des lois de la nature. 7ᵉ éd.

Brunschvicg. Introduction à la vie de l'esprit. 3ᵉ éd. — L'idéalisme contemporain.

Coignet (C.). Le protestantisme français au XIXᵉ siècle.

Compayré (G.). L'adolescence. 2ᵉ édit.

VOLUMES IN-16 A 2 fr. 50

Coste. Dieu et l'âme. 2e édit.

Cramaussel (Em.). Le premier éveil intellectuel de l'enfant. 2e édit.

Cresson (A.). Les bases de la philosophie naturaliste. — Le malaise de la pensée philosophique. — La morale de Kant. 2e éd.

Danville (G.). Psychologie de l'amour. 6e édit.

Dauriac (L.). La psychologie dans l'opéra français.

Delvolvé (J.). L'organisation de la conscience morale. — Rationalisme et tradition. 2e édit.

Dromard (G.). Les mensonges de la vie intérieure.

Dugas (L.). Psittacisme et pensée symbolique. — La timidité. 6e édit. — Psychologie du rire. 2e édit. — L'absolu.

Dugas et Moutier. La dépersonnalisation.

Duguit (L.). Le droit social, le droit individuel et la transformation de l'Etat. 2e éd.

Dumas (G.). Le sourire.

Dunan. Théorie psychologique de l'espace. — Les deux idéalismes.

Duprat. Les causes sociales de la folie. — Le mensonge. 2e édit.

Durkheim (E.). Les règles de la méthode sociologique. 6e éd.

Eichthal (E. d'). Correspondance de S. Mill et G. d'Eichthal. — Pages sociales.

Emerson. Essais choisis.

Encausse (PAPUS). Occultisme et spiritualisme. 3e éd.

Espinas (A.). La philosophie expérimentale en Italie.

Eucken (R.). Le sens et la valeur de la vie.

Faivre (E.). De la variabilité des espèces.

Féré (Ch.). Sensation et mouvement. 2e édit. — Dégénérescence et criminalité. 4e éd.

Ferri (E.). Les criminels dans l'art. 4e ed.

Fierens-Gevaert. Essai sur l'art contemporain. 2e éd. — La tristesse contemporaine. 5e éd. — Psychologie d'une ville. Bruges. 3e éd. — Nouveaux essais sur l'art contemporain.

Fleury (M. de). L'âme du criminel. 3e éd.

Fonsegrive. La causalité efficiente.

Fouillée (A.). La propriété sociale et la démocratie. 4e édit.

Fournière (E.). Essai sur l'individualisme. 2e édit.

Geley (G.). L'être subconscient. 3e édit.

Girod (J.). Démocratie, patrie et humanité.

Goblot (E.). Justice et liberté. 2e édit.

Godfernaux (A.). Le sentiment et la pensée. 2e édit.

Grasset (J.). Les limites de la biologie. 6e édit.

Greef (G. de). Les lois sociologiques. 4e édit.

Guyau. La genèse de l'idée de temps. 2e éd.

Hartmann (E. de). La religion de l'avenir. 7e édition. — Le darwinisme. 9e édition.

Herckenrath (C. R. C.). Problèmes d'esthétique et de morale.

Jaëll (Marie). L'intelligence et le rythme dans les mouvements artistiques.

James (W.). La théorie de l'émotion. 4e édit.

Janet (Paul). La philosophie de Lamennais.

Jankelevitch. Nature et société.

Joussain (A.). Le fondement psychologique de la morale.

Kostyleff (N.). La crise de la psychologie expérimentale.

Lachelier (J.). Du fondement de l'induction. 6e éd. — Etudes sur le syllogisme.

Laby (J.-M.). La morale de Jésus.

Laisant (C.). L'éducation fondée sur la science. 3e éd.

Lampérière (Mme). Le rôle social de la femme.

Landry (A.). La responsabilité pénale.

Lange. Les émotions. 4e édit.

Lapie. La justice par l'Etat.

Laugel. L'optique et les arts.

Le Bon (Gustave). Lois psychologiques de l'évolution des peuples. 11e éd. — Psychologie des foules. 18e éd.

Le Dantec (F.). Le déterminisme biologique. 3e éd. — L'individualité et l'erreur individualiste. 3e édit. — Lamarckiens et darwiniens. 4e éd. — Le chaos et l'harmonie universelle.

VOLUMES IN-16 A 2 fr. 50

Lefèvre (G.). Obligation morale et idéalisme.

Liard. Les logiciens anglais contemporains. 5e éd. — Les définitions géométriques. 3e édit.

Lichtenberger (E.). Le Faust de Gœthe.

Lichtenberger (H.) La philosophie de Nietzsche. 13e éd. — Aphorismes de Nietzsche. 5e éd.

Lodge (O.). La vie et la matière. 2e édit.

Lubbock (J.) (LORD AVEBURY). Le bonheur de vivre. 2 vol. 12e éd. — L'emploi de la vie. 8e édit.

Lyon (G.). La philosophie de Hobbes.

Marguery (E.). L'œuvre d'art et l'évolution. 2e édit.

Mauxion. L'éducation par l'instruction. 2e éd. — Nature et éléments de la moralité.

Mendousse (P.). Du dressage à l'éducation.

Milhaud (G.). Le rationnel. — Les conditions et les limites de la certitude logique. 3e édit.

Mosso. La peur. 4e éd. — La fatigue intellectuelle et physique. 6e éd.

Murisier (E.). Les maladies du sentiment religieux. 3e éd.

Nordau (Max). Paradoxes psychologiques. 7e éd. — Paradoxes sociologiques. 6e édit. — Psycho-physiologie du génie. 5e éd.

Novicow. L'avenir de la race blanche. 2e édit.

Ossip-Lourié. Pensées de Tolstoï. 3e édit. — Philosophie de Tolstoï. 2e édit. — La philosophie sociale dans le théâtre d'Ibsen. 2e édit. — Nouvelles pensées de Tolstoï. — Le bonheur et l'intelligence. — Croyance religieuse et croyance intellectuelle.

Ostwald (W.). Esquisse d'une philosophie des sciences.

Palante (G.). Précis de sociologie. 5e édit. — La sensibilité individualiste.

Parisot et Martin. Les postulats de la pédagogie.

Parodi (D.). Le problème moral et la pensée contemporaine.

Paterson (W. R. SWIFT). L'éternel conflit.

Paulhan. Les phénomènes affectifs. 3e édit. — Psychologie de l'invention. 2e édit. — Analystes et esprits synthétiques. — La fonction de la mémoire. — La morale de l'ironie. 2e éd. — La logique de la contradiction.

Péladan. La philosophie de Léonard de Vinci.

Philippe (J.). L'image mentale.

Philippe (J.) et Paul-Boncour (G.). Les anomalies mentales chez les écoliers. 3e édit. — L'éducation des anormaux.

Pillon (F.). La philosophie de Charles Secrétan.

Pioger. Le monde physique.

Proal (L.). L'éducation et le suicide des enfants.

Queyrat. L'imagination chez l'enfant. 4e édit. — L'abstraction. 2e édit. — Les caractères et l'éducation morale. 4e éd. — La logique chez l'enfant. 4e éd. — Les jeux des enfants. 3e édit. — La curiosité.

Rageot (G.). Les savants et la philosophie.

Regnaud (P.). Précis de logique évolutionniste. — Comment naissent les mythes.

Renard (G.). Le régime socialiste. 6e édit.

Réville (A.). Histoire du dogme de la divinité de Jésus-Christ. 4e éd.

Rey (A.). L'énergétique et le mécanisme.

Ribot (Th.). La philosophie de Schopenhauer. 13e éd. — Les maladies de la mémoire. 23e éd. — Les maladies de la volonté. 27e éd. — Les maladies de la personnalité. 15e édit. — La psychologie de l'attention. 12e éd. — Problèmes de psychologie affective.

Richard (G.). Socialisme et science sociale. 3e éd.

Richet (Ch.). Psychologie générale. 8e éd.

Roberty (de). L'agnosticisme. 2e édit. — La recherche de l'unité. — Psychisme social. — Fondements de l'éthique. — Constitution de l'éthique. — Frédéric Nietzsche. — Concepts de la raison et lois de l'univers.

Roehrich (E.). L'attention spontanée et volontaire.

Rogues de Fursac (J.). Un mouvement mystique contemporain. — L'avarice.

Roisel. De la substance. — L'idée spiritualiste. 2e édit.

Roussel-Despierres. L'idéal esthétique.

VOLUMES IN-16 A 2 fr. 50

Rzewuski. L'optimisme de Schopenhauer.

Schopenhauer. Le libre arbitre. 12e édition. — Le fondement de la morale. 11e éd. — Pensées et fragments. 26e édition — Ecrivains et style. 2e édit. — Sur la religion. 2e édit. — Philosophie et philosophes. — Ethique, droit et politique. — Métaphysique et esthétique. — Philosophie et science de la nature. — Fragments sur l'histoire de la philosophie. — Essai sur les apparitions, et opuscules divers.

Segond (J.). Cournot.

Seillière. Introduction à la philosophie de l'impérialisme.

Simiand (F.). Méthode positive en science économique.

Sollier (P.). Les phénomènes d'autoscopie. — Morale et moralité.

Souriau (P.). La rêverie esthétique.

Spencer (Herbert). Classification des sciences. 9e edit. — L'individu contre l'Etat. 8e éd. — L'association en psychologie.

Stuart Mill. Correspondance avec G. d'Eichthal. — Auguste Comte et la philosophie positive. 8e éd. — L'utilitarisme. 7e édition.

Sully Prudhomme. Psychologie du libre arbitre. 2e éd.

Sully Prudhomme et Richet (Ch.). Le problème des causes finales. 4e éd.

Tanon. L'évolution du droit et la conscience sociale. 3e éd.

Tarde. La criminalité comparée. 7e éd. — Les transformations du droit. 7e éd. — Les lois sociales. 7e édit.

Taussat (J.). Le monisme et l'animisme.

Thamin. Éducation et positivisme. 3e éd.

Thomas (P.-F.). La suggestion, son rôle. 5e edit. — Morale et éducation. 3e éd.

Winter (M.). La méthode dans la philosophie des mathématiques

Wundt. Hypnotisme et suggestion. 4e édit.

Ziegler (Th.). La question sociale. 4e éd.

VOLUMES IN-8. — Brochés, à 3 fr. 75, 5 fr. 7 fr. 50, 10 fr. et 12 fr. 50

Derniers volumes publiés :

Année sociologique (L'). Tome XII (1909-1912), 15 fr.

Bechterew (W.). La psychologie objective, 7 fr. 50.

Berthelot (R.). Un romantisme utilitaire. 2 v. à 7.50.

Brochard (V.). Études de philosophie ancienne et moderne, 10 fr.

Brunschvicg (L.). Les étapes de la philosophie mathématique, 10 fr.

Cartault (A.). Les sentiments généreux, 5 fr.

Cellérier et Dugas. L'année pédagogique, 1re année, 7 fr. 50; 2e année. 7 fr. 50.

Dupréel (E.). Le rapport social, 5 fr.

Durkheim (E.). Les formes élémentaires de la vie religieuse, 10 fr.

Fouillée (A.). Esquisse d'une interprétation du monde, 3 fr. 75.

Gilson (Et.). La liberté chez Descartes et la théologie, 7 fr. 50.

Guyau (A.). La philosophie et la sociologie d'A. Fouillée, 3 fr. 75.

Halbwachs (M.). La classe ouvrière et les niveaux de vie, 7 fr.50.

James (W.). L'idée de vérité, 5 fr.

Le Dantec (F.). Contre la métaphysique, 3 fr. 75.

Leuba (J. H.). La psychologie des phénomènes religieux, 7 fr. 50.

Lodge (O.). La survivance humaine, 5 fr.

Luquet (G. H.). Les dessins d'un enfant, 7 fr. 50.

Mamelet (A.). Le relativisme philosophique chez Georg Simmel, 3 fr. 75.

Marceron (A.). La morale par l'Etat, 5 fr.

Ossip-Lourié. Le langage et la verbomanie, 5 fr.

Palante. Les antinomies entre l'individu et la société, 5 fr.

Paulhan (Fr.). Esprits logiques et esprits faux. 2e éd. 7 fr. 50. — L'activité mentale. 2e éd., 10 fr.

Philosophie allemande. — La philosophie allemande au XIXe siècle, 5 fr.

Pillon (F.). L'année philosophique, 23e année, 1912, 5 fr.

Rignano (E.). Essais de synthèse scientifique, 5 fr.

Roussel-Despierres (F.). Hiérarchie des principes et des problèmes sociaux, 5 fr.

Simmel (G.). Mélanges de philosophie relativiste, 5 fr.

Tardieu (E.). L'ennui, 2e éd., revue.

Terraillon (E.). L'honneur, 5 fr.

Wilbois (J.). Devoir et durée, 7 fr. 50.

Adam (Ch.). La philosophie en France (première moitié du XIXe siècle), 7 fr. 50.

Arréat. Psychologie du peintre, 5 fr.

Aubry (Dr L.). La contagion du meurtre, 5 fr.

Bain (Al.). La logique inductive et déductive. 5e édit. 2 vol., 20 fr.

Baldwin (J. M.). Le développement mental chez l'enfant et dans la race, 7 fr. 50.

Bardoux (J.). Psychologie de l'Angleterre contemporaine (*les crises belliqueuses*), 7 fr. 50. — Psychologie de l'Angleterre contemporaine (*les crises politiques*), 5 fr.

Barthélemy Saint-Hilaire. La philosophie dans ses rapports avec les sciences et la religion, 5 fr.

Barzelotti. La philosophie de H. Taine, 7 fr. 50

Basch (V.). La poétique de Schiller. 2e éd., 7 fr. 50.

Bayet (A.). L'idée de bien, 3 fr. 75.

Bazaillas. Musique et inconscience, 5 fr. — La vie personnelle, 5 fr.

Belot (G.). Études de morale positive, 7 fr. 50.

Bergson (H.). Essai sur les données immédiates de la conscience. 12e édit., 3 fr. 75. — Matière et mémoire. 9e édit., 5 fr. — L'évolution créatrice. 15e éd., 7 fr. 50.

Berr (H.). La synthèse en histoire, 5 fr.

Berthelot (R.). Evolutionnisme et platonisme. 5 fr.

Bertrand (A.). L'enseignement intégral, 5 fr. — Les études dans la démocratie, 5 fr.

Binet (A.). Les révélations de l'écriture, 5 fr.

Bloch (G.). La philosophie de Newton, 10 fr.

Boex-Borel (J.-H.) (*J.-H. Rosny aîné.*) Le pluralisme, 5 fr.

Boirac (E.). L'idée du phénomène, 5 fr. — La psychologie inconnue. 2e éd, 5 fr.

Bouglé. Les idées égalitaires. 2e éd., 3 fr. 75. — Essais sur le régime des castes, 5 fr.

Bourdeau (L.). Le problème de la mort. 4e éd., 5 fr. — Le problème de la vie, 7 fr. 50.

Bourdon. L'expression des émotions, 7 fr. 50.

Boutroux (Em.). Études d'histoire de la philosophie, 2e éd., 7 fr. 50.

Braunschvig. Le sentiment du beau et le sentiment poétique, 7 fr. 50.

Bray (L.). Du beau, 5 fr.

Brochard. De l'erreur. 2e éd., 5 fr.

Brugeilles (E.). Le droit et la sociologie, 3 fr. 75.

Brunschvicg (L.). Spinoza. 2e édit., 3 fr. 75. — La modalité du jugement, 5 fr.

Carrau (L.). Philosophie religieuse en Angleterre, 5 fr.

Cellérier (L.). Esquisse d'une science pédagogique, 7 fr. 50.

Chabot (Ch.). Nature et moralité, 5 fr.

Chide (A.). Le mobilisme moderne, 5 fr.

Clay. L'alternative. 2e éd., 10 fr.

Collins. Résumé de la philosophie de H. Spencer. 5e éd., 10 fr.

Cosentini. La sociologie génétique, 3 fr. 75.

Coste (A.). Principes d'une sociologie objective, 3 fr. 75. — L'expérience des peuples, 10 fr.

Couturat (C.). Les principes des mathématiques, 5 fr.

Crépieux-Jamin. L'écriture et le caractère. 6e éd., 7 fr. 50.

Cresson (A.). Morale de la raison théorique, 5 fr.

Croce (B.). Philosophie de la pratique, 7 fr. 50.

Cyon (E. de). Dieu et science. 2e édit., 7 fr 50.

Darbon (A.). L'explication mécanique et le nominalisme, 3 fr. 75.

Dauriac. Essai sur l'esprit musical, 5 fr.

David (A.). Le modernisme bouddhiste, 5 fr.

Delacroix (H.). Etudes d'histoire et de psychologie du mysticisme, 10 fr.

Delbos. La philosophie pratique de Kant, 12 fr. 50.

Delvaille (J.). La vie sociale et l'éducation, 3 fr. 75.

Delvolvé (J.). Religion, critique et philosophie positive chez Bayle, 7 fr. 50.

Draghicesco. L'individu dans le déterminisme social, 7 fr. 50. — Le problème de la conscience, 3 fr. 75.

Dromard (G.). Essai sur la sincérité, 5 fr.

Dubois (J.). Le problème pédagogique, 7 fr. 50.

Dugas (L.). Le problème de l'éducation. 2e éd. 5 fr. — L'éducation du caractère, 5 fr.

Dumas (G.). Saint-Simon et Auguste Comte, 5 fr.

Duprat (G.-L.). L'instabilité mentale, 5 fr.

Dupré et Nathan. Le langage musical, 3 fr. 75

Duproix. Kant et Fichte. 2e éd. 5 fr.

Durand (DE GROS). Taxinomie générale, 5 fr. — Esthétique et morale, 5 fr. — Variétés philosophiques. 2e éd. 5 fr.

Durkheim (E.). De la division du travail social, 4e éd. 7 fr. 50. — Le suicide. 2e édit., 7 fr. 50. — L'année sociologique : 1re à 4e années (3e et 5e épuisées). Chacune, 10 fr. 6e à 10e (7e épuisée). Chacune, 12 fr. 50. Tome XI, 1906-1909, 15 fr.

Egger (V.). La parole intérieure 2e éd., 5 fr.

Dwelshauvers. La synthèse mentale, 5 fr.

Ebbinghaus (H.). Précis de psychologie, 2e édit., 5 fr.

Espinas (A.). La philosophie sociale au XVIIIe siècle et la Révolution, 7 fr. 50.

Enriques. Les problèmes de la science et la logique, 3 fr. 75.

Eucken (R.). Les grands courants de la pensée contemporaine, 10 fr.

Evellin (F.). La raison pure et les antinomies, 5 fr.

Ferrero (G.). Les lois psychologiques du symbolisme, 5 fr.

Ferri (Enrico). La sociologie criminelle, 10 fr.

Ferri (Louis). La psychologie de l'association, 7 fr. 50.

Finot (J.). Le préjugé des races, 3e éd. 7 fr. 50. — Philosophie de la longévité, 12e éd. 5 fr. — Préjugé et problème des sexes. 5e édit., 5 fr.

Fonsegrive. Le libre arbitre. 2e éd. 10 fr.

Foucault (M.). La psychophysique, 7 fr. 50. — Le rêve, 5 fr.

Fouillée (Alf.). La pensée et les nouvelles écoles anti-intellectualistes. 2e édit., 7 fr. 50. — Liberté et déterminisme. 8e éd., 7 fr. 50. — Critique des systèmes de morale contemporains. 7e éd., 7 fr. 50. — La morale, l'art et la religion, d'après Guyau. 8e éd., 3 fr. 75. — L'avenir de la métaphysique. 2e éd., 5 fr. — Evolutionnisme des idées-forces. 5e éd., 7 f. 50. — La psychologie des idées-forces. 2e édit. 2 vol., 15 fr. — Tempérament et caractère. 3e éd., 7 fr. 50. — Le mouvement idéaliste. 3e éd., 7 fr. 50. — Le mouvement positiviste. 2e éd., 7 fr. 50. — Psychologie du peuple français. 3e éd., 7 fr. 50. — La France au point de vue moral. 5e éd., 7 fr. 50. — Esquisse psychologique des peuples européens. 4e édit., 10 fr. — Nietzsche et l'immoralisme. 2e éd., 5 fr. — Le moralisme de Kant et l'amoralisme contemporain. 2e éd., 7 fr. 50. — Eléments sociologiques de la morale. 2e éd., 7 fr. 50. — La morale des idées-forces, 7 fr. 50. — Le socialisme et la sociologie réformiste, 7 fr. 50. — La démocratie politique et sociale en France, 3 f. 75.

Fournière (E.). Théories socialistes au XIXe siècle, 7 fr. 50.

Fulliquet (G.). L'obligation morale. 7 fr. 50.

Garofalo. La criminologie. 5e édit., 7 fr. 50. — La superstition socialiste, 5 fr.

Gérard-Varet (L.). L'ignorance et l'irréflexion, 5 fr.

Gley (E.). Études de psycho-physiologie, 5 fr.

Gory (G.). L'immanence de la raison dans la connaissance sensible, 5 fr.

Gourd (J. J.). Philosophie de la religion, 5 fr.

Grasset (J.). Demifous et demiresponsables. 5 fr. — Introduction physiologique à l'étude de la philosophie. 2e éd., 5 fr.

Greef (G. de). Le transformisme social. 2e éd., 7 fr. 50. — La sociologie économique, 3 fr. 75.

Groos (K.). Les jeux des animaux, 7 fr. 50.

Gurney, Myers et Podmore. Les hallucinations télépathiques, 5e éd., 7 fr. 50.

Guyau. La morale anglaise contemporaine. 6e éd., 7 fr. 50. — Les problèmes de l'esthétique contemporaine. 8e éd., 5 fr. — Esquisse d'une morale sans obligation ni sanction. 9e éd., 5 fr. — L'irréligion de l'avenir. 16e éd., 7 fr. 50. — L'art au point de vue sociologique, 9e éd., 7 fr. 50. — Éducation et hérédité. 12e éd., 5 fr.

Halévy (E.) La formation du radicalisme philosophique. I. *La jeunesse de Bentham.* 7 fr. 50. II. *Evolution de la doctrine utilitaire*, 1789-1815. 7 fr. 50. III. *Le radicalisme philosophique.* 7 fr. 50

Hamelin (O.). Le système de Descartes, 7 fr. 50.

Hannequin. L'hypothèse des atomes. 2e éd., 7 fr. 50. — Etudes d'histoire des sciences et d'histoire de la philosophie. 2 vol., 15 fr.

Hartenberg (P.). Les timides et la timidité. 3e éd., 5 fr. — Physionomie et caractère. 2e éd. 5 fr.

Hébert. Evolution de la foi catholique, 5 fr. — Le divin, 5 fr.

Hémon (C). Philosophie de Sully Prudhomme, 7 fr. 50.

Hermant et Van de Waele. Les principales théories de la logique contemporaine, 5 fr.

Hirth (G.). Physiologie de l'art, 5 fr.

Höffding (H.). La pensée humaine, 7 fr 50. — Esquisse d'une psychologie fondée sur l'expérience. 4e édit., 7 fr. 50. — Histoire de la philosophie moderne. 2e édition. 2 vol., 20 fr. — Philosophie de la religion, 7 fr. 50. — Philosophes contemporains. 2e édit., 3 fr. 75.

Hubert et Mauss. Mélanges d'histoire des religions, 5 fr.

Ioteyko et Stefanowska. Psycho-physiologie de la douleur, 5 fr.

Isambert. Les idées socialistes en France (1815-1848), 7 fr. 50.

Izoulet. La cité moderne. 7e édit., 10 fr.

Jacoby. La sélection chez l'homme. 2e éd., 10 fr.

Janet (Paul). Œuvres philosophiques de Leibniz. 2e édition. 2 volumes, 20 fr. — Histoire de la science politique dans ses rapports avec la morale. 4e éd. 2 vol., 20 fr.

Janet (Pierre). L'automatisme psychologique. 7e éd., 7 fr. 50.

Jastrow (J.). La subconscience. 7 fr. 50.

Jaurès (J.). Réalité du monde sensible. 2e édit, 7 fr. 50.

Jeudon (L.). La morale de l'honneur, 5 fr.

Karppe. Études d'histoire de la philosophie, 3 fr. 75.

Keim (A.). Helvétius, 10 fr.

Lacombe (A.). Individus et sociétés selon Taine, 7 fr. 50.

La Grasserie (R. de). De la psychologie des religions, 5 fr.

Lalande (A.). La dissolution opposée à l'évolution, 7 fr. 50.

Lalo (Ch.). Esthétique musicale scientifique, 5 fr. — L'esthétique expérimentale contemporaine, 3 f. 75 — Les sentiments esthétiques, 5 fr.

Landry (A.). Principes de morale rationnelle, 5 fr.

Lanessan (J.-L. de). La morale naturelle, 10 fr. — La morale des religions, 10 fr.

Lapie (P.). Logique de la volonté, 7 fr. 50.

Lauvrière. Edgar Poë. 10 fr.

Laveleye (E. de). De la propriété et de ses formes primitives. 5e édit., 10 fr.

Leblond (M.-A.). L'idéal du XIXe siècle. 5 fr.

Le Bon (Gustave). Psychologie du socialisme. 7e éd., 7 fr. 50.

Lechalas (G.). Études esthétiques. 5 fr. — Etude sur l'espace et le temps. 2e édition., 5 fr.

Lechartier. David Hume, moraliste et sociologue, 5 fr.

Leclère. Le droit d'affirmer, 5 fr.

Le Dantec (F.). L'unité dans l'être vivant, 7 fr. 50. — Limites du connaissable. 3ᵉ édit., 3 fr. 75.

Léon (Xavier). La philosophie de Fichte, 10 fr.

Leroy (E.-B.). Le langage, 5 fr.

Lévy (A.). La philosophie de Feuerbach, 10 fr.

Lévy-Brühl (L.). La philosophie de Jacobi, 5 fr. — Lettres de Stuart Mill à Comte. 10 fr. — La philosophie d'Aug. Comte. 3ᵉ éd., 7 fr. 50. — La morale et la science des mœurs. 5ᵉ éd., 5 fr. — Les fonctions mentales dans les sociétés inférieures. 2ᵉ éd., 7 fr. 50.

Liard. Science positive et métaphysique. 4ᵉ édit., 7 fr. 50. — Descartes. 3ᵉ édit., 5 fr.

Lichtenberger (H.). Richard Wagner, poète et penseur. 5ᵉ édit., 10 fr. — Henri Heine penseur, 3 fr. 75.

Lombroso. La femme criminelle et la prostituée (avec pl.), 15 fr. — Le crime politique et les révolutions. 2 vol., 15 fr. — L'homme criminel. 3ᵉ édit. 2 vol., avec atlas, 36 fr. — Le crime. 2ᵉ éd., 10 fr. — L'homme de génie (avec pl). 4ᵉ éd., 10 fr.

Lubac (E.). Système de psychologie rationnelle, 3 fr. 75.

Luquet (G.). Idées générales de psychologie, 5 fr.

Lyon (G.) L'idéalisme en Angleterre au XVIIIᵉ siècle, 7 fr. 50. — Enseignement et religion, 3 fr. 75.

Malapert (P.). Les éléments du caractère. 2ᵉ éd., 5 fr.

Marion La solidarité morale. 6ᵉ édit., 5 fr.

Martin (Fr.). La perception extérieure et la science positive, 5 fr.

Matagrin (A.). La psychologie sociale de Gabriel Tarde, 5 fr.

Maxwell (J.). Les phénomènes psychiques. 4ᵉ éd., 5 fr.

Ménard (A.). Psychologie de W. James, 7 fr. 50.

Mendousse (P.). L'âme de l'adolescent. 2ᵉ édit., 5 fr.

Meyerson (E.). Identité et réalité. 2ᵉ édit., 7 fr. 50

Morton Prince. La dissociation d'une personnalité, 10 fr.

Muller (Max). Nouvelles études de mythologie, 12 fr. 50.

Myers. La personnalité humaine. 3ᵉ éd., 7 fr. 50.

Naville (E.). La définition de la philosophie, 5 fr. — Les philosophies négatives, 5 fr. — Le libre arbitre. 2ᵉ édition, 5 fr. — Les philosophies affirmatives, 7 fr. 50.

Nordau (Max). Dégénérescence. 2 vol. 7ᵉ éd., 17 fr. 50. — Les mensonges conventionnels de notre civilisation. 10ᵉ éd., 5 fr. — Vus du dehors, 5 fr. — Le sens de l'histoire, 7 fr. 50.

Novicow. La morale et l'intérêt, 5 fr. — Luttes entre sociétés humaines. 2ᵉ éd., 10 fr. — Justice et expansion de la vie, 7 fr. 50. — La critique du darwinisme social, 7 fr. 50.

Oldenberg (H.). Le Bouddha. 2ᵉ éd., 7 fr. 50. — La religion du Véda. 10 fr.

Ossip-Lourié. La philosophie russe contemporaine, 5 fr. — Psychologie des romanciers russes au XIXᵉ siècle, 7 fr. 50.

Ouvré. Formes littéraires de la pensée grecque, 10 fr.

Palante (G.). Combat pour l'individu, 3 fr. 75.

Paulhan (Fr.). Les caractères. 4ᵉ édit., 5 fr. — Les mensonges du caractère, 5 fr. — Le mensonge de l'art, 5 fr.

Payot. L'éducation de la volonté. 36ᵉ éd., 5 fr. — La croyance. 3ᵉ éd., 5 fr.

Pérès (J.). L'art et le réel, 3 fr. 75.

Perez (Bernard). Les trois premières années de l'enfant. 7ᵉ éd., 5 fr. — L'enfant de 3 à 7 ans. 4ᵉ éd., 5 fr. — L'éducation morale dès le berceau. 4ᵉ éd., 5 fr. — L'éducation intellectuelle dès le berceau. 2ᵉ éd., 5 fr.

Piat (C.). La personne humaine. 2ᵉ éd., 7 fr. 50. — Destinée de l'homme. 2ᵉ édit., 5 fr. — La morale du bonheur. 5 fr.

Picavet. Les idéologues, 10 fr.

Piderit. La mimique et la physiognomonie, 5 fr.

Pillon. L'année philosophique. 22 vol. (1ᵉʳ et 5ᵉ épuisés), chacune, 5 fr.

Pioger (J.). La vie et la pensée, 5 fr. — La vie sociale, la morale et le progrès, 5 fr.

Prat (L.) Le caractère empirique et la personne, 7 fr. 50.

Preyer. Éléments de physiologie, 5 fr.

Proal (L.). Le crime et la peine. 4e éd., 10 fr. — La criminalité politique. 2e éd., 5 fr. — Le crime et le suicide passionnels, 10 fr.

Rageot (G.). Le succès, 3 fr. 75.

Rauh (F.). Études de morale, 10 fr. — De la méthode dans la psychologie des sentiments. 2e éd., 5 fr. — L'expérience morale, 3 fr. 75.

Récéjac. La connaissance mystique. 5 fr.

Rémond et Voivenel. Le génie littéraire, 5 fr.

Renard (G.). La méthode scientifique de l'histoire littéraire, 10 fr.

Renouvier. Les dilemnes de la métaphysique pure, 5 fr. — Histoire et solution des problèmes métaphysiques, 7 fr. 50. — Le personnalisme, 10 fr. — Critique de la doctrine de Kant, 7 fr. 50. — Science de la morale. Nouv. édit. 2 vol., 15 fr.

Revault d'Allonnes (G.). Psychologie d'une religion, 5 fr. — Les inclinations, 3 fr. 75.

Rey (A.). La théorie de la physique chez les physiciens contemporains. 7 fr. 50.

Ribéry. Classification des caractères, 3 fr. 75.

Ribot (Th.). L'hérédité psychologique. 9e éd., 7 fr. 50. — La psychologie anglaise contemporaine. 3e éd., 7 fr. 50. — La psychologie allemande contemporaine. 7e éd., 7 fr. 50. — La psychologie des sentiments. 8e éd., 7 fr. 50. — L'évolution des idées générales. 3e éd., 5 fr. — L'imagination créatrice. 3e éd., 5 fr. — Logique des sentiments. 4e éd., 3 fr. 75. — Essai sur les passions. 3e éd., 3 fr. 75.

Ricardou. De l'idéal, 5 fr.

Richard (G.). L'idée d'évolution dans la nature et dans l'histoire, 7 fr. 50.

Riemann (H.). Éléments de l'esthétique musicale, 5 fr.

Rignano (E.). Transmissibilité des caractères acquis, 5 fr.

Rivaud (A.). Les notions d'essence et d'existence chez Spinoza, 3 fr. 75.

Roberty (E. de). Ancienne et nouvelle philosophie, 7 fr. 50. — La philosophie du siècle, 5 fr. — Nouveau programme de sociologie, 5 fr. — Sociologie de l'action, 3 fr. 75.

Rodrigues (G.). Le problème de l'action, 3 fr. 75.

Roehrich (Ed.). Philosophie de l'éducation, 5 fr.

Romanes. L'évolution mentale chez l'homme, 7 fr. 50.

Roussel-Despierres (F.). Liberté et beauté, 7 fr. 50.

Russell. La philosophie de Leibniz, 3 fr. 75.

Ruyssen. Évolution psychologique du jugement, 5 fr.

Sabatier (A.). Philosophie de l'effort. 2e éd. 7 fr. 50.

Saigey (Émile). La physique de Voltaire, 5 fr.

Saint-Paul (G.). Le langage intérieur, 5 fr.

Sanz y Escartin (E.). L'individu et la réforme sociale, 7 fr. 50.

Schiller (F.). Études sur l'humanisme, 10 fr.

Schinz (A.). Anti-pragmatisme, 5 fr.

Schopenhauer. Aphorismes sur la sagesse dans la vie. 9e éd., 5 fr. — Le monde comme volonté et représentation. 6e éd. 3 vol., chacun, 7 fr. 50.

Séailles. Essai sur le génie dans l'art. 4e éd., 5 fr. — Philosophie de Renouvier, 7 fr. 50.

Segond (J.). La prière, 7 fr. 50.

Sighele. La foule criminelle. 2e édit., 5 fr.

Sollier. Psychologie de l'idiot et de l'imbécile. 2e éd., 5 fr. — Le problème de la mémoire. 3 fr. 75. — Le mécanisme des émotions, 5 fr. — Le doute, 7 fr. 50.

Souriau. L'esthétique du mouvement, 5 fr. — La beauté rationnelle, 10 fr. — La suggestion dans l'art. 2e édit, 5 fr.

Spencer (H.). Les premiers principes. 11e éd., 10 fr. — Principes de psychologie. 2 vol. 20 fr. — Principes de biologie. 6e éd. 2 vol. 20 fr. — Principes de sociologie. 5 vol., 43 fr. 75.

I. *Données de la sociologie*, 10 fr. — II. *Inductions de la sociologie. Relations domestiques*, 7 fr. 50. — III. *Institutions cérémonielles et politiques*, 15 fr. — IV. *Institutions ecclésiastiques*, 3 fr. 75. — V. *Institutions professionnelles*, 7 fr. 50.

— Justice. 3e éd., 7 fr. 50. — Rôle moral de la bienfaisance, 7 fr. 50. — Morale des différents peuples, 7.50. — Problèmes de morale et de sociologie. 2e éd., 7 fr. 50. — Essais sur le progrès. 5e éd., 7 fr. 50. — Essais de politique. 4e éd., 7 fr. 50. — Essais scientifiques. 4e éd., 7 fr. 50. — De l'éducation. 13e édit., 5 fr. — Une autobiographie, 10 fr.

Stapfer (P.) Questions esthétiques et religieuses, 3 fr. 75.

Stein. La question sociale au point de vue philosophique, 10 fr.

Stuart Mill. Mes mémoires. 5e éd., 5 fr. — Système de logique. 2 vol., 20 fr. — Essais sur la religion. 4e édit., 5 fr. — Lettres à Auguste Comte.

Sully (J.). Le pessimisme. 2e éd. 7 fr. 50. — Essai sur le rire, 7 fr. 50.

Sully Prudhomme. La vraie religion selon Pascal, 7 fr. 50. — Le lien social, 3 fr. 75.

Tarde (G.). La logique sociale. 4e édit., 7 fr. 50. — Les lois de l'imitation. 6e éd., 7 fr. 50. — L'opinion et la foule. 3e édit., 5 fr.

Tassy (E.). Le travail d'idéation, 5 fr.

Thomas (P.-Félix). L'éducation des sentiments. 5e éd., 5 fr. — Pierre Leroux. Sa philosophie, 5 fr.

Tisserand (P.). L'anthropologie de Maine de Biran, 10 fr.

Udine (Jean d'). L'art et le geste. 5 fr.

Urtin (H.). L'action criminelle, 5 fr.

Vacherot (Et.). Essais de philosophie critique, 7 fr. 50. — La religion, 7 fr. 50.

Waynbaum (I.). La physionomie humaine, 5 fr.

Weber (L.). Vers le positivisme absolu par l'idéalisme, 7 fr. 50

BIBLIOTHÈQUE
D'HISTOIRE CONTEMPORAINE

Volumes in-16 et in-8

DERNIERS VOLUMES PUBLIÉS :

LES QUESTIONS ACTUELLES ET LE PASSÉ, par *A. Fribourg*. 1 vol. in-16 . . . . . 3 fr. 50

BONAPARTE A ANCONE, par *P. Bodereau*. 1 vol. in-16. . . . . 3 fr. 50

L'UNITÉ FRANÇAISE, par *E. Driault*. 1 vol. in-16. . . . . . . 3 fr. 50

LA CHINE ET LE MOUVEMENT CONSTITUTIONNEL (1910-1913), par *J. Rodes*. 1 vol. in-16 . . . . . 3 fr. 50

L'AFRIQUE DU NORD, par *A. Bernard*, *J. Ladreit de Lacharrière*, *C. Guy*, *A. Tardieu*, *R. Pinon*, *C. Jonnart*, *Général Lyautey*, *E. Rouire*, *J. Ch.-Roux*, *S. Pichon*. 1 vol. in-16, avec cartes . . . . . . 3 fr. 50

ÉTUDES ET LEÇONS SUR LA RÉVOLUTION FRANÇAISE, 7e série, par *A. Aulard*. 1 vol. in-16. . . . . 3 fr. 50

L'ALLEMAGNE ET LA FRANCE EN EUROPE, par *P. Albin*. 1 vol. in-8. 7 fr.

LA CRISE POLITIQUE DE L'ALLEMAGNE CONTEMPORAINE, par *W. Martin*. 1 vol. in-16. . . . . 3 fr. 50

L'ALSACE-LORRAINE OBSTACLE A L'EXPANSION ALLEMANDE, par *J. Novicow*. 1 vol. in-16. . . . . 3 fr. 50

LE MAROC, par *A. Bernard*, 2e éd., revue. 1 vol. in-8, avec cartes. 5 fr.

L'ITALIE ÉCONOMIQUE ET SOCIALE (1861-1912), par *E. Lémonon*. 1 vol. in-8. . . . . 7 fr.

L'ŒUVRE LÉGISLATIVE DE LA RÉVOLUTION, par *L. Cahen* et *R. Guyot*. 1 vol. in-8. . . . . 7 fr.

NOS HOMMES D'ÉTAT ET L'ŒUVRE DE RÉFORME, par *F. Maury*. 1 vol. in-16 . . . . . 3 fr. 50

LE « COUP » D'AGADIR, par *P. Albin*. 1 vol. in-16 . . . . 3 fr. 50

HISTOIRE DE LA RÉVOLUTION FRANÇAISE, par *Th. Carlyle*. Nouvelle édition. 3 vol. in-18 . . . . . 10 fr. 50

LA FRANCE SOUS LA MONARCHIE CONSTITUTIONNELLE (1814-1848), par *G. Weill*. Nouvelle édition. 1 vol. in-16 . . . . 3 fr. 50

BISMARCK (1815-1898), par *H. Welschinger*. 2e éd. In-8 av. portrait. 5 fr.

LES GRANDS PROBLÈMES DE LA POLITIQUE INTÉRIEURE RUSSE, par *R. Marchand*. 1 vol. in-16. . . . . 3 fr. 50

LE PORTUGAL ET SES COLONIES, par *A. Marvaud*. 1 vol. in-8. . . 5 fr.

AUSTERLITZ. LA FIN DU SAINT-EMPIRE (1804-1806). (*Napoléon et l'Europe*, II), par *E. Driault*. 1 vol. in-8. . . . . 7 fr.

LA VIE POLITIQUE DANS LES DEUX MONDES, publ. sous la dir. de *A. Viallate* et *M. Caudel*, avec la collab. de professeurs et d'anciens élèves de l'Ecole des Sciences Politiques. 6e année, 1911-1912. 1 fort. vol. in-8. 10 fr.

Précédemment publiés :

EUROPE

LES QUESTIONS ACTUELLES DE POLITIQUE ÉTRANGÈRE EN EUROPE, par *F. Charmes, A. Leroy-Beaulieu, R. Millet, A. Ribot, A. Vandal, R. de Caix, R. Henry, G. Louis-Jaray, R. Pinon, A. Tardieu*. Nouvelle édition, refondue et mise à jour. 1 vol. in-16 avec 5 cartes hors texte. 3 fr. 50

HISTOIRE DIPLOMATIQUE DE L'EUROPE (1815-1878), par *Debidour*, 2 vol. in-8 . . . . 18 fr.

LA QUESTION D'ORIENT, par *E. Driault*. 6e édit. 1 vol. in-8. . 7 fr.

LA CONFÉRENCE D'ALGÉSIRAS. *Histoire diplomatique de la crise marocaine (janvier-avril 1906)*, par *A. Tardieu*. 3e édit. Revue et augmentée d'un appendice sur *Le Maroc après la conférence* (1906-1909). In-8. 10 fr.

LES GRANDS TRAITÉS POLITIQUES. *Recueil des principaux textes diplomatiques depuis 1815 jusqu'à nos jours*, par *P. Albin*. Préface de *Maurice Herbette*. 1 vol. in-8 . . . . 10 fr.

L'EUROPE ET LA POLITIQUE BRITANNIQUE (1882-1911), par *E. Lémonon*. Préface de M. *Paul Deschanel*. 2e édit. 1 vol. in-8 . . . . . . 10 fr.

LA POLITIQUE DE PIE X, par *Maurice Pernot*. 1 vol. in-16 . . . 3 fr. 50

FRANCE ET COLONIES

LE DIRECTOIRE ET LA PAIX DE L'EUROPE, DES TRAITÉS DE BALE A LA DEUXIÈME COALITION (1795-1799), par *R. Guyot*. 1 vol. in-8. . . 15 fr.

LA POLITIQUE DOUANIÈRE DE LA FRANCE, par *Ch. Augier* et *A. Marvaud*. 1 vol. in-8. . . . . 7 fr. 50

LA RÉVOLUTION FRANÇAISE, par *H. Carnot*. 1 vol. in-16. Nouv. éd. 3 fr. 50

LA THÉOPHILANTHROPIE ET LE CULTE DÉCADAIRE (1796-1801), par *A. Mathiez*. 1 vol. in-8. 12 fr.

CONTRIBUTIONS A L'HISTOIRE RELIGIEUSE DE LA RÉVOLUTION FRANÇAISE, par *le même*. 1 vol. in-16. 3 fr. 50

MÉMOIRES D'UN MINISTRE DU TRÉSOR PUBLIC (1780-1815), par le comte *Mollien*. Publié par *M. Gomel*. 3 vol. in-8. . . . . 15 fr.

CONDORCET ET LA RÉVOLUTION FRANÇAISE, par *L. Cahen*. 1 vol. in-8. 10 fr.

CAMBON ET LA RÉVOLUTION FRANÇAISE, par *F. Bornarel*. 1 vol. in-8. 7 fr.

LE CULTE DE LA RAISON ET LE CULTE DE L'ÊTRE SUPRÊME (1793-1794). *Étude historique*, par *A. Aulard*. 2e éd. 1 vol. in-16. . . . . 3 fr. 50

ÉTUDES ET LEÇONS SUR LA RÉVOLUTION FRANÇAISE, par *A. Aulard*. 6 vol. in-16. Chacun . . . . 3 fr. 50

HOMMES ET CHOSES DE LA RÉVOLUTION, par *E. Spuller*. In-16. 3 fr. 50

LES CAMPAGNES DES ARMÉES FRANÇAISES (1792-1815), par *C. Vallaux*. 1 vol. in-16, avec 17 cartes. . . . . 3 fr. 50

LA POLITIQUE ORIENTALE DE NAPOLÉON (1806-1808), par *E. Driault*. In-8. 7 fr.

NAPOLÉON ET LA POLOGNE (1806-1807), par *Handelsman*. 1 vol. in-8. 5 fr.

DE WATERLOO A SAINTE-HÉLÈNE, par *J. Silvestre*, 1 vol. in-16. 3 fr. 50

LE CONVENTIONNEL GOUJON, par *L. Thénard et R. Guyot*. 1 vol. in-8. 5 fr.

HISTOIRE DU SECOND EMPIRE (1848-1870), par *T. Delord*. 6 vol. in-8. 42 fr.

HISTOIRE DE DIX ANS (1830-1840), par *Louis Blanc*. 5 vol. in-8. Chacun. 5 fr.

ASSOCIATIONS ET SOCIÉTÉS SECRÈTES SOUS LA DEUXIÈME RÉPUBLIQUE (1848-1851), par *J. Tchernoff*. 1 vol. in-8. . . . . 7 fr.

HISTOIRE DU PARTI RÉPUBLICAIN (1814-1870), par *G. Weill*. 1 v. in-8. 10 fr.
HISTOIRE DU MOUVEMENT SOCIAL (1852-1910), par *le même*. In-8. 2ᵉ éd. 10 fr.
HISTOIRE DE LA TROISIÈME RÉPUBLIQUE, par *E. Zevort* : I. *Présidence de M. Thiers*. 3ᵉ édit. 1 vol. in-8. 7 fr. — II. *Présidence du Maréchal*. (Épuisé) — III. *Présidence de Jules Grévy*. 2ᵉ édition. 1 vol. in-8. 7 fr. — IV. *Présidence de Sadi-Carnot*. 1 vol. in-8. . . . 7 fr.
HISTOIRE DES RAPPORTS DE L'ÉGLISE ET DE L'ÉTAT EN FRANCE (1789-1870), par *A. Debidour*. 2ᵉ éd. 1 vol. in-8 (*Couronné par l'Institut*). 12 fr.
L'ÉTAT ET LES ÉGLISES EN FRANCE, par *J.-L. de Lanessan*. In-16. 3 fr. 50
LA SOCIÉTÉ FRANÇAISE SOUS LA TROISIÈME RÉPUBLIQUE, par *Marius-Ary Leblond*. 1 vol. in-8. 5 fr.
LA LIBERTÉ DE CONSCIENCE EN FRANCE (1595-1905), par *G. Bonet-Maury*. 1 vol. in-8, 2ᵉ édit. 5 fr.
LES CIVILISATIONS TUNISIENNES, par *P. Lapie*. 1 vol. in-16. . 3 fr. 50
LES COLONIES FRANÇAISES, par *P. Gaffarel*. 6ᵉ éd. 1 vol. in-8. . . 5 fr.
L'ŒUVRE DE LA FRANCE AU TONKIN, par *A. Gaisman*. 1 v. in-16. 3 fr. 50
LA FRANCE HORS DE FRANCE. *Notre émigration, sa nécessité, ses conditions*, par *J.-B. Piolet*. 1 vol. in-8. . . . . 10 fr.
L'ALGÉRIE, par *M. Wahl*. 5ᵉ éd., revue par *A. Bernard*. 1 vol. in-8. 5 fr.
AU CONGO FRANÇAIS. *La question internationale du Congo*, par *F. Challaye*. 1 vol. in-8. . . . . 5 fr.
LA FRANCE MODERNE ET LE PROBLÈME COLONIAL (1815-1830), par *Ch. Schefer*. 1 vol. in-8. . . . . 7 fr.
L'ÉGLISE CATHOLIQUE ET L'ÉTAT EN FRANCE SOUS LA TROISIÈME RÉPUBLIQUE (1870-1906), par *A. Debidour*. Tome I. 1870-1889. 1 vol. in-8. 7 fr. Tome II. 1889-1906. 1 vol. in-8 . . . . 10 fr.
L'ÉVEIL D'UN MONDE. *L'œuvre de la France en Afrique occidentale*, par *L. Hubert*. 1 vol. in-16. . . . . 3 fr. 50
RÉGIONS ET PAYS DE FRANCE, par *Fèvre et Hauser*. 1 vol. in-8 ill. 7 fr.
NOTRE EMPIRE COLONIAL, par *H. Busson, J. Fèvre et H. Hauser*. 1 vol. in-8 avec gravures et cartes. . . . . 5 fr.
NAPOLÉON ET LA CATALOGNE. *La Captivité de Barcelone* (*Février 1808-Janvier 1810*). 1 vol. in-8 avec une carte hors texte. . . . . 10 fr.
LA POLITIQUE EXTÉRIEURE DU PREMIER CONSUL (1800-1803). (*Napoléon et l'Europe*, I), par *E. Driault*. 1 vol. in-8. . . . . 7 fr.
LES OFFICIERS DE L'ARMÉE ROYALE ET LA RÉVOLUTION, par le Lieut.-Colonel *Hartmann*. 1 vol. in-8 (*Couronné par l'Institut*). . . . 10 fr.
THOURET (1746-1794). *La vie et l'œuvre d'un constituant*, par *E. Lebègue*. 1 vol. in-8 . . . . 7 fr.
ESSAI POLITIQUE SUR A. DE TOCQUEVILLE, par *R. Pierre Marcel*. In-8. 7 fr.
HISTOIRE DU CATHOLICISME LIBÉRAL EN FRANCE (1828-1908), par *G. Weill*. 1 vol. in-16 . . . . 3 fr. 50

ALLEMAGNE

L'ESPRIT PUBLIC EN ALLEMAGNE VINGT ANS APRÈS BISMARCK, par *H. Moysset*. 1 vol. in-8. 5 fr.
L'EFFORT ALLEMAND, par *L. Hubert*. 1 vol. in-16 . . . . 3 fr. 50
LA RESTAURATION DE L'EMPIRE ALLEMAND, par *A. de Ruville*. Traduit par P. Albin. 1 vol. in-8. . . . . 7 fr.
LE GRAND-DUCHÉ DE BERG (1806-1813), par *Ch. Schmidt*. 1 vol. in-8. 10 fr.
HISTOIRE DE LA PRUSSE, *de la mort de Frédéric II à la bataille de Sadowa*, par *E. Véron*. 6ᵉ éd. 1 vol. in-18. . . . . 3 fr. 50
LES ORIGINES DU SOCIALISME D'ÉTAT EN ALLEMAGNE, par *Ch. Andler*. 2ᵉ édit. In-8. . . . . 7 fr.
L'ALLEMAGNE NOUVELLE ET SES HISTORIENS (*Niebuhr, Ranke, Mommsen, Sybel, Treitschke*), par *A. Guilland*. 1 vol. in-8 . . . . 5 fr.
LA DÉMOCRATIE SOCIALISTE ALLEMANDE, par *E. Milhaud*. 1 vol. in-8. 10 fr.
LA PRUSSE ET LA RÉVOLUTION DE 1848, par *P. Matter*. 1 v. in-16. 3 fr. 50
BISMARCK ET SON TEMPS, par *le même*. 3 vol. in-8, chacun. 10 fr. — I. *La préparation* (1815-1862). — II. *L'action* (1863-1870). — III. *Le triomphe et le déclin* (1870-1898). (*Ouvrage couronné par l'Institut*.)

ANGLETERRE

L'Europe et la politique britannique (1882-1911), par *E. Lémonon*. Préface de M. *Paul Deschanel*. 2e édit. 1 vol. in-8 . . . . . . 10 fr.
Histoire contemp. de l'Angleterre, par *H. Reynald*. 2e éd. In-16. 3 fr. 50
A travers l'Angleterre contemporaine, par *J. Mantoux*. In-16. 3 fr. 50

AUTRICHE-HONGRIE

La renaissance tchèque au XIXe siècle, par *L. Leger*. 1 v. in-16. 3 fr. 50
Les Tchèques et la Bohême contemporaine, par *Bourlier*. In-16. 3 fr. 50
Le pays magyar, par *R. Recouly*. 1 vol. in-16. . . . . 3 fr. 50
La Hongrie rurale, sociale et politique, par *J. de Mailath*. In-8. 5 fr.
La question sociale et le socialisme en Hongrie, par *G.-Louis Jaray*. 1 vol. in-8 avec 5 cartes hors texte . . . . 7 fr.

ESPAGNE

La question sociale en Espagne, par *Angel Marvaud*. 1 vol. in-8. 7 fr.

GRÈCE et TURQUIE

La Turquie et l'hellénisme contemporain, par *V. Bérard*. 1 vol. in-16. 6e éd. (*Ouvrage couronné par l'Académie française*) . . . . 3 fr. 50
Bonaparte et les îles Ioniennes, par *E. Rodocanachi*. In-8. 5 fr.

ITALIE

Histoire de l'unité italienne (1814-1871), p. *Bolton King*. 2 v. in-8. 15 fr.
Bonaparte et les républiques italiennes, par *P. Gaffarel*. In-8. 5 fr.
Napoléon en Italie (1800-1812), par *E. Driault*. 1 vol. in-8. . 10 fr.

ROUMANIE

Histoire de la Roumanie contemp. (1822-1900), par *Damé*. In-8. 7 fr.

SUÈDE

Bernadotte roi (1810-1818-1844), par *C. Schefer*. 1 vol. in-8. . 5 fr.

AMÉRIQUE

Les questions actuelles de politique étrangère dans l'Amérique du Nord, par *A. Siegfried*, *P. de Rousiers*, *de Périgny*, *F. Roz*, *A. Tardieu*. 1 vol. in-16 avec 5 cartes hors texte . . . . 3 fr. 50
Histoire de l'Amérique du Sud, par *Alf. Deberle*. In-16. 3e éd. 3 fr. 50
L'Industrie américaine, par *A. Viallate*. 1 vol. in-8. . . . . . 10 fr.

CHINE et JAPON

Histoire des relations de la Chine avec les puissances occidentales (1861-1902), par *H. Cordier*, de l'Instit. 3 vol. in-8, avec cartes. 30 fr.
L'Expédition de Chine de 1857-58, par *le même*. 1 vol. in-8. . . 7 fr.
L'Expédition de Chine de 1860, par *le même*. 1 vol. in-8 . . . . 7 fr.
En Chine. *Mœurs et institutions*, par *M. Courant*. 1 vol. in-16. 3 fr. 50
Le drame chinois, par *Marcel Monnier*. 1 vol. in-16 . . . 2 fr. 50
Le protestantisme au Japon (1859-1907), par *R. Allier*. In-16. 3 fr. 50
La question d'Extrême-Orient, par *E. Driault* 1 vol. in-8. . . 7 fr.
Les questions actuelles de politique étrangère en Asie, par MM. le *Baron de Courcel*, *P. Deschanel*, *P. Doumer*, *E. Etienne*, *le Général Lebon*, *Victor Bérard*, *R. de Caix*, *M. Revon*, *Jean Rodes*, le *Dr Rouire*. 1 vol. in-16 avec 4 cartes hors texte . . . . 3 fr. 50
La Chine nouvelle, par *Jean Rodes*. 1 vol. in-16 . . . . 3 fr. 50

INDE

L'Inde contemp. et le mouvement national, par *E. Piriou*. In-16. 3 fr. 50

ÉGYPTE

La transformation de l'Égypte, par *Alb. Métin*. 1 vol. in-16. 3 fr. 50

QUESTIONS POLITIQUES ET SOCIALES

Problèmes politiques et sociaux, par *E. Driault*. 2e éd. 1 vol. in-8. 7 fr.
Vue générale de l'histoire de la civilisation, par *le même*. 2 vol. in-16, illustrés, 3e édit. (*Récompensé par l'Institut*). . . . . . 7 fr.
Le monde actuel, par *le même*. *Tableau polit. et économ.* 1 v. in-8. 7 fr.
Souveraineté du peuple et gouvernement, par *E. d'Eichthal*, de l'Institut. 1 vol. in-16. . . . . 3 fr. 50

SOPHISMES SOCIALISTES ET FAITS ÉCONOMIQUES, par *Yves Guyot*. 1 vol. in-16. . . . . 3 fr. 50
LES MISSIONS ET LEUR PROTECTORAT, par *J.-L. de Lanessan*. 1 v. in-16. 3 fr. 50
LE SOCIALISME UTOPIQUE, par *A. Lichtenberger*. 1 vol. in-16. 3 fr. 50
LE SOCIALISME ET LA RÉVOLUTION FRANÇAISE, par *le même*. 1 v. in-8. 5 fr.
L'OUVRIER DEVANT L'ÉTAT, par *Paul Louis*. 1 vol. in-8. . . . . . 7 fr.
HISTOIRE DU MOUVEMENT SYNDICAL EN FRANCE (1789-1910), par *le même*. 2e édit. 1 vol. in-16. . . . . 3 fr. 50
LE SYNDICALISME CONTRE L'ÉTAT, par *le même*. 1 vol. in-16. 3 fr. 50
HISTOIRE POLITIQUE ET SOCIALE (1815-1911). (*Évolution du monde moderne*), par *E. Driault et Monod*. 1 vol. in-16 avec gravures et cartes. 2e édit. 5 fr.
LA DISSOLUTION DES ASSEMBLÉES PARLEMENTAIRES, par *Paul Matter*. 1 vol. in-8. . . . . 5 fr.
LA FRANCE ET L'ITALIE DEVANT L'HISTOIRE, par *J. Reinach*. 1 vol. in-8. 5 fr.
LE SOCIALISME A L'ÉTRANGER, par MM. *J. Bardoux, G. Gidel, Kinzo Gorai, G. Isambert, G. Louis-Jaray, A. Marvaud, Da Motta de San Miguel, P. Quentin-Bauchart, M. Revon, A. Tardieu*. 1 v. in-16. 3 fr. 50
FIGURES DISPARUES, par *E. Spuller*. 3 vol. in-16, chacun . . . 3 fr. 50
L'ÉDUCATION DE LA DÉMOCRATIE, par *le même*. 1 vol. in-16. . . 3 fr. 50
L'ÉVOLUTION POLITIQUE ET SOCIALE DE L'ÉGLISE, par *le même*. 1 v. in-16. 3 fr. 50
LA FRANCE ET SES ALLIANCES, par *A. Tardieu*. 1 vol. in-16.. . 3 fr. 50
LA VIE POLITIQUE DANS LES DEUX MONDES, publiée sous la direction de *A. Viallate* et *M. Caudel*. 1re ANNÉE (1906-1907), à 6e ANNÉE (1911-1912). Chacune 1 fort vol. in-8. . . . . 10 fr.
L'ÉCOLE SAINT-SIMONIENNE, par *G. Weill*. 1 vol. in-16. . . 3 fr. 50

LES MAITRES DE LA MUSIQUE

ÉTUDES D'HISTOIRE ET D'ESTHÉTIQUE

Publiées sous la direction de M. JEAN CHANTAVOINE

Chaque volume in-8 de 250 pages environ, 3 fr. 50

LISTE PAR ORDRE D'APPARITION

Palestrina, par MICHEL BRENET. 3e édition.
César Franck, par VINCENT D'INDY. 6e édit.
J.-S. Bach, par A. PIRRO. 4e édit.
Beethoven, par JEAN CHANTAVOINE. 7e édit.
Mendelssohn, par CAMILLE BELLAIGUE. 3e édition.
Smetana, par WILLIAM RITTER.
Rameau, par LOUIS LALOY. 2e éd.
Moussorgsky, par M. D. CALVOCORESSI. 2e édition.
Haydn, par M. BRENET. 2e édit.
Trouvères et Troubadours, par PIERRE AUBRY. 2e édit.
Wagner, par HENRI LICHTENBERGER. 4e édit.
Gluck, par JULIEN TIERSOT. 3e éd.
Liszt, par J. CHANTAVOINE. 3e éd.
Gounod, par C. BELLAIGUE. 2e éd.
Haendel, par R. ROLLAND. 3e éd.
Lully, par L. DE LA LAURENCIE.
L'Art Grégorien, par AMÉDÉE GASTOUÉ. 2e édit.
J.-J. Rousseau, par J. TIERSOT.
Schutz, par A. PIRRO.
Meyerbeer, par L. DAURIAC.
Mozart, par H. DE CURZON.

ART ET ESTHÉTIQUE

Collection fondée en 1913 et publiée sous la direction de M. PIERRE MARCEL

Chaque volume in-8, avec 24 reproductions hors texte. 3 fr. 50

LISTE PAR ORDRE D'APPARITION

Titien, par H. CARO-DELVAILLE.
Greuze, par LOUIS HAUTECOEUR.
Velazquez, par AMAN-JEAN.
Holbein, par E. FOUGERAT.
Hokousaï, par E. FOCILLON.
Puvis de Chavannes, par RENÉ JEAN.

BIBLIOTHÈQUE GÉNÉRALE
DES SCIENCES SOCIALES

Secrétaire de la rédaction: DICK MAY, Secrét. gén. de l'Éc. des Hautes-Études sociales.

Vol. in-8 carré de 300 pages environ, cart. à l'anglaise, chacun. 6 fr.

Derniers volumes publiés :

La vie à Paris au XVIIIe siècle, par MM. H. Bergmann, L. Cahen, H.-G. Ibels, L. de La Laurencie, J. Lètaconnoux, D. Mornet, J.-J. Olivier, M. Rouff.

Les assurances sociales en France et à l'étranger, par P. Pic, professeur à la Faculté de droit de Lyon.

Les divisions régionales de la France, par MM. C. Bloch, L. Laffitte, J. Letaconnoux, L. Levainville, F. Maurette, P. de Rousiers, M. Schwob, C. Vallaux, P. Vidal de la Blache. Introduction de Ch. Seignobos.

Les aspirations autonomistes en Europe, par MM. J. Aulneau, F. Delaisi, Y.-M. Goblet, R. Henry, H. Lichtenberger, A. Malet, R. Marvaud, Ad. Reinach, H. Vimard. Préface de Ch. Seignobos.

La méthode positive dans l'enseignement primaire et secondaire, par MM. Berthonneau, A. Bianconi, H. Bourgin, L. Brucker, F. Brunot, G. Delobel, G. Rudler, H. Weill. Avant-propos de A. Croiset.

Les œuvres périscolaires, par MM. le Dr Calmette, le Dr P. Gallois, le Dr de Pradel, G. Bertier, le Dr E. Petit, T. Coudirolle, le Dr Régnier, le Dr Cayla, L. Bougier, le Dr P. Le Gendre, le Dr Doléris. Préface de M. le sénateur Paul Strauss.

J.-J. Rousseau, par MM. A. Cahen, D. Mornet, G. Gastinel, V. Delbos, J. Benrubi, F. Baldensperger, G. Dwelshauvers, F. Vial, Beaulavon, G. Belot, C. Bouglé, D. Parodi. Préface de M. Lanson, professeur à la Sorbonne.

PRÉCÉDEMMENT PUBLIÉS :

LISTE PAR ORDRE D'APPARITION

L'individualisation de la peine, par R. Saleilles, prof. à la Faculté de droit de l'Univ. de Paris, et G. Morin, doc. 2e édition.

L'idéalisme social, par Eugène Fournière, 2e édit.

Ouvriers du temps passé, par H. Hauser, 3e édit.

Les transformations du pouvoir, par G. Tarde, 2e édit.

Morale sociale, par MM. G. Belot, Marcel Bernès, Brunschvicg, F. Buisson, Darlu, Dauriac, Delbet, Ch. Gide, M. Kovalevsky, Malapert, le R. P. Maumus, de Roberty, G. Sorel, le Pasteur Wagner. Préface de M. É. Boutroux, de l'Académie française. 2e éd.

Les enquêtes, *pratique et théorie,* par P. du Maroussem.

Questions de morale, par MM. Belot, Bernès, F. Buisson, A. Croiset, Darlu, Delbos, Fournière, Malapert, Moch, D. Parodi, G. Sorel. 2e édit.

Le développement du catholicisme social, depuis l'encyclique *Rerum Novarum,* par Max Turmann. 2e édit.

Le socialisme sans doctrines, par A. MÉTIN. 2e édit.

L'éducation morale dans l'Université, par MM. LÉVY-BRUHL, DARLU, M. BERNÈS, KORTZ, ROCAFORT, BIOCHE, Ph. GIDEL, MALAPERT, BELOT.

La méthode historique appliquée aux sciences sociales, par CH. SEIGNOBOS, professeur à l'Univ. de Paris. 2e édit.

Assistance sociale. *Pauvres et mendiants*, par PAUL STRAUSS.

L'hygiène sociale, par E. DUCLAUX, de l'Institut.

Essai d'une philosophie de la solidarité, par MM. DARLU, RAUH, F. BUISSON, GIDE, X. LÉON, LA FONTAINE, E. BOUTROUX.

L'éducation de la démocratie, par MM. E. LAVISSE, A. CROISET, SEIGNOBOS, MALAPERT, LANSON, HADAMARD. 2e édit.

L'exode rural et le retour aux champs, par VANDERVELDE. 2e édit.

La lutte pour l'existence et l'évolution des sociétés, par J.-L. DE LANESSAN, ancien ministre.

La concurrence sociale et les devoirs sociaux, par LE MÊME.

La démocratie devant la science, par C. BOUGLÉ, 2e éd. rev.

L'individualisme anarchiste. *Max Stirner*, par V. BASCH, chargé de cours à l'Université de Paris.

Les applications sociales de la solidarité, par MM. P. BUDIN, CH. GIDE, H. MONOD, PAULET, ROBIN, SIEGFRIED, BROUARDEL. 2e éd.

La paix et l'enseignement pacifiste, par MM. FR. PASSY, CH. RICHET, D'ESTOURNELLES DE CONSTANT, E. BOURGEOIS, A. WEISS, H. LA FONTAINE, G. LYON.

Études sur la philosophie morale au XIXe siècle, par MM. BELOT, A. DARLU, M. BERNÈS, A. LANDRY, CH. GIDE, E. ROBERTY, R. ALLIER, H. LICHTENBERGER, L. BRUNSCHVICG.

Enseignement et démocratie, par MM. A. CROISET, DEVINAT, BOITEL, MILLERAND, APPELL, SEIGNOBOS, LANSON, CH.-V. LANGLOIS.

Religions et sociétés, par MM. TH. REINACH, A. PUECH, R. ALLIER, A. LEROY-BEAULIEU, LE Bon CARRA DE VAUX, H. DREYFUS.

Essais socialistes, par E. VANDERVELDE.

Le surpeuplement et les habitations à bon marché, par H. TUROT et H. BELLAMY.

L'individu, l'association et l'État, par E. FOURNIÈRE.

Les trusts et les syndicats de producteurs, par J. CHASTIN.

Le droit de grève, par MM. CH. GIDE, H. BERTHÉLEMY, P. BUREAU, A. KEUFER, C. PERREAU, CH. PICQUENARD, A.-E. SAYOUS, F. FAGNOT, E. VANDERVELDE.

Morales et religions, par MM. G. BELOT, L. DORISON, AD. LODS, A. CROISET, W. MONOD, E. DE FAYE, A. PUECH, le baron CARRA DE VAUX, E. EHRARDT, H. ALLIER, F. CHALLAYE.

La nation armée, par MM. le général BAZAINE-HAYTER, C. BOUGLÉ, E. BOURGEOIS, Cne BOURGUET, E. BOUTROUX, A. CROISET, G. DEMENY, G. LANSON, L. PINEAU, Cne POTEZ, F. RAUH.

La criminalité dans l'adolescence, par G.-L. DUPRAT.

...

Médecine et pédagogie, par MM. le Dr ALBERT MATHIEU, le Dr GILLET, le Dr S. MÉRY, P. MALAPERT, le Dr LUCIEN BUTTE, le Dr PIERRE RÉGNIER, le Dr L. DUFESTEL, le Dr LOUIS GUINON, le Dr NOBÉCOURT. Préface de M. le Dr E. MOSNY.
La lutte contre le crime, par J.-L. DE LANESSAN.
La Belgique et le Congo, par E. VANDERVELDE.
La dépopulation de la France, par le Dr J. BERTILLON.
L'enseignement du français, par H. BOURGIN, A. CROISET, P. CROUZET, M. LACABE-PLASTEIG, G. LANSON, CH. MAQUET, J. PRETTRE, G. RUDLER, A. WEIL.
La séparation de l'Église et de l'État, par J. DE NARFON.
Neutralité et monopole de l'enseignement, par MM. V. BASCH, E. BLUM, A. CROISET, G. LANSON, D. PARODI, TH. REINACH, F. LÉVY-WOGUE et R. PICHON.
La lutte scolaire en France au dix-neuvième siècle, par MM. F. BUISSON, L. CAHEN, A. DESSOYE, E. FOURNIÈRE, C. LATREILLE, R. LEBEY, ROGER LÉVY, CH. SEIGNOBOS, CH. SCHMIDT, J. TCHERNOFF, E. TOUTEY et J. LETACONNOUX.

BIBLIOTHÈQUE UTILE

Volumes in-32 de 192 pages chacun.

Chaque volume broché, 60 cent.

Acloque (A.). Les insectes nuisibles (avec fig.).
Bastide. Les guerres de la Réforme.
Bellet. (D.). Les grands ports maritimes de commerce (avec fig.).
Bère. Histoire de l'armée française.
Berget (Adrien.) La viticulture nouvelle.
— La pratique des vins.
— Les vins de France..
Blerzy. Les colonies anglaises.
Bondois. (P). L'Europe contemporaine (1789-1879).
Bouant. Les principaux faits de la chimie (avec fig.).
— Histoire de l'eau (avec fig.).
Brothier. Histoire de la terre.
Buchez. Histoire de la formation de la nationalité française.
I. *Les Mérovingiens.*
II. *Les Carlovingiens.*
Carnot. Révolution française. 2 vol.
Catalan. Notions d'astronomie. (avec fig.).
Collas et Driault. Histoire de l'empire ottoman.
Collier. Premiers principes des beaux-arts (avec fig.).
Combes (L.). La Grèce ancienne.
Coste (A.). La richesse et le bonheur.
— Alcoolisme ou épargne.
Coupin (H.). La vie dans les mers (avec fig.).
Creighton. Histoire romaine.
Cruveilhier. Hygiène générale.
Debidour (A.) Histoire des rapports de l'Église et de l'État en France (1789-1871). Abrégé par DUBOIS et SARTHOU.
Despois (Eug.). Révolution d'Angleterre. (1603-1688).
Doneaud (Alfred). Histoire de la marine française.
— Histoire contemporaine de la Prusse.
Dufour. Petit dictionnaire des falsifications.
Eisenmenger (G.). Les tremblements de terre.
Enfantin. La vie éternelle, passée, présente, future.
Faque (L.). L'Indo-Chine française.
Ferrière. Le darwinisme.
Gaffarel (Paul). Les frontières françaises et leur défense.
Gastineau (B.). Les génies de la science et de l'industrie.
Geikie. La géologie (avec fig.).
Genevoix (F.). Les procédés industriels.
— Les matières premières.
Gérardin. Botanique générale (avec fig.).
Girard de Rialle. Les peuples de l'Asie et de l'Europe.

Grove. Continents et océans, avec fig.
Guyot (Yves). Les préjugés économiques.
Henneguy. Histoire contemporaine de l'Italie.
Huxley. Premières notions sur les sciences. 5e édit.
Jevons (Stanley). L'économie politique.
Jouan. Les îles du Pacifique.
Jourdan (J.). La justice criminelle en France.
Jourdy. Le patriotisme à l'école.
Larbalétrier (A.). L'agriculture française (avec fig.).
— Les plantes d'appartement, de fenêtres et de balcons (avec fig.).
Larivière (Ch. de). Les origines de la guerre de 1870.
Larrivé. L'assistance publique en France.
Laumonier (Dr J.). L'hygiène de la cuisine.
Leneveux. Le travail manuel en France.
Lévy (Albert). Histoire de l'air (avec fig.).
Lock (F.). Jeanne d'Arc.
— Histoire de la Restauration.
Mahaffy. L'antiquité grecque (avec fig.).
Maigne. Les mines de la France et de ses colonies.
Mayer (G.). Les chemins de fer (avec fig.).
Merklen (P.). La tuberculose; son traitement hygiénique.
Meunier (G.). Histoire de la littérature française.
— Histoire de l'art ancien, moderne et contemporain (avec fig.).
Mongredien. Histoire du libre-échange en Angleterre.
Monin. Les maladies épidémiques. Hygiène et prévention (avec fig.).
Morin. Résumé populaire du code civil, avec un appendice sur la *loi des accidents du travail* et la *loi des associations*.
Noël (Eugène). Voltaire et Rousseau.
Ott (A.). L'Asie occidentale et l'Egypte
Paulhan (F.). La physiologie de l'esprit. (avec fig.)
Paul Louis. Les lois ouvrières dans les deux mondes.
Petit. Economie rurale et agricole.
Pichat (L.). L'art et les artistes en France.
Quesnel. Histoire de la conquête de l'Algérie.
Raymond (E.). L'Espagne et le Portugal.
Regnard. Histoire contemporaine de l'Angleterre.
Renard (G.). L'homme est-il libre?
Robinet. La philosophie positive.
Rolland (Ch.). Histoire de la maison d'Autriche.
Sérieux et Mathieu. L'alcool et l'alcoolisme.
Spencer (Herbert). De l'éducation.
Turck. Médecine populaire. 7e édit.
Vaillant. Petite chimie de l'agriculteur.
Zaborowski. L'origine du langage.
— Les migrations des animaux.
— Les grands singes.
— Les mondes disparus (avec fig.)
— L'homme préhistorique. 8e édit. (avec fig.)
Zevort (Edg.). Histoire de Louis-Philippe.
Zurcher (F.). Les phénomènes de l'atmosphère.
Zurcher et Margollé. Télescope et microscope.
— Les phénomènes célestes.

BIBLIOTHÈQUE FRANCE-AMÉRIQUE

Fondée en 1913

GARNEAU (F.-X.). **Histoire du Canada.** 5e édit., revue, annotée et publiée avec un avant propos par son petit-fils HECTOR GARNEAU. Préface de M. GABRIEL HANOTAUX, de l'Académie française, président du comité France-Amérique. Tome I, 1913. 1 vol. in-8. . . . . 7 fr. 50
CROLY (H.). **Les Promesses de la Vie américaine.** Traduit de l'anglais par MM. FIRMIN ROZ et FENARD. 1913. 1 vol. in-8. . . . . 3 fr. 50
Les États-Unis et la France, par E. BOUTROUX, P.-W. BARTLETT, J.-M. BALDWIN, L. BÉNÉDITE, W.-V.-R. BERRY, D'ESTOURNELLES DE CONSTANT, L. GILLET, D.-J. HILL, J.-H. HYDE, MORTON FULLERTON. 1913. 1 vol. in-8, avec 18 planches hors texte . . . . 5 fr.

BIBLIOTHÈQUE SCIENTIFIQUE INTERNATIONALE

Volumes in-8, cartonnés à l'anglaise.

Sauf indication spéciale, tous ces volumes se vendent 6 francs.

Derniers volumes publiés :

LANESSAN (J.-L. de). **Transformisme et créationisme.**
PEARSON (K.). **La grammaire de la science** (*La Physique*). 9 fr.
CYON (E. de). **L'oreille**, illustré.
CRESSON (A.). **L'espèce et son serviteur.** *Sexualité, moralité*, illustré.

Précédemment parus :

ANDRADE (J.). **Le mouvement**, illustré.
ANGOT. **Les aurores polaires**, illustré.
ARLOING. **Les virus**, illustré.
BAGEHOT. **Lois scientifiques du développement des nations**, 7e édition.
BAIN (A.). **L'esprit et le corps**, 7e édition.
— **La science de l'éducation**, 12e édition.
BENEDEN (VAN). **Les commensaux et les parasites dans le règne animal**, 4e édition, illustré.
BERNSTEIN. **Les sens**, 5e édition, illustré.
BERTHELOT, de l'Institut. **La synthèse chimique**, 10e éd.
— **La révolution chimique.** *Lavoisier*, 2e édition, ill.
BINET. **Les altérations de la personnalité**, 2e édition.
BINET et FÉRÉ. **Le magnétisme animal**, 5e éd., illustré.
BOURDEAU (L.). **Histoire du vêtement et de la parure.**
BRUNACHE. **Le centre de l'Afrique.** *Autour du Tchad*, ill.
CANDOLLE (A. de). **Origine des plantes cultivées**, 4e édit.
CARTAILHAC. **La France préhistorique**, 2e éd., illustré.
CHARLTON BASTIAN. **L'évolution de la vie**, avec figures dans le texte et 12 planches hors texte.
COLAJANNI. **Latins et Anglo-Saxons.** 9 fr.
CONSTANTIN (Cne). **Le rôle sociologique de la guerre et le sentiment national.**
COOKE et BERKELEY. **Les champignons**, 4e éd., illustré.
COSTANTIN (J.). **Les végétaux et les milieux cosmiques** (*Adaptation, évolution*), illustré.
— **La nature tropicale**, illustré.
— **Le transformisme appliqué à l'agriculture**, illustré.
CUÉNOT (L.). **La genèse des espèces animales.** (*Couronné par l'Académie des sciences.*) Illustré. 12 fr.
DAUBRÉE, de l'Institut. **Les régions invisibles du globe et des espaces célestes**, 2e édition, illustré.
DEMENY (G.). **Les bases scientifiques de l'éducation physique**, 5e éd., illustré.
— **Mécanisme et éducation des mouvements**, 4e éd. 9 fr.

DEMOOR, MASSART et VANDERVELDE. L'évolution régressive en biologie et en sociologie, illustré.
DRAPER. Les conflits de la science et de la religion. 12e éd.
DUMONT (Léon). Théorie scientifique de la sensibilité, 4e éd.
GELLÉ (E.-M.). L'audition et ses organes, illustré.
GRASSET (J.). Les maladies de l'orientation et de l'équilibre, illustré.
GROSSE (E.). Les débuts de l'art, illustré.
GUIGNET (E.) et E. GARNIER. La céramique ancienne et moderne, illustré.
HUXLEY (TH.-H.). L'écrevisse, 2e édition, illustré.
JACCARD. Le pétrole, le bitume et l'asphalte, illustré.
JAVAL. Physiologie de la lecture et de l'écriture, 2e éd. illustré.
LAGRANGE (F.). Physiologie des exercices du corps, 10e éd.
LALOY. Parasitisme et mutualisme dans la nature, ill.
LANESSAN (de). Principes de colonisation.
LE DANTEC. Théorie nouvelle de la vie, 5e éd., illustré.
— Évolution individuelle et hérédité, 2e édit.
— Les lois naturelles, illustré.
— La stabilité de la vie.
LOEB. La dynamique des phénomènes de la vie, ill. 9 fr.
LUBBOCK. Les sens et l'instinct chez les animaux, ill.
MALMÉJAC. L'eau dans l'alimentation, illustré.
MEUNIER (Stanislas). La géologie comparée, illustré.
— Géologie expérimentale, 2e éd., illustré.
— La géologie générale, 2e édit., illustré.
MEYER (de). Les organes de la parole, illustré.
MORTILLET (G. de). Formation de la nation française, 2e édition, illustré.
NIEWENGLOWSKI. La photographie et la photochimie, illust.
NORMAN LOCKYER. L'évolution inorganique, illustré.
PERRIER (ED.), de l'Institut. La philosophie zoologique avant Darwin, 3e édition.
PETTIGREW. La locomotion chez les animaux, 2e éd., ill.
QUATREFAGES (A. de). L'espèce humaine, 15e édition.
— Darwin et ses précurseurs français, 2e édition.
— Les émules de Darwin, 2 vol.
RICHET (Ch.). La chaleur animale, illustré.
ROCHÉ. La culture des mers en Europe, illustré.
ROUBINOVITCH (Dr J.). Aliénés et anormaux. (*Couronné par l'Académie de Médecine*). Illustré.
SCHMIDT. Les mammifères dans leurs rapports avec leurs ancêtres géologiques, illustré.
SECCHI (Le Père). Les étoiles, 3e édit., 2 vol. illustrés.
SPENCER (H.) Introduction à la science sociale, 14e éd.
— Les bases de la morale évolutionniste, 7e édition.
STALLO. La matière et la physique moderne, 3e édition.
STARCKE. La famille primitive.
STEWART (BALFOUR). La conservation de l'énergie, 6e éd.
THURSTON. Histoire de la machine à vapeur, 3e éd., 2 vol.
TOPINARD. L'homme dans la nature, illustré.
VRIES (H. de). Espèces et variétés, 1 vol. 12 fr.
WURTZ, de l'Institut. La théorie atomique, 8e édition.

NOUVELLE COLLECTION SCIENTIFIQUE

DIRECTEUR : ÉMILE BOREL, professeur à la Sorbonne.

VOLUMES IN-16 A 3 FR. 50 L'UN

Derniers volumes publiés.

Le froid industriel, par L. MARCHIS, professeur à la Faculté des sciences de Paris. Avec 101 fig.

Le système du monde *des Chaldéens à Newton*, par J. SAGERET. Avec 20 fig.

L'aviation, par PAUL PAINLEVÉ, ÉMILE BOREL et CH. MAURAIN. 6e édit., revue et augmentée. Avec figures.

La question de la population, par Paul LEROY-BEAULIEU, membre de l'Institut, professeur au Collège de France. (*Récompensé par l'Institut.*)

Les atomes, par Jean PERRIN, professeur de chimie physique à la Sorbonne. Avec gravures. 4e édit.

Le Maroc physique, par L. GENTIL, prof. adjoint à la Sorbonne, directeur de l'Institut de recherches scientifiques de Rabat. Avec cartes.

Précédemment parus.

Éléments de philosophie biologique, par F. LE DANTEC, chargé du cours de biologie générale à la Sorbonne. 3e éd.

La voix. *Sa culture physiologique. Théorie nouvelle de la phonation*, par le Dr P. BONNIER. Avec grav. 4e éd.

De la méthode dans les sciences (*1re série*) :

Avant-propos, par P.-F. THOMAS. — *De la science*, par ÉMILE PICARD. — *Mathématiques pures*, par J. TANNERY. — *Mathématiques appliquées*, par P. PAINLEVÉ. — *Physique générale*, par M. BOUASSE. — *Chimie*, par M. JOB. — *Morphologie générale*, par A. GIARD. — *Physiologie*, par F. LE DANTEC. — *Sciences médicales*, par PIERRE DELBET. — *Psychologie*, par TH. RIBOT. — *Sciences sociales*, par E. DURKHEIM. — *Morale*, par L. LÉVY-BRUHL. — *Histoire*, par G. MONOD. 2e éd.

De la Méthode dans les sciences (*2e série*) :

Avant-propos, par ÉMILE BOREL. — *Astronomie, jusqu'au milieu du XVIIIe siècle*, par B. BAILLAUD. — *Chimie physique*, par JEAN PERRIN. — *Géologie*, par LÉON BERTRAND. — *Paléobotanique*, par R. ZEILLER. — *Botanique*, par LOUIS BLARINGHEM. — *Archéologie*, par SALOMON REINACH. — *Histoire littéraire*, par GUSTAVE LANSON. — *Statistique*, par LUCIEN MARCH. — *Linguistique*, par A. MEILLET. 2e édition.

L'éducation dans la famille. *Les péchés des parents*, par P.-F. THOMAS, professeur au lycée Hoche. 4e édit. (*Couronné par l'Institut.*)

La crise du transformisme, par F. LE DANTEC. 2e édit.

L'énergie, par W. OSTWALD, professeur honoraire à l'Université de Leipzig (*prix Nobel de 1909*), traduit de l'allemand par E. PHILIPPI, 3e édit.

Les états physiques de la matière, par CH. MAURAIN, professeur à la Faculté des Sciences de Caen. 2e édit. avec figures.

La chimie de la matière vivante, par JACQUES DUCLAUX, préparateur à l'Institut Pasteur. 2e édit.

La race slave, *statistique, démographie, anthropologie*, par L. NIEDERLE, professeur à l'Université de Prague. Traduit et précédé d'une préface par L. LEGER, de l'Institut. Avec une carte en couleurs hors texte.

L'évolution des théories géologiques, par STANISLAS MEUNIER, professeur au Muséum d'Histoire naturelle. Avec gravures.

Le transformisme et l'expérience, par E. RABAUD, maître de conférences à la Sorbonne. Avec gravures.

L'évolution de l'électrochimie, par W. OSTWALD, professeur honoraire à l'Université de Leipzig. Traduit de l'allemand par E. PHILIPPI.

L'artillerie de campagne. *Son histoire, son évolution, son état actuel*, par E. BUAT, lieutenant-colonel d'artillerie. Avec 75 grav.

Science et philosophie, par J. TANNERY, de l'Institut. Avec une notice par E. BOREL.

COLLECTION MÉDICALE

ÉLÉGANTS VOLUMES IN-12, CARTONNÉS A L'ANGLAISE, A 6, 4 ET 3 FRANCS

DERNIERS VOLUMES PUBLIÉS :

Bréviaire de l'arthritique, par le Dr M. DE FLEURY, membre de l'Académie de médecine. 4 fr.

Manuel de pathologie. *A l'usage des sages-femmes et des mères*, par le Dr H. DUFOUR, médecin de l'hôpital de la Maternité, avec 53 grav. dans le texte et 14 planches en couleur hors texte. 6 fr.

La médecine préventive du premier âge, par le Dr P. LONDE, ancien interne des hôpitaux de Paris. 4 fr.

Manuel de psychiatrie, par le Dr ROGUES DE FURSAC, médecin en chef des asiles de la Seine. 4e édit., revue et augmentée. 4 fr.

La démence précoce. *Étude psychologique, médicale et médico-légale*, par le Dr CONSTANZA PASCAL, médecin des asiles publics d'aliénés. 4 fr.

Hygiène de l'alimentation dans l'état de santé et de maladie, par le Dr J. LAUMONIER, avec gravures. 4e édition entièrement refondue. 4 fr.

PRÉCÉDEMMENT PARUS :

Manuel de pratique obstétricale à l'usage des sages-femmes, par le Dr E. PAQUY, avec 107 gravures dans le texte. 4 fr.

Essais de médecine préventive, par le Dr P. LONDE. 4 fr.

La joie passive, par le Dr R. MIGNARD. Préface du Dr G. DUMAS. 4 fr.

Guide pratique de puériculture, à l'usage des docteurs en médecine et des sages-femmes, par le Dr DELÉARDE. 4 fr.

La mimique chez les aliénés, par le Dr G. DROMARD. 4 fr.

L'amnésie, par les Drs G. DROMARD et J. LEVASSORT. 4 fr.

La mélancolie, par le Dr R. MASSELON, médecin adjoint à l'asile de Clermont. (*Couronné par l'Académie de médecine.*) 4 fr.

Essai sur la puberté chez la femme, par Mlle le Dr MARTHE FRANCILLON, ancien interne des hôpitaux de Paris. 4 fr.

Les nouveaux traitements, par le Dr J. LAUMONIER. 2e éd. 4 fr.

Les embolies bronchiques tuberculeuses, par le Dr CH. SABOURIN, médecin du sanatorium de Durtol, avec gravures. 4 fr.

Manuel d'électrothérapie et d'électrodiagnostic, par E. ALBERT-WEIL. Av. 88 grav. *Cour. par l'Acad. de méd.* 2e éd. 4 fr.

La mort réelle et la mort apparente, *diagnostic et traitement de la mort apparente*, par le Dr S. ICARD, avec gravures. 4 fr.

L'hygiène sexuelle et ses conséquences morales, par le Dr S. RIBBING, prof. à l'Univ. de Lund (Suède). 4e édit. 4 fr.

Hygiène de l'exercice chez les enfants et les jeunes gens, par le Dr F. LAGRANGE, lauréat de l'Institut. 9e édit. 4 fr.

De l'exercice chez les adultes, par *le même*. 7e édition. 4 fr.

Hygiène des gens nerveux, par le Dr LEVILLAIN, avec gravures. 6e éd. 4 fr.

L'éducation rationnelle de la volonté. *Son emploi thérapeutique*, par le Dr PAUL-EMILE LÉVY. Préface de M. le prof. BERNHEIM. 8e édition. 4 fr.

L'idiotie. *Psychologie et éducation de l'idiot*, par le Dr J. VOISIN, médecin de la Salpêtrière, avec gravures. 4 fr.

La famille névropathique, *Hérédité, prédisposition morbide, dégénérescence*, par le Dr CH. FÉRÉ, médecin de Bicêtre. Avec gravures. 2e édition. 4 fr.

L'instinct sexuel. *Évolution, dissolution*, par *le même*. 3e éd. 4 fr.

Le traitement des aliénés dans les familles, par *le même*. 3e édition. 4 fr.

L'hystérie et son traitement, par le Dr PAUL SOLLIER. 2e éd. 4 fr.

Manuel de percussion et d'auscultation, par le Dr P. SIMON, professeur à la Faculté de médecine de Nancy, avec grav. 4 fr.

La fatigue et l'entraînement physique, par le Dr PH. TISSIÉ. avec gravures. Préface de M. le prof. BOUCHARD. 3e édition. 4 fr.

Les maladies de la vessie et de l'urèthre chez la femme, par le Dr KOLISCHER; trad. de l'allemand par le Dr BEUTTNER, de Genève; avec gravures. 4 fr.

Grossesse et accouchement, *Étude de socio-biologie et de médecine légale* par le Dr G. MORACHE, professeur de médecine légale à l'Université de Bordeaux 4 fr.

Naissance et mort, *Étude de socio-biologie et de médecine légale*, par *le même*. 4 fr.

La responsabilité, *Étude de socio-biologie et de médecine légale*, par le Dr G. MORACHE, prof. de médecine légale à l'Université de Bordeaux, associé de l'Académie de médecine. 4 fr.

Traité de l'intubation du larynx *de l'enfant et de l'adulte, dans les sténoses laryngées aiguës et chroniques*, par le Dr A. BONAIN, avec 42 gravures. 4 fr.

Pratique de la chirurgie courante, par le Dr M. CORNET, Préface du Pr OLLIER, avec 111 gravures. 4 fr.

Dans la même collection :

COURS DE MÉDECINE OPÉRATOIRE

de M. le Professeur **Félix Terrier :**

Petit manuel d'antisepsie et d'asepsie chirurgicales, par les Drs FÉLIX TERRIER, professeur à la Faculté de médecine de Paris, et M. PÉRAIRE, ancien interne des hôpitaux, avec grav. 3 fr.

Petit manuel d'anesthésie chirurgicale, par *les mêmes*, avec 37 gravures. 3 fr.

L'opération du trépan, par *les mêmes*, avec 222 grav. 4 fr.

Chirurgie de la face, par les Drs FÉLIX TERRIER, GUILLEMAIN et MALHERBE, avec gravures. 4 fr.

Chirurgie du cou, par *les mêmes*, avec gravures. 4 fr.

Chirurgie du cœur et du péricarde, par les Drs FÉLIX TERRIER et E. REYMOND, avec 79 gravures. 3 fr.

Chirurgie de la plèvre et du poumon, par *les mêmes*, avec 67 gravures. 4 fr.

MÉDECINE

Dernières publications :

ALBERT-WEIL (E.). **Éléments de radiologie.** *Diagnostic et thérapeutique par les rayons X.* 1 vol. grand in-8, avec 201 fig. 15 fr.

BEURMANN (de) ET GOUGEROT. **Les sporotrichoses.** 1 fort vol. gr. in-8 avec 181 fig. et 8 planches. (*Cour. par l'Acad. de méd.*) 20 fr.

BONNIER (P.). **L'action directe sur les centres nerveux.** *Centrothérapie.* 1 vol. in-8, avec fig. 5 fr.

— **L'anxiété.** *États anxieux. Trac. Phobies. Obsessions. Mélancolie. Dépression. Aboulie. Neurasthénie.* 1 vol. in-8, avec fig. 1 fr.

DELBET (P.) et MOCQUOT (P.). **Varices du membre inférieur.** *Pathogénie et traitement.* 1 vol. in-8, avec 20 pl. h. t. en noir et en coul. et 101 fig. (*Annales de la clinique chirurgicale du prof. P. Delbet*, t. II.) 18 fr.

HALLOPEAU (Paul), chirurgien des Hôpitaux de Paris. **La désarticulation temporaire dans le traitement des tuberculoses du pied.** 1 vol. in-8, avec 35 planches hors texte (*Annales de la clinique chirurgicale du professeur Pierre Delbet*, t. I). (*Recomp. par l'Acad. de méd.*) 10 fr.

Manuel pratique de Kinésithérapie. Publié en 7 fascicules in-8 se vendant séparément ou en 2 forts vol. in-8, *ensemble.* 25 fr.

Fascicule I. *Le rôle thérapeutique du mouvement. Notions générales* (WETTERWALD). *Maladies de la circulation* (E. ZANDER J[or]). Avec 75 figures. 3 fr.

— II. *Gynécologie* (H. STAPFER). 1 vol. in-8, avec 12 fig. 4 fr.

— III. *Maladies respiratoires* (*méthode de l'exercice physiologique de la respiration*) (G. ROSENTHAL). Avec 50 figures. 5 fr.

— IV. *Kinésithérapie orthopédique* (R. MESNARD). Av. 91 fig. 3 fr.

— V. *Maladies de la nutrition* (WETTERWALD). *Maladies de la peau* (R. LEROY). Avec 47 figures. 4 fr.

— VI. *Les traumatismes et leurs suites* (L. DUREY). Avec 32 figures. 4 fr.

— VII. *La rééducation motrice* (R. HIRSCHBERG). Avec 38 fig. 3 fr.

LEWIS (Th.), professeur à l'École de médecine de Londres. **Les désordres cliniques du battement du cœur.** Trad. par P. CHAUVET. Préf. du prof. J. TEISSIER. 1 vol. in-8 écu, avec 47 fig. 3 fr. 50

OBERLAENDER (F.-M.) ET KOLLMANN (A.). **La blennorrhagie chronique et ses complications.** Traduit par le Dr C. LEPOUTRE. 1 vol. gr. in-8 avec 178 fig. et 3 planches en couleurs hors texte. 15 fr.

STEWART (Dr PURWES). **Le diagnostic des maladies nerveuses.** Traduction et adaptation française, par le Dr GUSTAVE SCHERB. Préface de M. le Dr E. HELME. 1 vol. in-8 avec 208 fig. et diagrammes. 15 fr.

PRÉCÉDEMMENT PARUS :

Pathologie et thérapeutique médicales.

CAMUS ET PAGNIEZ. **Isolement et psychothérapie.** *Traitement de la neurasthénie.* Préface du Pr DÉJERINE. 1 vol. gr. in-8. 9 fr.

Conférence internationale du cancer (2e). Tenue à Paris du 1er au 5 octobre 1910. Travaux publiés sous la direction de M. le Prof. Pierre DELBET et du Dr R. LEDOUX-LEBARD. 1 vol. gr. in-8. 20 fr.

CORNIL (V.), RANVIER, BRAULT ET LETULLE. **Manuel d'histologie pathologique.** 3e édition, entièrement remaniée.

TOME I, par MM. RANVIER, CORNIL, BRAULT, F. BEZANÇON et M. CAZIN. *Histologie normale. Cellules et tissus normaux. Généralités sur l'histologie pathologique. Altération des cellules et des tissus. Inflammations. Tumeurs. Notions sur les bactéries. Maladies des systèmes et des tissus. Altérations du tissu conjonctif.* 1 vol. in-8, avec 387 grav. en noir et en coul. 25 fr.

Tome II, par MM. Durante, Jolly, Dominici, Gombault et Philippe. *Muscles. Sang et hématopoïèse. Généralités sur le système nerveux.* 1 vol. in-8, avec 278 grav. en noir et en couleurs. 25 fr.

Tome III, par MM. Gombault, Nageotte, A. Riche, R. Marie, Durante, Legry, F. Bezançon. *Cerveau. Moelle. Nerfs. Cœur. Larynx. Ganglion lymphatique. Rate.* 1 vol. in-8, avec 382 grav. en noir et en couleurs. 35 fr.

Tome IV et dernier, par MM. Milian, Dieulafé, Decloux, Ribadeau, Dumas, Critzmann, Courcoux, Brault, Legry, Hallé, Klippel et Lefas. *Poumon. Bouche. Tube digestif. Estomac. Intestin. Foie. Rein. Vessie et urèthre. Pancréas.* 2 vol. in-8. 45 fr.

DESCHAMPS (A.). **Les maladies de l'énergie.** *Les asthénies générales. Épuisements, insuffisances, inhibitions.* (Clinique et Thérapeutique). Préface de M. le professeur Raymond. 1 vol. in-8. 2ᵉ édit. 8 fr.

DUBUISSON (P.) et VIGOUROUX (A.). **Responsabilité pénale et folie.** 1 vol. in-8. 7 fr. 50

FINGER (E.). **La syphilis et les maladies vénériennes.** Trad. par les Drs Spillmann et Doyon. 3ᵉ édit. Avec 8 pl. h. texte. 12 fr.

FLEURY (M. de), de l'Académie de médecine. **Introduction à la médecine de l'esprit.** 9ᵉ édit. 1 vol. in-8. 7 fr. 50

— **Les grands symptômes neurasthéniques.** 4ᵉ éd. In-8. 7 fr. 50

— **Manuel pour l'étude des maladies du système nerveux.** 1 vol. gr. in-8, avec 132 grav. en noir et en couleurs, cart. à l'angl. 25 fr.

FRENKEL (H. S.). **L'ataxie tabétique.** 1 vol. in-8. 8 fr.

HARTENBERG (P.). **Psychologie des neurasthéniques.** 2ᵉ édition. 1 vol. in-16. 3 fr. 50

— **L'hystérie et les hystériques.** 1 vol. in-16. 3 fr. 50

JANET (P.) et RAYMOND (F.). **Névroses et idées fixes.** Tome I. *Études expérimentales*, par P. Janet. 2ᵉ éd. 1 vol. gr. in-8 avec 68 gr. 12 fr.; Tome II. *Fragments des leçons cliniques*, par F. Raymond et P. Janet. 2ᵉ éd. 1 vol. grand in-8, avec 97 grav. 14 fr. (*Couronné par l'Académie des Sciences et par l'Académie de médecine.*)

JANET (P.) et RAYMOND (F.). **Les obsessions et la psychasthénie.** Tome I. — *Études cliniques et expérimentales*, par P. Janet. 2ᵉ édit. 1 vol. gr. in-8, avec grav. dans le texte. 18 fr.; Tome II. — *Fragments des leçons cliniques*, par F. Raymond et P. Janet. 2ᵉ édit. 1 vol. in-8 raisin, avec 22 gravures dans le texte. 14 fr.

JANET (Dr Pierre). **L'état mental des hystériques.** 2ᵉ édition. 1 vol. in-8, avec gravures dans le texte. 18 fr.

JOFFROY (le prof.) et DUPOUY. **Fugues et vagabondage.** 1 vol. in-8. 7 fr.

LABADIE-LAGRAVE et LEGUEU. **Traité médico-chirurgical de gynécologie.** 4ᵉ éd., remaniée. 1 vol. in-8, avec fig., cart. 25 fr.

LE DANTEC (F.). **Introduction à la pathologie générale.** 1 fort vol. gr. in-8. 15 fr.

LEPINE (le prof. R.). **Le diabète sucré.** 1 vol. gr. in-8. 16 fr.

MACKENSIE (Dr J.). **Les maladies du cœur.** Traduit par le Dr Françon. Préface du Dr H. Vaquez. 1 vol. in-8 avec 280 fig. 15 fr.

MARIE (Dr A.). **Traité international de psychologie pathologique.** Tome I : *Psychopathologie générale*, par MM. les Prs Grasset, Del Greco, Dr A. Marie, Prof. Mally, Minoazzini, Drs Dide, Klippel, Levaditi, Lugaro, Marinesco, Médéa, L. Lavastine, Prof. Marro, Clouston, Bechterew, Ferrari, Prof. Carrarra. 1 vol. gr. in-8, avec 353 gr. dans le texte. 25 fr.

Tome II : *Psychopathologie clinique*, par MM. les Prs Bagenoff, Bechterew, Drs Colin, Capgras, Deny, Hesnard, Lhermitte, Magnan, A. Marie, Prs Pick, Pilcz, Drs Riche, Roubinovitch, Sérieux, Sollier, Pr Ziehen. 1 vol. gr. in-8, avec 341 gr. 25 fr.

Tome III et dernier. *Psychologie appliquée*, par MM. les Prof. Bagenoff, Bianchi, Sikorsky, G. Dumas, Havelock-Ellis, Drs Cullerre, A. Marie, Dexler, Prof. Salomonsen. 1 vol. gr. in-8 avec grav.

MOSSÉ. **Le diabète et l'alimentation aux pommes de terre.** 1 vol. in-8. 5 fr.

REVAULT D'ALLONNES (Dr G.). **L'affaiblissement intellectuel chez les déments.** 1 vol. in-8. 5 fr.

SÉRIEUX et CAPGRAS. **Les folies raisonnantes.** 1 vol. in-8. 7 fr.

SOLLIER (P.). **Genèse et nature de l'hystérie.** 2 vol. in-8. 20 fr.

Pathologie et thérapeutique chirurgicales.

BOECKEL (J. et A.). **Des fractures du rachis cervical sans symptômes médullaires.** 1 vol. in-8, avec pl. (*Cour. par l'Acad. de méd.*). 8 fr.

CORNIL (le prof. V.). **Les tumeurs du sein.** 1 vol. gr. in-8, avec 160 fig. dans le texte. 12 fr.

DURET (H.). **Les tumeurs de l'encéphale.** *Manifestations et chirurgie.* 1 fort vol. gr. in-8, avec 300 figures. 20 fr.

ESTOR (le prof.). **Guide pratique de chirurgie infantile.** 1 vol. in-8, avec 165 gravures. 2e édition, revue et augmentée. 8 fr.

HENNEQUIN et LOEWY. **Les luxations des grandes articulations,** *leur traitement pratique.* 1 vol. in-8, avec 125 gr. 16 fr.

LE DAMANY (Dr P.). **La luxation congénitale de la hanche.** 1 fort vol. gr. in-8 avec 486 fig. 15 fr.

LEGUEU (Prof. F.). **Traité chirurgical d'urologie.** Préface de M. le Prof. Guyon. 1 fort vol. gr. in-8 de VIII-1382 p., avec 603 grav. dans le texte et 8 pl. en couleurs hors texte, cartonné à l'angl. 40 fr.

— **Leçons de clinique chirurgicale** (Hôtel-Dieu, 1901). 1 vol. grand in-8, avec 71 gravures dans le texte. 12 fr.

MONOD (Pr Ch.) et VANVERTS (J.) **Chirurgie des artères,** *Rapport au XXIIe Congrès de chirurgie.* 1 vol. in-8. 2 fr.

NIMIER (H.). **Blessures du crâne et de l'encéphale par coup de feu.** 1 vol. in-8, avec 150 fig. 15 fr.

NIMIER (H.) et LAVAL. **Les projectiles de guerre.** 1 v. in-12, av. gr. 3 fr.

— **Les explosifs, les poudres, les projectiles d'exercice,** *leur action et leurs effets vulnérants.* 1 vol. in-12, avec grav. 3 fr.

— **Les armes blanches,** *leur action et leurs effets vulnérants.* 1 vol. in-12, avec grav. 6 fr.

— **De l'infection en chirurgie d'armée.** 1 v. in-12, avec gr. 6 fr.

— **Traitement des blessures de guerre.** 1 vol. in-12, ill. 6 fr.

REVERDIN (Pr J.-L.). **Leçons de chirurgie de guerre.** *Des blessures faites par les balles des fusils.* 1 vol. in-8, avec 7 pl. 7 fr. 50

TERRIER (F.) et AUVRAY (M.). **Chirurgie du foie et des voies biliaires.** — Tome I. *Traumatismes du foie et des voies biliaires. — Foie mobile. — Tumeurs du foie et des voies biliaires.* 1 vol. gr. in-8, avec 50 gravures. 10 fr.

Tome II. *Echinococcose hydatique commune. — Kystes alvéolaires. — Suppurations hépatiques. — Abcès tuberculeux intra-hépatique. — Abcès de l'actinomycose.* 1 vol. gr. in-8, avec 47 gravures. 12 fr.

Thérapeutique. Pharmacie. Hygiène.

BOSSU. **Petit compendium médical.** 6e éd. 1 v. in-32, cart. 1 fr. 25

BOUCHARDAT. **Nouveau formulaire magistral.** 3[?]e édition. *Collationnée avec le Codex de 1908.* 1 vol. in-18, cart. 4 fr.

BOUCHARDAT et DESOUBRY. **Formulaire vétérinaire,** 6e édit. 1 vol. in-18, cartonné. 4 fr.

BOUCHUT ET DESPRÉS. **Dictionnaire de médecine et de thérapeutique médicale et chirurgicale**, mis au courant de la science par les Drs MARION et F. BOUCHUT. 7e édition, très augmentée. 1 vol. in-4, avec 1097 fig. dans le texte et 3 cartes. Broché, 25 fr. ; relié. 30 fr.

HARTENBERG (Dr P.). **Traitement des neurasthéniques.** 1 vol. in-16. 3 fr. 50

LAGRANGE (F.). **La médication par l'exercice.** 1 vol. grand in-8, avec 68 grav. et une carte en couleurs. 3e éd. 12 fr.

— **Les mouvements méthodiques et la « mécanothérapie ».** 1 vol. in-8, avec 55 gravures. 10 fr.

LAGRANGE (F.). **Le traitement des affections du cœur par l'exercice et le mouvement.** 1 vol. in-8 avec figures. 6 fr.

— **La fatigue et le repos.** 1 vol. in-8, publié avec le concours du Dr DE GRANDMAISON. 1 vol. in-8. 6 fr.

LAHOR (Dr CAZALIS) et Lucien GRAUX. **L'alimentation à bon marché saine et rationnelle.** 1 vol. in-16. 2e édit. 3 fr. 50

LÉVY (Dr P.-E.). **Neurasthénie et névroses.** *Leur guérison définitive en cure libre.* 2e édit. 1 vol. in-16. 5 fr.

RICHET (Pr CH.). **L'anaphylaxie.** 2e édit. 1 vol. in-16. 3 fr. 50

UNNA. **Thérapeutique des maladies de la peau.** Traduit de l'allemand par les Drs DOYON et SPILLMANN. 1 vol. gr. in-8. 8 fr.

Anatomie. Physiologie.

BELZUNG. **Anatomie et physiologie animales.** 12e édition, revue. 1 fort vol. in-8, avec 613 grav. dans le texte, broché. 6 fr. ; cart. 7 fr.

CHASSEVANT. **Précis de chimie physiologique.** 1 vol. gr. in-8, avec figures. 10 fr.

CYON (E. DE). **Les nerfs du cœur.** 1 vol. gr. in-8 avec fig. 6 fr.

DEBIERRE. **Atlas d'ostéologie.** 1 vol. in-4, avec 253 grav. en noir et en couleurs, cart. toile doré. 12 fr.

DEMENY (G.). **Mécanisme et éducation des mouvements.** 4e éd. 1 vol. in-8, avec grav. cart. 9 fr.

DUPOUY (R.). **Les opiomanes.** *Mangeurs, buveurs et fumeurs d'opium.* 1 vol. in-8. 5 fr.

GELLÉ. **L'audition et ses organes.** 1 vol. in-8, avec grav. 6 fr.

GLEY (E.). **Études de psychologie physiologique et pathologique.** 1 vol. in-8, avec gravures. 5 fr.

JAVAL (E.). **Physiologie de la lecture et de l'écriture.** 1 vol. in-8, 2e édit. 6 fr.

LE DANTEC. **L'unité dans l'être vivant.** *Essai d'une biologie chimique.* 1 vol. in-8. 7 fr. 50

— **Les limites du connaissable.** *La vie et les phénomènes naturels.* 2e édit. 1 vol. in-8. 3 fr. 75

— **Traité de biologie.** 3e éd. 1 vol. grand in-8, avec fig. 15 fr.

RICHET (Ch.), professeur à la Faculté de médecine de Paris, **Dictionnaire de physiologie**, publié avec le concours de savants français et étrangers. Formera 12 à 15 volumes grand in-8, se composant chacun de 3 fascicules ; chaque volume, 25 fr. ; chaque fascicule, 8 fr. 50. Huit volumes parus.

TOME I (*A-Bac*). — TOME II (*Bac-Cer*). — TOME III (*Cer-Cob*). — TOME IV (*Cob-Dig*). — TOME V (*Dig-Fac*). — TOME VI (*Fiam-Gal*). — TOME VII (*Gal-Gra*). — TOME VIII (*Gra-Hys*).

SNELLEN. **Échelle typographique pour mesurer l'acuité de la vision.** 17e édition. 4 fr.

REVUE DE MÉDECINE

Directeurs : MM. les Professeurs BOUCHARD, de l'Institut ; CHAUFFARD, CHAUVEAU, de l'Institut ; LANDOUZY, de l'Institut ; LÉPINE, correspondant de l'Institut ; PITRES ; ROGER et VAILLARD. Rédacteurs en chef : MM. LANDOUZY et LÉPINE. Secrétaire de la Rédaction : JEAN LÉPINE. Secrétaire adjoint : R. DEBRÉ.

REVUE DE CHIRURGIE

Directeurs : MM. les Professeurs E. QUÉNU, PIERRE DELBET, PIERRE DUVAL, F. LEJARS, A. DESMONS, F. GROSS, E. FORGUE, VINCENT, ALEXANDRE BÉRARD. Rédacteur en chef : E. QUÉNU. Secrétaire de la rédaction : X. DELORE.

La *Revue de médecine* et la *Revue de chirurgie* paraissent tous les mois ; chaque livraison de la *Revue de médecine* contient de 5 à 6 feuilles grand in-8, *avec gravures* ; chaque livraison de la *Revue de chirurgie* contient de 10 à 11 feuilles grand in-8, *avec gravures*.

33e année, 1914.

PRIX D'ABONNEMENT :

Pour la Revue de Médecine. Un an, du 1er janvier, Paris. 20 fr. — Départements et étranger. 23 fr. — La livraison : 2 fr.

Pour la Revue de Chirurgie. Un an, du 1er janvier, Paris. 30 fr. — Départements et étranger. 33 fr. — La livraison : 3 fr.

Les **deux Revues** réunies : un an, Paris, 45 fr. ; départ. et étranger. 50 fr.

JOURNAL DE L'ANATOMIE

et de la Physiologie normales et pathologiques

de l'homme et des animaux.

Rédacteurs en chef : MM. les professeurs RETTERER et TOURNEUX. Avec le concours de MM. BRANCA, G. LOISEL et A. SOULIÉ.

50e année, 1914. — PARAIT TOUS LES DEUX MOIS.

ABONNEMENT, un an. : Paris, **30** fr. ; départ et étr., **33** fr. La livr. **6** fr.

JOURNAL DE PSYCHOLOGIE

normale et pathologique

DIRIGÉ PAR LES DOCTEURS

PIERRE JANET, Membre de l'Institut, Professeur au Collège de France, ET G. DUMAS, Professeur à la Sorbonne.

11e année, 1914. — PARAIT TOUS LES DEUX MOIS.

ABONNEMENT, un an, du 1er janvier, **14** fr. — La livraison, **2** fr. **60**

Le prix est de 12 fr. pour les abonnés de la Revue philosophique.

REVUE ANTHROPOLOGIQUE

faisant suite à la *Revue de l'École d'Anthropologie de Paris*.

Recueil mensuel publié par les professeurs de l'École d'Anthropologie.

ABONNEMENT, un an, du 1er janvier : France et Etranger, **10** fr.

La livraison, **1** fr.

ÉCONOMIE POLITIQUE — SCIENCE FINANCIÈRE

COLLECTION DES ÉCONOMISTES ET PUBLICISTES CONTEMPORAINS

FORMAT IN-8.

VOLUMES RÉCEMMENT PUBLIÉS

ARNAUNÉ (A.), ancien directeur de la Monnaie, conseiller maître à la Cour des Comptes, membre de l'Institut. **La monnaie, le crédit et le change.** 5ᵉ édition, revue et augmentée. 1 vol. in-8. . . . . . 8 fr.

— **Le commerce extérieur et les tarifs de douane.** 1 vol. in-8. . 8 fr.

BLOCH (R.) et CHAUMEL (H.). **Traité théorique et pratique des conseils de Prud'hommes.** 1 vol, in-8. . . . . 12 fr.

LEROY-BEAULIEU (P.), de l'Institut. **Traité de la science des finances.** 8ᵉ édition, revue et augmentée. 2 forts vol. in-8 . . . . 25 fr.

MARTIN (E.). **Histoire financière et économique de l'Angleterre (1066-1902).** 2 vol. in-8. . . . . 20 fr.

PINOT (P.) et COMOLET-TIRMAN (J.). **Traité des retraites ouvrières.** 2ᵉ éd., revue et mise à jour. 1 vol. in-8. . . . . 6 fr.

RAFFALOVICH (A.). **Le marché financier (1912-1913).** 1 vol. gr. in-8. 15 fr.

PRÉCÉDEMMENT PARUS

ANTOINE (Ch.). **Cours d'économie sociale.** 4ᵉ édition, revue et augmentée. 1 vol. in-8. . . . . 9 fr.

BLUNTSCHLI. **Théorie générale de l'État**, traduit de l'allemand par M. DE RIEDMATTEN. 3ᵉ édition. 1 vol. in-8. . . . . 9 fr.

COLSON (C.), de l'Institut. **Cours d'économie politique**, professé à l'École nationale des ponts et chaussées.

Livre I. — *Théorie générale des phénomènes économiques.* 2ᵉ édition revue et augmentée. . . . . 6 fr.

— II. — *Le travail et les questions ouvrières.* 3ᵉ tirage. . . 6 fr.

— III. — *La propriété des biens corporels et incorporels.* 2ᵉ tirᵉ. 6 fr.

— IV. — *Les entreprises, le commerce et la circulation.* 2ᵉ tirᵉ. 6 fr.

— V. — *Les finances publiques et le budget de la France.* . 6 fr.

— VI. — *Les travaux publics et les transports.* . . . . 6 fr.

— SUPPLÉMENT ANNUEL aux *Livres IV, V et VI* (1911), broch. in-8. 1 fr.

COURCELLE-SENEUIL, de l'Institut. **Traité théorique et pratique d'économie politique.** 3ᵉ édition, revue et corrigée. 2 vol. in-18. 7 fr.

— **Traité théorique et pratique des opérations de banque.** *Dixième édition, revue et mise à jour*, par A. LIESSE, professeur au Conservatoire des arts et métiers. 1 vol. in-8. . . . . 9 fr.

COURTOIS (A.). **Histoire des banques en France.** 2ᵉ édition. 1 v. in-8. 8 fr 50

EICHTHAL (Eugène d'), de l'Institut. **La formation des richesses et ses conditions sociales actuelles**, *notes d'économie politique*. . . 7 fr. 50

FIX (Th.). **Observations sur l'état des classes ouvrières.** In-8. . . 5 fr.

HAUTEFEUILLE. **Des droits et des devoirs des nations neutres en temps de guerre maritime.** 3ᵉ édit. refondue. 3 forts vol. in-8. 22 fr. 50

— **Histoire des origines, des progrès et des variations du droit maritime international.** 2ᵉ édition. 1 vol. in-8. . . . . 7 fr. 50

LEROY-BEAULIEU (P.), de l'Institut. **Traité théorique et pratique d'économie politique.** 5ᵉ édition revue et augmentée. 5 vol. in-8. . 36 fr.

— **Essai sur la répartition des richesses et sur la tendance à une moindre inégalité des conditions.** 3ᵉ édit., revue et corrigée. 1 vol. in-8. 9 fr.

— **L'État moderne et ses fonctions.** 4ᵉ édition. 1 vol. in-8. . . . 9 fr.

— **Le collectivisme**, *examen critique du nouveau socialisme. — L'Évolution du Socialisme depuis 1895. — Le syndicalisme.* 5ᵉ édit., revue et augmentée. 1 vol. in-8. 9 fr.

— **De la colonisation chez les peuples modernes.** 6ᵉ édition. 2 vol. in-8. 20 fr.

LIESSE (A.), professeur au Conservatoire national des arts et métiers. **Le travail** *aux points de vue scientifique, industriel et social.* 1 vol. in-8. . . . . 7 fr 50

MARTIN-SAINT-LÉON (E.), conservateur de la bibliothèque du Musée Social. **Histoire des corporations de métiers**, *depuis leurs origines jusqu'à leur suppression en 1791*. 2e éd., revue. 1 fort vol. in-8. (*Couronné par l'Académie française*). . . . . 10 fr.

NEYMARCK (A.). **Finances contemporaines.** — Tome I. *Trente années financières, 1872-1901*. 1 vol. in-8, 7 fr. 50. — Tome II. *Les budgets, 1872-1903*. 1 vol. in-8, 7 fr. 50. — Tome III. *Questions économiques et financières, 1872-1904*. 1 vol. in-8, 10 fr. — Tomes IV-V : *L'obsession fiscale, questions fiscales, propositions et projets relatifs aux impôts depuis 1871 jusqu'à nos jours*. 2 vol. in-8. — Tomes VI et VII. *L'épargne française et les valeurs mobilières (1872-1910)*. 2 vol. in-8. . . 15 fr.

NOVICOW (J.). **Le problème de la misère et les phénomènes économiques naturels.** 1 vol. in-8. . . . . 7 fr. 50

PASSY (H.), de l'Institut. **Des formes de gouvernement et des lois qui les régissent.** 2e édition. 1 vol. in-8. . . . . 7 fr. 50

PAUL-BONCOUR. **Le fédéralisme économique et le syndicalisme obligatoire**, préface de WALDECK-ROUSSEAU. 1 vol. in-8. 2e édit . . 6 fr.

RAFFALOVICH (A.). **Le marché financier.** Années 1891. 1 vol. 5 fr.; 1892, 1 vol. 5 fr.; 1893 à 1894, *épuisés*; 1894-1895 à 1896-1897, chacune 1 vol. 7 fr. 50; 1897-1898 et 1898-1899, chacune 1 vol. 10 fr.; 1899-1900 à 1901-1902, *épuisés*; 1902-1903 à 1911-1912, chacune 1 vol.. . . . 12 fr.; 1912-1913. . . . . 15 fr.

RICHARD (A.). **L'organisation collective du travail**, préface par YVES GUYOT. 1 vol. grand in-8. . . . . 6 fr.

ROSSI (P.), de l'Institut. **Cours d'économie politique**, 5e éd. 4 v. in-8. 15 fr.

— **Cours de droit constitutionnel**, 2e édition. 4 vol. in-8. . . . . 15 fr.

STOURM (R.), de l'Institut. **Les systèmes généraux d'impôts.** 3e édition, revisée et mise au courant. 1 vol. in-8 . . . . 10 fr.

— *Cours de finances.* **Le budget, son histoire et son mécanisme.** 7e édition. revue et mise au courant. 1 vol. in-8. . . . . 10 fr.

VILLEY (ED.). **Principes d'économie politique.** 3e édit. 1 vol. in-8. 10 fr.

WEULERSSE (G.). **Le mouvement physiocratique en France de 1856 à 1870.** 2 vol. in-8 . . . . 25 fr.

BIBLIOTHÈQUE DES SCIENCES MORALES ET POLITIQUES

VOLUMES RÉCEMMENT PUBLIÉS.

GEORGES-CAHEN. **Le logement dans les villes.** 1 vol. in-16. . 3 fr. 50

Concentration des entreprises industrielles et commerciales (La), par A. FONTAINE, L. MARCH, P. DE ROUSIERS, F. SAMAZEUILH, A. SAYOUS, G. VEILLAT, P. WEISS. 1 vol. in-16. . . . . 3 fr. 50

DUGUIT (L.). **Les transformations générales du droit privé depuis le code Napoléon.** 1 vol. in-16. . . . . 3 fr. 50

Femme (La). *Sa situation réelle. Sa situation idéale*, par J. A. THOMSON, MME THOMSON, Mlle L. I. LUMSDEN, Mme LENDRUM, Mlle SHEAVYN, M. T. S. CLOUSTON, Mlle F. MELVILLE, Mlle E. PEARSON, M. R. LODGE. Préface de Sir OLIVER LODGE. 1 vol. in-16 . . . . 3 fr. 50

Grands marchés financiers (Les). *France* (Paris et province), *Londres, Berlin, New-York*, par A. AUPETIT, L. BROCARD, J. ARMAGNAC, G. DELAMOTTE, G. AUBERT. 1 vol. in-16. . . . . 3 fr. 50

GUYOT (YVES). **La gestion par l'État et les municipalités.** 1 vol. in-16 . . . . 3 fr. 50

LANESSAN (J.-L. de). **Nos forces militaires.** 1 vol. in-16. . . 3 fr. 50

LAYCOCK (F. U.). **L'économie politique dans une coque de noix.** Trad. par Mlle DIDIER. Introduction de *Yves Guyot*. 1 vol. in-16. 3 fr. 50

MORIDE (P.). **Les maisons à succursales multiples** *en France et à l'étranger*. 1 vol. in-16. . . . . 3 fr. 50

PAYEN (E.). **La réglementation du travail réalisée ou projetée.** *Ses illusions, ses dangers*. 1 vol. in-16. . . . . 3 fr. 50

VANDERVELDE (E.). **La coopération neutre et la coopération socialiste.** 1 vol. in-16. 3 fr. 50

PRÉCÉDEMMENT PARUS

ANTONELLI (E.). **Les actions de travail dans les sociétés anonymes à participation ouvrière.** Préface d'Aristide BRIAND. 1 vol. in-16. 2 fr. 50
AUCUY (M.). **Les systèmes socialistes d'échange.** 1 vol. in-16. 3 fr. 50
BASTIAT (Frédéric). **Œuvres complètes,** précédées d'une *Notice* sur sa vie et ses écrits. 7 vol. in-18. . . . . 24 fr. 50
I. *Correspondance.* — *Premiers écrits.* 3e édition, 3 fr. 50; — II. *Le Libre-Echange.* 3e édition, 3 fr. 50; — III. *Cobden et la Ligue.* 4e édition, 2 fr. 50; — IV et V. *Sophismes économiques.* — *Petits pamphlets.* 6e édit. 2 vol. *ensemble,* 7 fr.; — VI. *Harmonies économiques.* 9e édition, 3 fr. 50; — VII. *Essais.* — *Ébauches.* — *Correspondance.* . . 3 fr. 50
BELLET (D.). **Le chômage et son remède.** Préface de Paul LEROY-BEAULIEU. 1 vol. in-16. . . . . 3 fr. 50
BOURDEAU (J.). **Entre deux servitudes.** *Démocratie, socialisme, syndicalisme, impérialisme,* etc. 1 vol. in-16. . . . . 3 fr. 50
BROUILHET (Ch.). **Le conflit des doctrines dans l'économie politique contemporaine.** 1 vol. in-16. . . . . 3 fr. 50
CHALLAYE. **Syndicalisme révolutionnaire et syndicalisme réformiste.** 1 vol. in-16. . . . . 2 fr. 50
COURCELLE-SENEUIL (J.-G.). **Traité théorique et pratique d'économie politique.** 3e édit. 2 vol. in-18. . . . . 7 fr.
— **La société moderne.** 1 vol. in-18. . . . . 5 fr.
DEPUICHAULT. **La fraude successorale par le procédé du compte-joint.** Préface de M. Paul LEROY-BEAULIEU. 1 vol. in-16 . . . 3 fr. 50
DOLLEANS. **Robert Owen (1771-1858).** 1 vol. in-18. . . . . . 3 fr. 50
DUGUIT (L.) **Le droit social, le droit individuel et la transformation de l'Etat.** 1 vol. in-16, 2e édit. . . . . 2 fr. 50
EICHTHAL (E. D'), de l'Institut. **La liberté individuelle du travail et les menaces du législateur.** 1 vol. in-16. . . . . 2 fr. 50
Forces productives de la France (Les), par MM. P. BAUDIN, P. LEROY-BAULIEU, MILLERAND, ROUME, J. THIERRY, E. ALLIX, J.-C. CHARPENTIER, H. DE PEYERIMHOFF, P. DE ROUSIERS, D. ZOLLA. 1 vol. in-16. 3 fr. 50
GAUTHIER (A.-E.), sénateur, ancien ministre. **La réforme fiscale par l'impôt sur le revenu.** 1 vol. in-18. . . . . 3 fr. 50
GUYOT (Yves). **Les chemins de fer et la grève.** 1 vol. in-16. 3 fr. 50
LACHAPELLE (G.). **La représentation proportionnelle en France et en Belgique.** 1 vol. in-16. . . . . 3 fr. 50
LESEINE (L.) et SURET (L.). **Introduction mathématique à l'étude de l'économie politique.** 1 vol. in-16 avec figures. . . . . 3 fr.
LIESSE, professeur au Conservatoire des arts et métiers. **La statistique, ses difficultés, ses procédés, ses résultats.** 2e éd. 1 vol. in-18. 2 fr. 50
— **Portraits de financiers.** OUVRARD, MOLLIEN, GAUDIN, BARON LOUIS, CORVETTO, LAFFITE, DE VILLÈLE. 1 vol. in-18. . . . . 3 fr. 50
MARGUERY (E.). **Le droit de propriété et le régime démocratique.** 1 vol. in-18. . . . . 2 fr. 50
MAURY (F.). **Le port de Paris.** 3e édit. 1 vol. in-16. . . . . . 3 fr. 50
MERLIN (R.), biblioth. archiviste du Musée social. **Le contrat de travail, les salaires, la participation aux bénéfices.** 1 v. in-18. . . . 2 fr. 50
MILHAUD (Mlle Caroline). **L'ouvrière en France.** 1 vol. in-18. 2 fr. 50
MILHAUD (E.). **L'imposition de la rente.** *Les engagements de l'Etat, les intérêts du crédit public, l'égalité devant l'impôt.* 1 vol. in-16. 3 fr. 50
MOLINARI (G. DE). **Questions économiques à l'ordre du jour.** In-18. 3 fr. 50
— **Les problèmes du XXe siècle.** 1 vol. in-18. . . . . 3 fr. 50
— **Théorie de l'évolution** *Économie de l'histoire.* 1 vol. in-16. 3 fr. 50
NOUEL (R.). **Les sociétés par actions,** *leur réforme,* préface de P. BAUDIN. 1 vol. in-16. . . . . 3 fr. 50
PAWLOWSKI (A.). **La Confédération générale du travail.** Préface de J. BOURDEAU. 1 vol. in-16. . . . . 2 fr. 50
— **Les syndicats jaunes.** 1 vol. in-16 . . . . 2 fr. 50
— **Les syndicats féminins et les syndicats mixtes en France.** 1 vol. in-16. . . . . 2 fr. 50

PIC (P.), prof. à la Faculté de droit de Lyon. **La protection légale des travailleurs et le droit international ouvrier.** 1 vol. in-16 . . . 2 fr. 50

Politique budgétaire en Europe (La), par MM. A. LEBON, G. BLONDEL, R.-G. LÉVY, A. RAFFALOVICH, C. LAURENT, C. PICOT, H. GANS. 1 vol. in-16 . . . . 3 fr. 50

RICHARD (M.). **Le régime minier.** 1 vol. in-16. . . . . 3 fr. 50

STUART MILL (J.). **Le gouvernement représentatif.** Traduction et *Introduction*, par M. DUPONT-WHITE. 3e édition. 1 vol. in-18. 4 fr.

COLLECTION
D'AUTEURS ÉTRANGERS CONTEMPORAINS
Histoire — Morale — Économie politique — Sociologie

Format in-8. (Pour le cartonnage, 1 fr. 50 en plus.)

BAMBERGER. — **Le Métal argent au XIXe siècle.** . . . 6 fr. 50

C. ELLIS STEVENS. — **Les Sources de la Constitution des États-Unis** *étudiées dans leurs rapports avec l'histoire de l'Angleterre et de ses Colonies.* Traduit par LOUIS VOSSION. . . . . 7 fr. 50

GOSCHEN. — **Théorie des Changes étrangers.** Traduction et préface de M. LÉON SAY. *Quatrième édition française* suivie du *Rapport de 1875 sur le paiement de l'indemnité de guerre*, par le même. . 7 fr. 50

HOWELL. — **Le Passé et l'Avenir des Trade Unions.** *Questions sociales d'aujourd'hui.* Trad. et préf. de M. LE COUR GRANDMAISON. 5 fr. 50

KIDD. — **L'évolution sociale.** Traduit par M. P. LE MONNIER. 7 fr. 50

RUMELIN. — **Problèmes d'Économie politique et de Statistique.** 7 fr. 50

SCHULZE GAVERNITZ. — **La grande Industrie.** . . . . . . 7 fr. 50

W. A. SHAW. — **Histoire de la Monnaie (1252-1894).** . . . . . 7 fr. 50

THOROLD ROGERS. — **Histoire du Travail et des Salaires en Angleterre depuis la fin du XIIIe siècle.** . . . . 7 fr. 50

WESTERMARCK. — **Origine du Mariage dans l'espèce humaine.** 11 fr.

DICTIONNAIRE DU COMMERCE
DE L'INDUSTRIE ET DE LA BANQUE

DIRECTEURS :

MM. Yves GUYOT et Arthur RAFFALOVICH

2 volumes grand in-8. Prix, brochés. . . . . 50 fr.
— — reliés. . . . . 58 fr.

NOUVEAU DICTIONNAIRE
D'ÉCONOMIE POLITIQUE

PUBLIÉ SOUS LA DIRECTION DE

M. LÉON SAY et de M. JOSEPH CHAILLEY-BERT

Deuxième édition.

2 vol. grand in-8 raisin et un Supplément : prix, brochés. . . . . . 60 fr.
— — demi-reliure chagrin. . . . . 69 fr.

COMPLÉTÉ PAR 3 TABLES : **Table des auteurs, Table méthodique et Table analytique.**

PETITE BIBLIOTHÈQUE
ÉCONOMIQUE
FRANÇAISE ET ÉTRANGÈRE

PUBLIÉE SOUS LA DIRECTION DE M. J. CHAILLEY-BERT

Prix de chaque volume in-32, orné d'un portrait
Cartonné toile. . . . . 2 fr. 50

18 volumes publiés :

I. — VAUBAN. — Dîme royale, par G. Michel.
II. — BENTHAM. — Principes de Législation, par Mlle Raffalovich.
III. — HUME. — Œuvre économique, par Léon Say.
IV. — J.-B. SAY. — Économie politique, par H. Baudrillart, de l'Institut.
V. — ADAM SMITH. — Richesse des Nations, par Courcelle-Seneuil, de l'Institut. 2e édit.
VI. — SULLY. — Économies royales, par J. Chailley-Bert.
VII. — RICARDO. — Rentes, Salaires et Profits, par P. Beauregard, de l'Institut.
VIII. — TURGOT. — Administration et Œuvres économiques, par L. Robineau.
IX. — JOHN STUART MILL. — Principes d'économie politique, par L. Roquet.
X. — MALTHUS. — Essai sur le principe de population, par G. de Molinari.
XI. — BASTIAT. — Œuvres choisies, par de Foville, de l'Institut. 2e édit.
XII. — FOURIER. — Œuvres choisies, par Ch. Gide.
XIII. — F. LE PLAY. — Économie sociale, par F. Auburtin. Nouvelle édit.
XIV. — COBDEN. — Ligue contre les lois-céréales et Discours politiques, par Léon Say, de l'Académie française.
XV. — KARL MARX. — Le Capital, par Vilfredo Pareto. 4e édit.
XVI. — LAVOISIER. — Statistique agricole et projets de réformes, par Schelle et Ed. Grimaux, de l'Institut.
XVII. — LÉON SAY. — Liberté du Commerce, finances publiques, par J. Chailley-Bert.
XVIII. — QUESNAY. — La Physiocratie, par Yves Guyot.

Chaque volume est précédé d'une introduction et d'une étude biographique, bibliographique et critique sur chaque auteur.

BIBLIOTHÈQUE
DE LA
LIGUE DU LIBRE ÉCHANGE

Prix de chaque vol. in-32, cartonné toile. . . . . 2 fr.

Volumes parus :

GUYOT (Yves). L'A B C du libre-échange.
SCHELLE (G.). Le bilan du protectionnisme en France.

HISTOIRE UNIVERSELLE DU TRAVAIL

PUBLIÉE SOUS LA DIRECTION

de **G. RENARD**, professeur au Collège de France.

Sera publiée en 12 volumes

Chaque volume in-8, avec gravures. . . . . 5 fr.

Volumes parus :

NOGARO (B.) et OUALID (W.). **L'évolution du commerce, du crédit et des transports depuis cent cinquante ans.** 1 vol. avec 28 gravures.

PAUL LOUIS. **Le travail dans le monde romain.** 1 vol. avec 41 gravures.

RENARD (G.) et DULAC (A.). **L'évolution industrielle et agricole depuis cent cinquante ans.** 1 vol. avec 31 gravures.

REVUE PHILOSOPHIQUE

DE LA FRANCE ET DE L'ÉTRANGER

DIRIGÉE par **Th. RIBOT**

Membre de l'Institut, Professeur honoraire au Collège de France.

39e année, 1914. — PARAIT TOUS LES MOIS.

Abonnement :

Un an, du 1er janvier : Paris, **30** fr. ; Départ. et Etranger, **33** fr.
La livraison, **3** fr.

JOURNAL DES ÉCONOMISTES

73e ANNÉE, 1914.

Paraît le 15 de chaque mois par fasc. grand in-8 de 180 à 192 pages.

RÉDACTEUR EN CHEF : **M. YVES GUYOT**

Ancien ministre,
Président de la Société d'Economie politique.

ABONNEMENT :

France et Algérie : UN AN........ **36** fr. ; SIX MOIS........ **19** fr.
Union postale : UN AN............ **38** fr. ; SIX MOIS........ **20** fr.
LE NUMÉRO.................. **3** fr. **50**

Les abonnements partent de Janvier, Avril, Juillet ou Octobre.

REVUE HISTORIQUE

Fondée par G. MONOD,

Dirigée par MM. Ch. BÉMONT, archiviste paléographe,
et **Chr. PFISTER,** professeur à la Sorbonne.

(39e année, 1914). — Paraît tous les deux mois.

Abonnement du 1er janvier, un an : Paris, 30 fr. — Départements et étranger, 33 fr. — La livraison, 6 fr.

REVUE DU MOIS

DIRECTEUR : **Émile BOREL**, professeur à la Sorbonne.
SECRÉTAIRE DE LA RÉDACTION : A. BIANCONI, agrégé de l'Université.

(9e année, 1914)

ABONNEMENT (DU 1er DE CHAQUE MOIS) :

Un an : Paris, **20** fr. — Départements, **22** fr. — Étranger, **25** fr.
Six mois : — **10** fr. — — **11** fr. — — **12** fr. **50**.
La livraison, **2** fr. **25**.

REVUE DES ÉTUDES NAPOLÉONIENNES

Publiée sous la direction de M. **Ed. DRIAULT**.

(3e année, 1914). — Paraît tous les deux mois.

ABONNEMENT (du 1er janvier). Un an : France, **20** fr. — Étranger, **22** fr.
La livraison, **4** fr.

REVUE DES SCIENCES POLITIQUES

Suite des ANNALES DES SCIENCES POLITIQUES.

(29e année, 1914). — Paraît tous les deux mois.
Rédacteur en chef : **M. ESCOFFIER**
Professeur à l'École des Sciences politiques.

ABONNEMENT : du 1er janvier, Paris **18** fr.; Départ. et Étranger, **19** fr.
La livraison : **3** fr. **50**.

BULLETIN DE LA STATISTIQUE GÉNÉRALE DE LA FRANCE

(3e année, 1913-1914). — Paraît tous les trois mois.

ABONNEMENT (du 1er octobre). Un an : France et Étranger, **14** fr.
La livraison, **4** fr.

REVUE DES TRIBUNAUX POUR ENFANTS

DOCTRINE, JURISPRUDENCE

SECRÉTAIRES DE LA RÉDACTION : Paul KAHN et Georges TEUTSCH, avocats à la Cour d'Appel de Paris.

Paraît au minimum 4 fois par an, du 15 novembre au 15 juillet.
ABONNEMENTS : Un an, **5** fr. — La livraison, **1** fr. **50**.
(*Première année, 1914.*)

Abonnements sans frais à la Librairie Félix Alcan, chez tous les libraires et dans tous les bureaux de poste.

1108-13. — Coulommiers. Imp. PAUL BRODARD. — PI-14.

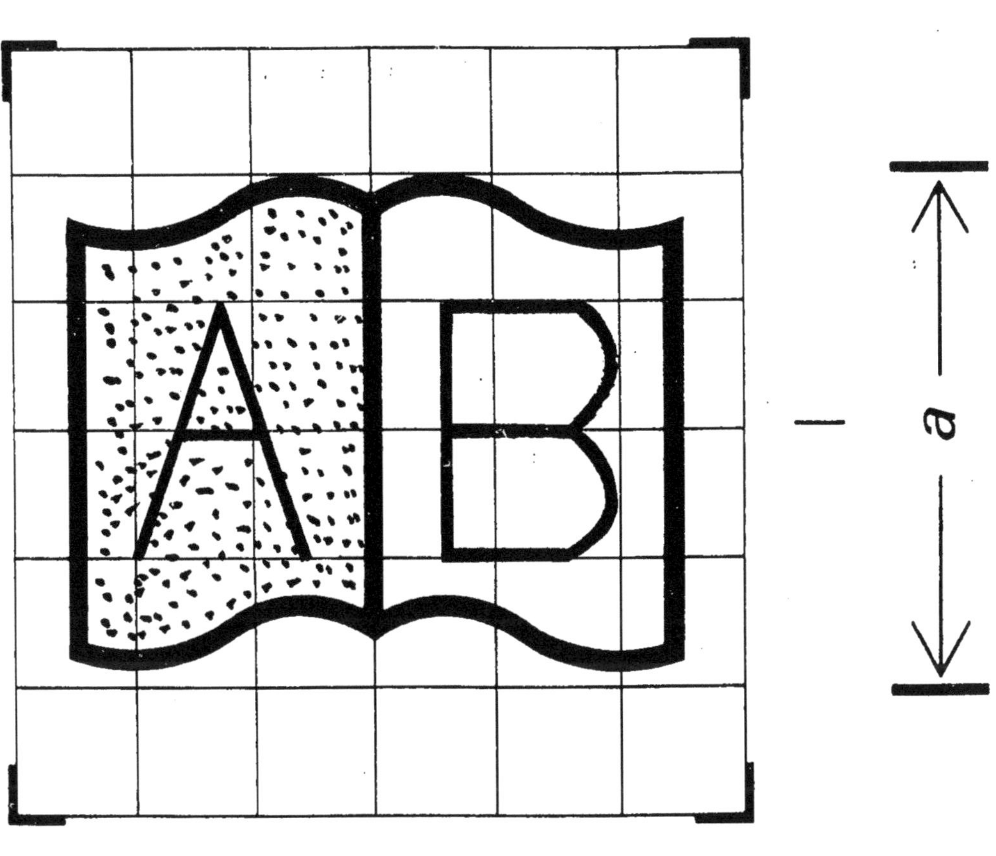
A
B
a

ŒUVRES D'ALFRED FOUILLÉE

La Philosophie de Platon. 2e éd. 4 v. in-18 (Hachette). Chaque volume. . 3 50
Ouvrage couronné par l'Académie des sciences morales et par l'Académie française.

La Philosophie de Socrate. 2 vol. in-8° (F. Alcan) . . . . 15 »
Ouvrage couronné par l'Académie des sciences morales et politiques.

Histoire générale de la Philosophie. 12e édition. 1 vol. in-8° (Delagrave), avec des chapitres nouveaux sur la philosophie contemporaine. . . . . 6 »

Extraits des Grands Philosophes. faisant suite à l'*Histoire de la philosophie. Ibid.* . . . . 3 »

Descartes. 2e édition. 1 vol. in-12 (Hachette) . . . . 2 »

La Liberté et le Déterminisme. 6e édition. 1 vol. in-8° (F. Alcan). . . . 7 50

L'Évolutionnisme des idées-forces. 5e édition. 1 vol. in-8° (F. Alcan) . . 7 50

L'Avenir de la métaphysique fondée sur l'expérience. 2e édition. 1 vol. in-8° (F. Alcan). . . . . 5 »

Le Mouvement idéaliste et la Réaction contre la science positive. 3e édition. 1 vol. in-8° (F. Alcan) 7 50

Le Mouvement positiviste et la conception sociologique du monde. 2e édition. 1 vol. in-8° (F. Alcan 7 50

La Pensée et les nouvelles écoles anti-intellectualistes. 7e édition. 1 vol. in-8° (F. Alcan). 7 50

Esquisse d'une interprétation du monde, d'après les manuscrits de l'auteur, revus et mis en ordre par Émile Boirac. 1 vol. in-8° (F. Alcan). . . . 7 50

La Psychologie des Idées-Forces. 3e édition. 2 vol. in-8° (F. Alcan) . . . 15 »

Tempérament et Caractère selon les individus, les sexes et les races. 4e édition (F. Alcan). 7 50

La Psychologie du peuple français. 4e édition (F. Alcan) 7 50

Esquisse psychologique des peuples européens. 3e édition. In-8° (F. Alcan) 10 »

Critique des systèmes de morale contemporains. 6e édition. 1 vol. in-8° (F. Alcan). 7 50

La Morale des Idées-Forces. 2e édition. 1 vol. in-8° (F. Alcan). 7 50

Les Éléments sociologiques de la morale. 2e édition. 1 vol. in-8° (F. Alcan 7 50

Le Moralisme de Kant et l'Amoralisme contemporain. 2e édition. 1 vol. in-8° (F. Alcan). 7 50

Nietzsche et l'Immoralisme. 3e édition. 1 vol. in-8° (F. Alcan). . . . . . 5 »

La Morale, l'Art et la Religion selon Guyau. 8e édition, très augmentée. 1 vol. in-8°, avec biographie, portrait et autographes de Guyau (F. Alcan . 3 75

Pages choisies des grands écrivains : J.-M. Guyau. 1 v. in-18 (Colin). 6e éd. 3 »

L'Idée moderne du droit. 7e édition. 1 vol. in-18 (Hachette 3 50

La France au point de vue moral. 3e édition. 1 vol. in-8° (F. Alcan). . 7 50

La Science sociale contemporaine. 3e édition. 1 vol. in-18 (Hachette). . 3 50

La Propriété sociale et la Démocratie. Nouvelle édition. 1 vol. in-18 (F. Alcan 2 50

Le Socialisme et la Sociologie réformiste. 2e édition. 1 vol. in-18 (F. Alcan) 7 50

La Démocratie politique et sociale en France. 1 vol. in-8° (F. Alcan . . 3 75

L'Enseignement au point de vue national. 3e édit. 1 vol. in-18 (Hachette). 3 50

Les Études classiques et la Démocratie. In-18 (A. Colin . . . . 3 »

La Réforme de l'enseignement par la philosophie. 1 vol. in-18 (A. Colin). 3 »

La Conception morale et civique de l'enseignement. In-18 (Éditions de la *Revue bleue*). 2 50

La philosophie et la sociologie d'Alfred Fouillée, par Augustin Guyau, avec biographie, portrait et extraits inédits. 1 vol. in-8° (F. Alcan) . . 3 75

www.ingramcontent.com/pod-product-compliance
Ingram Content Group UK Ltd.
Pitfield, Milton Keynes, MK11 3LW, UK
UKHW021856190726
13855UKWH00001B/345

9 782011 949981